当代人力资源管理系列教材

劳动争议处理

主　编　罗　燕
副主编　钟小文　潘国雄

科学出版社
北京

内 容 简 介

本书在介绍我国劳动争议处理法的基本理论、原则及历史发展的基础上，对劳动争议处理所涉及的适用范围、处理体制、举证责任，以及劳动争议调解、仲裁、诉讼等各个阶段的具体制度进行了详细的论述，研讨内容涉及我国劳动争议处理法的各个方面。本书力图将理论与实务紧密结合，各章均以"本章重点"及"关键词"提纲挈领，以"引导案例"引发思考，在正文后配合"思考题"巩固学习成果，以"案例分析"培养读者对法学知识的适用能力，大大增强了教材的可读性、适用性，增加了教材的知识含量，有助于读者全面、深入、灵活地掌握劳动争议处理的基础理论与重要制度。

本书既可作为高等院校的教学参考书，也可以作为自学者的参考资料。

图书在版编目(CIP)数据

劳动争议处理/罗燕主编.—北京：科学出版社，2015
当代人力资源管理系列教材
ISBN 978-7-03-043638-2

Ⅰ.①劳… Ⅱ.①罗… Ⅲ.①劳动争议-处理-中国-教材
Ⅳ.①D922.591

中国版本图书馆 CIP 数据核字 (2015) 第 045655 号

责任编辑：王京苏 / 责任校对：张怡君
责任印制：赵 博 / 封面设计：蓝正设计

科 学 出 版 社 出版
北京东黄城根北街 16 号
邮政编码：100717
http://www.sciencep.com

北京科印技术咨询服务有限公司数码印刷分部印刷
科学出版社发行 各地新华书店经销

*

2015 年 5 月第 一 版　开本：787×1092 1/16
2025 年 1 月第七次印刷　印张：14 1/2
字数：343 000

定价：35.00 元
(如有印装质量问题，我社负责调换)

丛书序

人力资源管理是企业管理的重要职能。与财务管理等其他职能管理相比,人力资源管理的效果会更多地受到雇员主观能动性的影响,因而具有更大的不确定性。这需要人力资源管理者充分理解雇员个性的多样性,根据雇员不同的需求特点,设立具有针对性的激励制度和约束机制,最大限度地激发雇员的工作热情和工作潜能,以实现雇员利益目标和组织绩效目标的一致。人力资源管理者绝不仅仅是企业绩效的追求者,同时也一定是雇员利益的守护者。

与土地、资本、技术等企业生产要素相比,知识的重要性越来越突出,知识管理已成为人力资源管理的重要内容。设计知识创新机制、实现企业知识编码、构建知识共享平台是人力资源管理者面临的重要任务。这需要将人力资源管理的重点从绩效管理拓展到创新管理、从雇员的工作技能管理拓展到雇员的学习能力培养。人力资源管理者不仅是监督者,同时也应该是教育者。

与作业管理等需要严格的时间控制和空间界限的管理活动相比,人力资源管理具有长期性和渗透性。价值观、行为模式、道德规范等企业文化要素对人力资源管理制度的设计和人力资源管理活动的效果发挥着关键的作用。企业文化的设计与修炼、传承与发展是人力资源管理者的重要责任。只有升华雇员的社会责任、提高企业的信用资本,人力资源管理才能达到维持企业持续经营的长远目的,才能实现企业提高社会福利的使命和愿景。

人力资源管理是华南师范大学经济与管理学院重要的教学和科研领域,长期以来,一批年富力强的中青年教师在该领域辛勤耕耘,取得了可喜的成果。在科学出版社的精心组织下,学院组织力量撰写了这套丛书,试图反映人力资源管理的主要内容以及人力资源管理的新趋势,并就教于同行专家和社会各界人士。

彭璧玉
2015年1月19日于广州

前 言

伴随着经济全球化和我国市场经济体制的建立，我国劳动关系发生着深刻的转变：劳动关系的市场化程度加深，劳资矛盾突出，劳动争议案件攀升，调整劳动关系的模式在变化，劳动立法逐步完善。2007年，《中华人民共和国劳动合同法》(简称《劳动合同法》)、《中华人民共和国劳动争议调解仲裁法》(简称《劳动争议调解仲裁法》)、《中华人民共和国就业促进法》(简称《就业促进法》)出台；2011年7月1日，《中华人民共和国社会保险法》(简称《社会保险法》)实施，这一系列重要劳动法律的陆续颁布实施，对我国劳动法制建设起了巨大的推动作用，使我国的劳动法律体系逐渐完善。本教材以我国的《劳动法》、《劳动合同法》、《劳动争议调解仲裁法》和相应的法律法规为依据，介绍国外劳动争议处理制度，全面阐述我国劳动争议制度，包括协商和解制度、调解制度、仲裁制度、诉讼制度、集体劳动争议处理制度。

本教材具有以下三个方面的特点。

（1）反映现行法律法规的规定，突出时效性。本教材以2007年12月29日全国人民代表大会常务委员会第三十一次会议通过的《劳动争议调解仲裁法》为主要依据,结合《劳动合同法》、《就业促进法》、《社会保险法》的有关规定，反映现行法律法规的最新成果，阐释法意，展现法律条文，解释法律法规内涵。

（2）理论与实践相结合，注重本土的实际应用。本教材设计在介绍国内外劳动争议处理制度和体制的基础上，将阐述的重点放在解决国内劳动争议的具体制度上，将在解决实际争议案件中适用的最高人民法院的最新的《司法解释》也反映在教材的内容里，以求更好地实现理论与实践的结合。教材力求深入浅出，扩大适用面。

（3）呈现目前经济社会出现的新问题，体现与人力资源管理专业的融合。本教材对集体劳动争议的处理进行了探讨，介绍国外已成熟的解决集体劳动争议的制度，阐述如何防范、控制、解决集体劳动争议，注意处理好本学科与其他学科之间的交叉和衔接关系，力图将人力资源管理与劳动法律有效结合。

  本教材由罗燕、钟小文、潘国雄等共同编写，罗燕负责确定本书的框架及整体修改、统稿工作。具体分工如下：罗燕负责第二章、第四至第六章、第九章，钟小文负责第七至第八章，潘国雄负责第一章和第三章。在编写本教材过程中，研究生吴梦迪、梁思敏、杨丽、李溢航在资料的搜集、整理、分类等方面做了大量的工作，并参与部分章节的撰写，谭卓睿、徐芳华为教材部分章节的内容和格式的补充完善做了大量的辅助工作，在此表示感谢。

  由于编者水平有限，教材中难免有疏漏之处，恳请广大读者批评指正。

编 者

2015年3月

丛书序
前言

第一章 劳动争议概述 1

　　第一节 劳动争议的概念和特征 2

　　第二节 劳动争议的范围和种类 8

　　第三节 劳动争议与其他争议的区别 16

　　第四节 我国劳动争议的现状及其原因分析 19

第二章 劳动争议处理制度 28

　　第一节 国外劳动争议处理制度概述 29

　　第二节 我国劳动争议处理法律制度概述 35

　　第三节 我国劳动争议处理制度的历史沿革 43

　　第四节 劳动争议处理的法律法规体系及法律适用 46

第三章 劳动争议协商和解制度 52

　　第一节 劳动争议协商制度概述 53

　　第二节 劳动争议协商和解的原则和形式 57

　　第三节 劳动争议协商和解制度现状 59

　　第四节 我国劳动争议协商和解制度的改革 63

第四章　劳动争议调解制度 ... 69

第一节　劳动争议调解概述 ... 70
第二节　劳动争议调解组织 ... 74
第三节　劳动争议调解的程序 ... 79
第四节　企业劳动争议的预防调解制度 ... 89
第五节　劳动争议调解程序、仲裁程序和诉讼程序的比较 ... 91

第五章　劳动争议仲裁制度概述 ... 96

第一节　劳动争议仲裁的概念 ... 97
第二节　劳动争议仲裁的原则 ... 102
第三节　劳动争议仲裁委员会 ... 106
第四节　劳动争议仲裁参加人 ... 109

第六章　劳动争议仲裁程序 ... 122

第一节　劳动仲裁相关制度 ... 123
第二节　申请和受理 ... 132
第三节　劳动争议仲裁调解 ... 135
第四节　仲裁开庭审理程序 ... 137

第七章　劳动争议诉讼制度（上）... 146

第一节　劳动争议诉讼概述 ... 147
第二节　劳动争议诉讼的受案范围及管辖 ... 152
第三节　劳动争议诉讼当事人 ... 157
第四节　劳动争议诉讼证据 ... 163

第八章　劳动争议诉讼制度（下）... 173

第一节　劳动争议诉讼审判程序 ... 174

第二节　劳动争议案件的执行 ·· 188

第九章　集体劳动争议处理 ·· 195

　　第一节　集体劳动争议概述 ·· 196

　　第二节　权利争议的处理 ·· 202

　　第三节　利益争议的处理 ·· 204

　　第四节　产业行动的处理 ·· 210

　　第五节　国外的集体劳动争议处理机制 ···································· 218

第一章 劳动争议概述

[本章提要]

1. 劳动争议的概念与特征
2. 劳动争议的范围和种类
3. 劳动争议与其他争议的区别
4. 我国劳动争议的现状及其原因分析

[引导案例]

2010年6月,邹某到一家公司做保洁工作。公司人力资源部的负责人告诉邹某,该工作属于非全日制用工,每天工作七小时,主要工作是保持工作环境整洁及完成主管安排的其他工作,公司不为其缴纳社会保险,工资按月发放。同时,该人力资源部要求邹某签订一份劳务合同,并向邹某解释说,非全日制用工人员与公司是劳务关系,所以签劳务合同。2010年8月,邹某在骑自行车上班途中,被一辆逆向行驶的轿车撞倒造成骨折,花去医药费8000多元。

请问邹某与公司之间是劳动关系还是劳务关系,是否适用《劳动合同法》及相关的调整劳动关系的法律法规?

劳动法律制度在整个法律体系中占有举足轻重的地位，它是社会财富生产、经济发展和社会稳定的基石，它是劳动者人权保障的重要依据，是劳动者赖以生存的基础。劳动争议处理制度作为现代劳动法学的重要组成部分，是调整市场经济复杂劳动关系的重要手段。在当今世界经济一体化的背景下，随着中国市场经济体制改革的不断深入，中国劳动关系发生了深刻的变化，劳动关系市场化程度不断提高、劳动关系类型复杂多样、劳动关系运行波澜起伏，由此造成我国的劳动争议数量不断增多，性质日趋复杂，诉求内容由权利诉求向利益诉求转化，集体停工事件屡有发生，争议解决的方式趋于多元化。这些都呈现出诸多中国特色。在新的发展时期，我们要关注劳动争议的新特点、新趋势，创新劳动关系的协调机制，完善劳动法律体系，提高执法水平，公平高效地处理劳动争议，构建和谐稳定的劳动关系，形成和谐的社会环境。

第一节　劳动争议的概念和特征

要系统掌握劳动争议处理的相关知识理论，准确把握我国劳动争议问题的实质与特点，提高我国处理劳动争议问题的能力与水平，必须要深刻理解劳动争议的概念与特征。

一、劳动争议的概念

劳动争议亦称劳动纠纷，也称为劳资争议或劳资纠纷。如何界定我国劳动争议的内涵与范围，不仅关系到用人单位与劳动者可以在多大范围内依照相关法律规定的程序解决劳动争议，也关系到双方的权益在多大程度上可以受到劳动法律的保护。正确理解劳动争议的概念对认识与处理劳动争议具有十分重要的意义。

总结多年理论与实践研究经验，我国学术界对劳动争议的定义归纳起来主要有如下几种。

（1）劳动争议，亦称劳动纠纷，是指"劳动关系的当事人即用人单位行政与职工之间因执行劳动合同或劳动法规所发生的一切争议"[①]。

（2）劳动争议是"劳动关系双方当事人之间因劳动权利和劳动义务所发生的争议"[②]。

（3）劳动争议就是劳动纠纷，是指劳动关系双方当事人因劳动问题引起的纠纷[③]。

（4）劳动争议有广义和狭义之分。广义的劳动争议是指"用人单位和劳动者因劳动关系所发生的一切纠纷"；狭义的劳动争议是指 "用人单位与劳动者因劳动权利、劳动义务发生分歧而引起的争议"。

以上对劳动争议定义的不同表述体现了我国对劳动争议内涵认识的过程。综合比较，第一种定义将劳动争议与劳动立法和执法联系起来，并未揭示劳动争议的实质，对劳动争议定义的范围界定过窄，仅把劳动争议限定为因执行劳动法规或劳动合同引发的争议，意味着在未执行劳动法律法规或企业与劳动者未签订劳动合同的情况下，不存在劳动争议，这与我国

---

① 夏积智：《劳动立法学概论》，中国劳动出版社1991年版。
② 夏积智：《劳动行政管理知识大全》，中国劳动出版社1991年版。
③ 参见关怀：《劳动法》，中国人民大学出版社2010年第3版，第311页；黎建飞：《劳动与社会保障法教程》，中国人民大学出版社2010年第2版，第259页。

劳动争议处理的现实不符，也不利于维护劳动关系双方当事人的合法权益；第二种定义虽较准确地表达了劳动争议的内容，但也存在着一定的局限性，因为随着我国集体协商和集体合同制度的全面推行，劳动争议已不仅仅局限在企业与劳动者关于劳动的权利和义务方面，还能出现在集体合同签订过程中，即劳动者集体一方(工会)与企业关于利益方面的争议；第三种定义以"劳动问题"作为界定劳动争议的标准，这也是我国很多学者支持的观点，但将由劳动问题等引发的非劳动争议问题涵盖在劳动争议范围之内，定义范围过宽，与我国劳动争议制度建立的初衷并不相符；第四种定义在前三种定义的基础上，结合台湾学者史尚宽对劳动争议的定义，"广义谓以劳动关系为中心所发生的一切争议。于此意义，因劳动契约关系，雇佣人与受雇人之间所发生之争议，或关于劳动者之保护或保险，雇用人与国家之间发生的纷争，雇佣人团体以及受雇人团体本身内部关系所生之纠纷，皆为劳动争议。""狭义之劳动争议，仅以个人之间、雇佣人与受雇人之间所发生之争议，以及雇用人团体与受雇人团体之间所发生之争议"，即劳动关系为中心所发生的一切争议[①]"。将劳动争议分为广义和狭义两个方面，既从劳动立法上揭示了劳动争议的内涵及劳动争议的本质内容，又考虑到我国劳动争议的未来发展与变化。从我们所掌握的研究成果来看，第四种定义对劳动争议概念的界定与表述比较全面和准确。

我们认为，劳动争议有广义和狭义之分。广义的"劳动争议"是指"用人单位（或用人单位组织）和劳动者（或其所在单位工会组织）因劳动关系所发生的一切纠纷"；狭义的"劳动争议"是指用人单位（含个体工商户）与职工（含学徒、帮工），因实现劳动权利和履行劳动义务而发生的纠纷。从世界各国的劳动立法看，劳动法上的劳动争议一般是指劳动关系双方当事人之间因实现劳动权利、履行劳动义务发生的争议，具体是指劳动者与用人单位之间，在劳动法的范围内，因适用国家法律、法规，订立、履行、变更、终止劳动合同，以及与其他劳动关系直接相联系的问题而引起的纠纷，所以是狭义的劳动争议。

要深入理解广义劳动争议与狭义劳动争议之间的区别与联系，应理解好以下两个关键问题。

1. 广义与狭义的劳动争议概念对劳动争议主体的理解是一致的

劳动争议的主体即劳动关系的双方当事人：一方是用人单位；另一方是劳动者。严格来讲，劳动争议主体应是签订了劳动合同，形成了劳动法律关系的用人单位与劳动者。需要说明的是，基于我国劳动争议处理的实践与我国相关法律的规定，未签订劳动合同的事实劳动关系的双方当事人也可作为劳动争议的主体。另外，在处理因为签订或履行集体合同而发生的集体争议中，工会作为劳动者的代表组织可以成为劳动争议的主体，随着我国集体协商和集体合同制度的发展，特别是区域性和行业性集体协商的开展，雇主组织也可成为劳动争议的主体一方。

2. 广义和狭义的劳动争议概念对劳动争议内容的理解有所区别

劳动争议的内容包括因为实现劳动权利、履行劳动义务，或者因劳动关系发生的争议。狭义的劳动争议将劳动争议的内容界定在由劳动法律法规、劳动合同和集体合同确定的劳动权利和劳动义务等劳动法律关系的内容上，狭义的劳动争议通常表现为因执行劳动法律法规，履行劳动合同和集体合同发生的争议，这类劳动争议是大量的和经常发生的，但狭义的劳动

---

① 史尚宽：《劳动法原论》，正大印书馆1978年版，第241页。

争议排除了那些因法律没有明确规定，或者未签订劳动合同或集体合同而发生的事实劳动关系引起的争议，以及在签订集体合同中，劳动者为争取新的利益而与用人单位所发生的争议。广义的劳动争议将劳动法律关系的内容扩大为劳动关系的内容，将狭义定义未包括的劳动争议也纳入进来，这既实事求是地分析了我国目前劳动关系的状况，又考虑到今后劳动争议的发展趋势。从《中华人民共和国劳动法》、《劳动合同法》的规定看，事实劳动关系同样受《劳动法》、《劳动合同法》的调整。《劳动争议调解仲裁法》第二条第二款指出，因订立、履行、变更、解除和终止劳动合同发生的争议也属于劳动争议，因此，亦将签订、修改集体合同引起的争议纳入劳动争议的范围。

二、劳动争议的构成要素

根据劳动争议的概念，劳动争议具有三大要素：劳动争议主体、劳动争议内容与劳动争议客体，这三大要素又具有三个基本特征：一是劳动争议主体必须是以建立劳动关系为前提的劳动力供求双方，即一方是用人单位，另一方是该用人单位的劳动者；二是劳动争议内容必须是在社会生产劳动过程中，劳动关系双方因实现劳动权利、履行劳动义务而发生的纠纷；三是劳动争议客体必须是一方当事人针对另一方当事人的行为是否符合劳动立法及劳动合同的约定而提出的异议。

（一）劳动争议主体

劳动争议主体是指劳动争议的双方当事人(包括自然人、法人和具有经营权的用人单位)，即劳动法律关系中权利的享有者和义务的承担者。《劳动合同法》第二条规定：中华人民共和国境内的企业、个体经济组织和民办非企业单位等组织（以下简称用人单位）与劳动者建立劳动关系，订立、履行、变更、解除或者终止劳动合同，适用本法。国家机关、事业单位和社会团体与其建立劳动关系的劳动者订立、履行、变更、解除或者终止劳动合同，依照本法执行。根据此规定，《劳动合同法》的适用范围，就用人单位而言，第一类为中华人民共和国境内的企业、个体经济组织和民办非企业单位；第二类为国家机关、事业单位和社会团体，它们在特定的情况下才适用本法的规定。《劳动合同法》第九十六条对此作了进一步的规范：事业单位与实行聘用制的工作人员订立、履行、变更、解除或者终止劳动合同，法律、行政法规或者国务院另有规定的，依照其规定，未作规定的，依照本法有关规定执行。符合《劳动法》规定的劳动者条件，并与企业、个体经济组织和民办非企业单位，国家机关、事业单位和社会团体建立劳动关系的劳动者均适用本法。至于公务员和参照《公务员法》管理的未实行聘用制的工作人员则不适用本法。

在我国，劳动争议主体主要是指劳动者和用人单位，那么对劳动者与用人单位的范围界定是明确劳动争议主体的重要内容。

1. 劳动者

劳动者主要是指与在中国境内的企业、个体经济组织或民办非企业单位等组织建立劳动合同关系的职工和与国家机关、事业组织、社会团体建立劳动合同关系的职工。《劳动合同法》中的劳动者，是指达到法定年龄（在我国年满 16 周岁）、具有劳动能力，能够依法签订劳动合同，独立给付劳动并获得劳动报酬的自然人，但不包括国家公务员、事业单位中经批准参照《公务员法》进行管理的工作人员，社会团体中经批准参照《公务员法》进行管理的工作人员，事业单位中按照法律、行政法规或者国务院特别规定实行聘用制的工作人员，以及农村劳动者、现役军人、家庭保姆、自然人的雇工等劳动者。

当前，事业单位体制改革正在进行，用人制度也发生了重大变化，主要有三种模式：其一是开展经营活动，财务制度实行自收自支的事业单位，包括部分科研院所，已经按照国家有关规定转制为企业，执行企业用工制度，属于《劳动合同法》的调整范围；二是事业单位被赋予一定的行政职能，如证监会、银监会，参照《公务员法》管理的员工，执行《公务员法》的有关规定；三是具有公益性质的学校、医院等事业单位，用人单位实行聘用制。当前主要的法律、规定如下：《教师法》明确了对教师实行聘用制度；《事业单位人事管理条例》（2014年4月26日发布），对事业单位岗位设置、公开招聘和竞聘上岗、聘用合同、奖惩及争议处理等人事管理主要环节作出了明确规定。这是我国首次对事业单位人事管理专门立法，已于2014年7月1日起正式施行。该条例第三十七条明确规定：事业单位工作人员与所在单位发生人事争议的，依照《劳动争议调解仲裁法》等有关规定处理。

另外，除了公务员，不属于《劳动合同法》调整范围的对象主要有如下三种。①农村劳动者。由于农村集体所有制农业生产经营组织中劳动者的劳动方式和分配方式的特殊性，不符合劳动法中劳动关系的特征，所以没有纳入也不应纳入《劳动合同法》的调整范围，而应制定专门的法律对农村劳动者的劳动权益加以保护。但当农村劳动者进入《劳动法》中的用人单位成为一名职员时，如或在乡镇企业做工或进城务工，则具有了企业职工的身份，就应纳入《劳动合同法》适用范围。②现役军人。正在服兵役的军人肩负着保卫国家和人民安全的重任，这是符合服役条件的公民应尽的义务。现役军人是根据国家《兵役法》义务服兵役或志愿服兵役的人员，现役军人与军队之间的关系有其特殊性，是一种命令与服从的关系，因而他们之间的关系不由《劳动法》调整。③家庭保姆。家庭雇佣劳动关系是否列入劳动法的调整范围各国的规定不同，有的国家规定家庭保姆适用劳动法，我国将家庭雇佣关系列入民法的调整范围，未列入《劳动法》的调整范围，因而家庭雇佣关系不适用我国《劳动法》。

2. 用人单位

"用人单位"是我国劳动法中独有的概念。用人单位主要指企业、个体经济组织、民办非企业单位及符合用人资格的其他劳动组织，在一定情况下还包括事业单位、国家机关、社会团体等组织。其中，企业既包括国有企业、集体企业、私营企业、股份制企业和外商投资企业等，也包括法人企业、非法人企业(合伙企业、个人独资企业等)。个体经济组织是依法经工商行政管理部门核准登记，并领取营业执照从事工商业生产、经营活动的个体单位，也就是我们俗称的个体工商户。民办非企业单位，是指企业事业单位、社会团体和其他社会力量，以及公民个人利用非国有资产举办的从事非营利性社会服务活动的社会组织。

根据《民办非企业单位登记管理暂行条例》的规定，我国的民办非企业单位主要有各类民办学校、医院、文艺团体、科研院所、体育场馆、职业培训中心、福利院、人才交流中心等。基于这类单位"企业化管理"的实质，将其内部的劳动关系纳入《劳动合同法》调整。

需要说明的是，用人单位并不仅限于上述种类，立法者在列举用人单位类型之后加了一

个"等"字。这就为《劳动合同法》的适用范围拓展了空间。未来出现的新型的用工主体也将适用《劳动合同法》的规定。

上述用人单位中,国家机关中的公务员与国家机关的关系非订立、履行、变更、解除或终止劳动合同的关系,不属于《劳动合同法》的调整范围。因此,参照《公务员法》管理的事业单位和社会团体也不在《劳动合同法》调整范围之内。但国家机关与其所用的工勤人员的劳动关系也统一按照劳动法律规范调整。事业单位中除了部分参照《公务员法》管理的适用《公务员法》的职工,部分适用特别规定的职工,此外均适用《劳动合同法》调整。还有,社团组织与其工作人员的权利义务关系,除参照公务员管理的适用《公务员法》外,也适用《劳动合同法》。

劳动争议主体是判断争议是否属于劳动争议的前提条件,如果争议不是发生在劳动关系双方当事人之间,即使争议内容涉及劳动问题,也不构成劳动争议。例如,劳动者之间在劳动过程中发生的争议,用人单位之间因劳动力流动发生的争议,劳动者或用人单位与劳动行政部门在劳动行政管理中发生的争议,劳动者或用人单位与劳动服务主体在劳动服务过程中发生的争议等,都不属于劳动纠纷。当然在仲裁、诉讼中可能会遇到用人单位与另一用人单位涉及使用未解除劳动合同劳动者的情况,劳动者也是当事人,这种情况通常是因为劳动者与原用人单位之间未依法解除劳动合同,或者劳动者违反了竞业限制、保密协议而另一单位连带作为被告的情形。还有的情形是劳动者在派遣劳动中的情形,虽然劳动者与实际用工单位之间是劳务关系,但他们之间的关系要按照《劳动合同法》来处理,属于实质的"劳动关系"[①]。

(二)劳动争议内容

劳动争议内容的构成要件是劳动权利和劳动义务,没有劳动立法或劳动合同规定劳动关系双方的劳动权利和义务,就无法形成劳动争议。劳动权利和劳动义务的内容非常广泛,包括就业、工资、工时、劳动保护、劳动保险、劳动福利、职业培训、民主管理、奖励惩罚等。

根据《劳动争议调解仲裁法》第二条及《劳动合同法》第二条规定,以下情况都可以成为劳动争议的内容。

(1)因确认劳动关系发生的争议。
(2)因订立、履行、变更、解除和终止劳动合同发生的争议。
(3)因除名、辞退和辞职、离职发生的争议。
(4)因工作时间、休息休假、社会保险、福利、培训及劳动保护发生的争议。
(5)因劳动报酬、工伤医疗费、经济补偿或赔偿金等发生的争议。
(6)法律、法规规定的其他劳动争议。

(三)劳动争议客体

劳动争议的客体是劳动争议主体的权利义务所指向的对象。在我国,劳动争议客体具体

---

① 周贤日:《劳动法和社会保障法》,中国法制出版社2012年版,第194页。

包括行为、物和与人身相联系的非物质财富等。例如，企业辞退职工和职工辞职等行为，具体的工资、奖金的数额，劳动保护用品、设施等财物，都可以成为劳动争议的客体。

三、劳动争议的特征

（一）劳动争议主体特定性，即劳动争议的双方为劳动关系特定的用人单位和劳动者

劳动争议是发生在存在劳动关系的用人单位与劳动者之间的争议，劳动争议的当事人必须也只能由具有劳动关系的用人单位和劳动者构成，没有劳动关系的其他主体之间即使因劳动问题发生的纠纷也不属于劳动争议。需要注意的是，随着我国集体协商和集体合同制度的开展，因为签订或履行集体合同的争议将逐渐增多，工会及雇主组织作为劳动者的代表和雇主的代表，也可以成为劳动争议的当事人。

判断劳动争议当事人是否具有劳动关系的标准，依据《劳动部关于确立劳动关系有关事项的通知》（劳社部发[2005]12号）的规定，从以下三个方面来衡量：①用人单位和劳动者符合法律、法规规定的主体资格；②用人单位依法制定的各项劳动规章制度适用于劳动者，劳动者受用人单位的劳动管理，从事用人单位安排的有报酬的劳动；③劳动者提供的劳动是用人单位业务的组成部分。

（二）劳动争议主体关系双重特性，即劳动争议主体双方兼有平等关系和不平等关系的双重特性

劳动争议的双方当事人处于纵横交错的法律地位，用人单位与劳动者在签订劳动合同建立劳动关系的过程中，双方法律地位平等，表现为双方关系的平等性特点；用人单位与劳动者建立劳动关系后，劳动者作为用人单位所有的劳动力的一员，与用人单位之间存在着管理与被管理的单向隶属关系，体现了劳动者对用人单位的人身依附性，即表现为双方关系的不平等性特点。为了在一定程度上矫正劳动争议双方当事人之间的不平等关系，《劳动争议调解仲裁法》第六条明确规定了举证责任倒置，即"发生劳动争议，当事人对自己提出的主张，有责任提供证据。与争议事项有关的证据属于用人单位掌握管理的，用人单位应当提供；用人单位不提供的，应当承担不利后果"。

（三）劳动争议内容的限定性

劳动争议的内容是有关劳动权利和义务方面的。用人单位与职工之间发生的争议不一定都是劳动争议。劳动权利与义务的内容很广泛，《劳动法》第三条规定，劳动者应享有八项权利，应履行五项义务，包括：劳动者享有平等就业和选择职业的权利，取得劳动报酬的权利，休息休假的权利，获得劳动安全卫生保护的权利，接受职业技能培训的权利，享受社会保险和福利的权利，提请劳动争议处理的权利及法律规定的其他劳动权利。劳动者应履行的义务有完成劳动任务，提高职业技能，执行劳动安全卫生规程，遵守劳动纪律和职业道德。

（四）某些劳动争议具有广泛的社会影响性

劳动争议发生后，往往导致生产效率的降低甚至停滞，劳资双方都要受到损失。就用人

单位而言，主要是经济上的损失。劳动者则面临解雇等风险，个人基本生存得不到保障，直接危及家庭成员的抚养与自身的发展。近年来，集体劳动合同的广泛适用，劳动争议影响面更大。劳动争议产生于生产活动之中，必然影响企业正常的生产秩序。另外，劳动关系兼有人身关系和财产关系的属性，劳动争议关系到劳动者的切身利益，如不能及时、妥善地解决，则往往容易激化矛盾，甚至出现怠工、罢工、游行示威等突发事件，进而严重影响正常生产和社会的稳定。

（五）劳动争议的处理方式具有一定的独特性

一般民事纠纷的处理方式有自力救济（如协商和解等）、社会救济（如调解、仲裁等）和公力救济（诉讼）。纠纷当事人可以自由选择救济方式。在当事人不能和解或调解不成的情况下，当事人还可以向法院起诉。当事人因民事纠纷，还可以选择仲裁或诉讼来解决纠纷。这种处理方式被称为"或裁或审"式。对于劳动争议的处理方式，根据《劳动法》、《劳动争议调解仲裁法》的规定，在双方当事人不能和解和调解不成的情况下，当事人应当向劳动争议仲裁机构提起仲裁。如果当事人对仲裁结果不服，可以向人民法院起诉。这种纠纷处理方式被称为"先裁后审"式。《劳动争议调解仲裁法》第四十七条还规定了某些特殊劳动争议案件在劳动争议仲裁委员会作出裁决后，当事人不得向人民法院起诉的有条件的"一裁终局"。

第二节 劳动争议的范围和种类

现实生活中经常发生的劳动争议，一般是指用人单位与劳动者在劳动立法的范围内，因适用法律规范和履行、变更、解除及终止劳动合同，以及其他与劳动关系直接相联系的问题引起的纠纷。

一、劳动争议的范围

关于劳动争议的范围，我国劳动法律法规及其司法解释对此均作出了规定。

（一）我国《劳动法》的规定

我国《劳动法》第七十七条第一款规定："用人单位与劳动者发生劳动争议，当事人可以依法申请调解、仲裁、提起诉讼，也可以协商解决。"第八十四条规定："因签订集体合同发生争议，当事人协商解决不成的，当地人民政府劳动行政部门可以组织有关各方协调处理。因履行集体合同发生争议，当事人协商解决不成的，可以向劳动争议仲裁委员会申请仲裁；对仲裁裁决不服的，可以自收到仲裁裁决书之日起 15 日内向人民法院提起诉讼。"《劳动法》颁布后，原劳动部《关于贯彻执行<中华人民共和国劳动法>若干问题的意见》第八十二条对上述范围进行了补充说明："用人单位与劳动者发生劳动争议，不论是否订立劳动合同，只要存在事实劳动关系，并符合劳动法的适用范围和《中华人民共和国企业劳动争议处理条例》的受案范围，劳动争议仲裁委员会均应受理。"

（二）我国《劳动合同法》的规定

我国《劳动合同法》第五十六条规定："用人单位违反集体合同，侵犯职工劳动权益的，工会可以依法要求用人单位承担责任；因履行集体合同发生争议，经协商解决不成的，工会可以依法申请仲裁、提起诉讼。"

（三）我国《劳动争议调解仲裁法》的规定

我国《劳动争议调解仲裁法》第二条规定，劳动争议处理机构的受案范围包括以下几个方面：①因确认劳动关系发生的争议；②因订立、履行、变更、解除和终止劳动合同发生的争议；③因除名、辞退和辞职、离职发生的争议；④因工作时间、休息休假、社会保险、福利、培训，以及劳动保护发生的争议；⑤因劳动报酬、工伤医疗费、经济补偿或者赔偿金等发生的争议；⑥法律、法规规定的其他劳动争议。同时，第五十二条规定：事业单位实行聘用制的工作人员与本单位发生劳动争议的，依照本法执行；法律、行政法规或者国务院另有规定的，依照其规定。

（四）我国《就业促进法》的规定

我国《就业促进法》第六十二条规定：违反本法规定，实施就业歧视的，劳动者可以直接向人民法院提起诉讼。

（五）《事业单位人事管理条例》规定的范围

2014年7月1日开始实施的《事业单位人事管理条例》明确规定：事业单位工作人员与所在单位发生人事争议的，依照《中华人民共和国劳动争议调解仲裁法》等有关规定处理。

此外，人力资源和社会保障部颁布的《劳动人事争议仲裁办案规则》（2008年12月17日）列举了多项劳动争议（第二条）。

（六）司法解释的规定

第一，2001年最高人民法院《关于审理劳动争议案件适用法律若干问题的解释》（法释[2001]14号）规定法院可以受理：①劳动者与用人单位在履行劳动合同过程中发生的纠纷；②劳动者与用人单位之间没有订立书面劳动合同，但已形成劳动关系后发生的纠纷；③劳动者退休后，与尚未参加社会保险统筹的原用人单位因追索养老金、医疗费、工伤保险待遇和其他社会保险费而发生的纠纷。

第二，2003年最高人民法院《关于人民法院审理事业单位人事争议案件若干问题的规定》（法释[2003]13号）规定"人事争议为事业单位与其工作人员之间因辞职、辞退及履行聘用合同所发生的争议"。同时又规定这类争议适用《中华人民共和国劳动法》的规定处理。

第三，2006年最高人民法院《关于审理劳动争议案件适用法律若干问题的解释（二）》（法释[2006]6号）规定法院可以受理：①劳动者与用人单位因劳动关系是否已经解除或者终止，以及应否支付解除或终止劳动关系经济补偿金产生的争议；②劳动者与用人单位解除或者终止劳动关系后，请求用人单位返还其收取的劳动合同定金、保证金、抵押金、抵押物产生的争议，或者办理劳动者的人事档案、社会保险关系等移转手续产生的争议；③劳动者因为工伤、职业病，请求用人单位依法承担给予工伤保险待遇的争议。同时规定：其一，下列纠纷不属于劳动争议受理范围：①劳动者请求社会保险经办机构发放社会保险金的纠纷；

②劳动者与用人单位因住房制度改革产生的公有住房转让纠纷；③劳动者对劳动能力鉴定委员会的伤残等级鉴定结论或者对职业病诊断鉴定委员会的职业病诊断鉴定结论的异议纠纷；④家庭或者个人与家政服务人员之间的纠纷；⑤个体工匠与帮工、学徒之间的纠纷；⑥农村承包经营户与受雇人之间的纠纷。其二，劳动者以用人单位的工资欠条为证据直接向人民法院起诉，诉讼请求不涉及劳动关系其他争议的，视为拖欠劳动报酬争议，按照普通民事纠纷受理。其三，当事人不服劳动争议仲裁委员会作出的预先支付劳动者部分工资或者医疗费用的裁决，向人民法院起诉的，人民法院不予受理。用人单位不履行上述裁决中的给付义务，劳动者依法向人民法院申请强制执行的，人民法院应予受理。其四，当事人在劳动争议调解委员会主持下达成的具有劳动权利义务内容的调解协议，具有劳动合同的约束力，可以作为人民法院裁判的根据。当事人在劳动争议调解委员会主持下仅就劳动报酬争议达成调解协议，用人单位不履行调解协议确定的给付义务，劳动者直接向人民法院起诉的，人民法院可以按照普通民事纠纷受理。

第四，2010年最高人民法院《关于审理劳动争议案件适用法律若干问题的解释（三）》（法释[2010]12号）规定法院可以受理：①劳动者以用人单位未为其办理社会保险手续，且社会保险经办机构不能补办导致其无法享受社会保险待遇为由，要求用人单位赔偿损失而发生争议的，人民法院应予受理；②因企业自主进行改制引发的争议，人民法院应予受理；③劳动者依据《劳动合同法》第八十五条规定，向人民法院提起诉讼，要求用人单位支付加付赔偿金的，人民法院应予受理；④企业停薪留职人员、未达到法定退休年龄的内退人员、下岗待岗人员，以及企业经营性停产放长假人员，因与新的用人单位发生用工争议，依法向人民法院提起诉讼的，人民法院应当按劳动关系处理。同时规定：下列纠纷不属于劳动争议受理范围：用人单位与其招用的已经依法享受养老保险待遇或领取退休金的人员发生用工争议，向人民法院提起诉讼的，人民法院应当按劳务关系处理。

第五，2013年最高人民法院《关于审理劳动争议案件适用法律若干问题的解释（四）》（法释[2013]4号）规定，劳动人事仲裁委员会以无管辖权为由对劳动争议案件不予受理，当事人提起诉讼的，人民法院按照以下情形分别处理：①经审查认为该劳动人事仲裁委员会对案件确无管辖权的，应当告知当事人向有管辖权的劳动人事争议仲裁委员会申请仲裁；②经审查认为该劳动人事争议仲裁委员会有管辖权的，应当告知当事人申请仲裁，并将审查意见书面通知该劳动人事争议仲裁委员会，劳动人事争议仲裁委员会仍不受理，当事人就该劳动争议事项提起诉讼的，应予受理。

根据上述法律法规及司法解释的规定，我国《劳动法》所规定的劳动争议的范围在不断扩大：从《企业劳动争议处理条例》规定的劳动争议的范围仅限于企业与其职工之间的争议，扩展到事实劳动关系中发生的争议（《劳动法》），最高人民法院的司法解释将劳动争议的范围再扩充至劳动合同终止后的劳动保险争议；《劳动争议调解仲裁法》则将劳动争议的范围扩大到从劳动关系建立至终止的各个阶段。从以上可以看出，我国劳动争议的受理范围逐步扩大，更有利于劳动者保护及劳动关系的协调运行。

根据不同的标准，劳动争议的范围可以作如下分类。

1. 因确认劳动关系发生的争议[①]

用人单位与劳动者之间发生劳动权利义务的前提是要建立劳动关系，这是双方权利义务产生的起点。实务中用人单位和劳动者确定劳动关系的方式有两种：①签订劳动合同；②劳动者在用人单位工作，用人单位付给劳动者工资的关系确定。在第一种情况下，一般不会发生确认劳动关系的争议。发生确认劳动关系争议的，往往是在第二种情况下，也就是所谓的事实劳动关系。因为事实劳动关系没有双方所签订的劳动合同作为证据，大多数以口头协议确定，所以劳动权利义务很难明确。

在实务中，确认劳动关系可以参照原劳动和社会保障部《关于确立劳动关系有关事项的通知》，该通知中规定了未订立书面劳动合同时劳动关系的确认办法。

（1）用人单位招用劳动者未订立书面劳动合同，但同时具备下列情形的，劳动关系成立：①用人单位和劳动者符合法律、法规规定的主体资格；②用人单位依法制定的各项劳动规章制度适用于劳动者，劳动者受用人单位的劳动管理，从事用人单位安排的有报酬的劳动；③劳动者提供的劳动是用人单位业务的组成部分。

（2）用人单位未与劳动者签订劳动合同，认定双方存在劳动关系时可参照下列凭证：①工资支付凭证或记录（职工工资发放花名册）、缴纳各项社会保险费的记录；②用人单位向劳动者发放的"工作证"、"服务证"等能够证明身份的证件；③劳动者填写的用人单位招工招聘"登记表"、"报名表"等招用记录；④考勤记录；⑤其他劳动者的证言等。

2. 因订立、履行、变更、解除和终止劳动合同发生的争议

实务中，确认因订立、履行、变更、解除和终止劳动合同发生的争议应从以下几个方面去把握。

1）因订立劳动合同发生的争议

该争议主要是指劳动争议双方当事人因对订立劳动合同的行为或劳动合同的条款发生分歧而产生的争议。实务中比较常见的如下：因劳动合同内容违反法律法规的规定而产生的争议；因订立违反平等自愿、协商一致原则的劳动合同而引发的争议；因用人单位故意拖延不续订劳动合同而引发的争议。

2）因履行劳动合同而发生的争议

该争议是指劳动合同的当事人之间因劳动合同的履行发生分歧而引起的争议。《劳动法》第十七条第二款规定，劳动合同依法订立即具有法律约束力，当事人必须履行劳动合同规定的义务。

3）因变更劳动合同发生的争议

该争议是指劳动合同双方当事人因对劳动合同条款进行变更、修改发生分歧而产生的争议。实务中，该类争议主要如下：因用人单位的生产经营出现变动而变更劳动者的工作岗位、工作地点、工资待遇等条款而发生的争议；因劳动者不胜任工作，经培训或调整岗位后仍不能胜任工作而变更劳动合同所引发的争议。

---

① 参见黎建飞主编、周贤日等参编：《劳动争议调解仲裁法实务操作指南》，人民法院出版社2008年版，第4-9页。

4）因解除劳动合同发生的争议

该争议是指劳动合同的双方当事人因解除劳动合同和提前终止劳动关系发生分歧而产生的争议。根据《劳动法》的规定，解除劳动合同应当符合法定的条件，履行法定的手续。劳动合同的双方当事人因没有履行相关法定或约定义务而解除劳动合同的，应当承担相应的责任。

5）因终止劳动合同引发的争议

实务中要根据《劳动合同法》的相关规定判定此类争议，《劳动合同法》第四十四条规定了劳动合同终止的如下六种情形：①劳动合同期满的；②劳动者开始依法享受基本养老保险待遇的；③劳动者死亡，或者被人民法院宣告死亡或者宣告失踪的；④用人单位被依法宣告破产的；⑤用人单位被吊销营业执照、责令关闭、撤销或者用人单位决定提前解散的；⑥法律、行政法规规定的其他情形。

此外，该法第四十六条规定的逾期终止的条件也属此类。

3. 因除名、辞退和辞职、离职发生的争议

除名，是根据《企业职工奖惩条例》（已废止）第十八条的规定，企业职工因自行脱离工作岗位或者无正当理由经常旷工，经批评教育无效且旷工时间超过法定期限，由企业采取的一种强制解除劳动关系的处理措施。

辞退，按照1986年国务院发布的《国营企业辞退违纪职工暂行规定》（已废止）分为违纪辞退和正常辞退。违纪辞退是指用人单位对严重违反劳动纪律，但不够开除、除名条件，经教育或者行政处分仍然无效的职工，决定解除其工作从而终止劳动关系的制度。正常辞退是指用人单位根据生产经营情况和职工富余情况，按照有关政策规定与其职工终止劳动关系的行为。

辞职，是指职工根据劳动法规或劳动合同的规定，提出辞去工作从而解除劳动关系的行为。

离职，也叫自动离职，是指职工终止劳动关系时不履行解除手续，擅自出走离岗；或者解除手续没有办理完毕而离开用人单位的行为。

除名和辞退所依据的《企业职工奖惩条例》和《国营企业辞退违纪职工暂行规定》均已废止，因此实务中用人单位不宜采用该种形式解聘劳动者，而应采取依照《劳动法》、《劳动合同法》的相关规定解除或终止劳动合同的做法。

4. 因工作时间、休息休假、社会保险、福利、培训及劳动保护发生的争议

实务中把握此类争议主要需明确以下问题。

1）关于工作时间和休息休假

工作时间要按照国家规定执行，法定节假日应安排劳动者休息。《职工带薪年休假条例》和修改通过的《全国年节及纪念日放假办法》均于2008年1月1日起施行。

2）关于社会保险

依照《社会保险法》的规定，社会保险包括基本养老保险、基本医疗保险、工伤保险、生育保险、失业保险、城镇居民养老和医疗保险、农村居民养老和医疗保险等社会保险待遇。

3）关于福利

福利，是指用人单位用于补助职工及其家属和举办集体福利事业的费用，包括集体福利、职工上下班交通补助费、探亲路费、取暖补贴、生活困难补助费等。

4）关于培训

培训，是指职工在职期间（含转岗）的职业技术培训，包括在各类专业学校（职业技术学校、职工学校、技工学校、高等院校等）和各种职业技术训练班、进修班的培训，以及相关的培训合同、培训费用等。应特别注意《劳动合同法》第二十二条的规定，用人单位为劳动者提供专项培训费用，对其进行专业技术培训的，可以与该劳动者订立协议，约定服务期。劳动者违反服务期约定的，应当按照约定向用人单位支付违约金。

5）关于劳动保护

劳动保护，是指为保障劳动者在劳动过程中获得适宜的劳动条件而采取的各项保护措施，包括女职工的劳动保护规定、未成年人的劳动保护规定等。

5. 因劳动报酬、工伤医疗费、经济补偿或者赔偿金等发生的争议

实务中把握此类争议主要需明确以下问题。

1）关于劳动报酬

工资，是指按照国家统计局规定应统计在职工工资总额中的各种劳动报酬，包括标准工资，有规定标准的各种奖金、津贴和补贴。根据国家统计局《关于工资总额组成的规定》第八条规定，津贴和补贴，是指为了补偿职工特殊或额外的劳动消耗和因其他特殊原因支付给职工的津贴。津贴包括补偿职工特殊或额外的劳动消耗的津贴、保健性津贴、技术性津贴、年功性津贴及其他津贴。物价补贴包括为保证职工工资水平不受物价上涨或变动影响而支付的各种补贴。《关于工资总额组成的规定》第十一条第（三）项规定，有关离休、退休、退职人员待遇的各项支出，不列入工资总额的范围。

2）关于工伤医疗费

工伤医疗费是工伤保险待遇的一项，主要包括以下内容。①治疗工伤所需费用符合工伤保险诊疗项目目录、工伤保险药品目录、工伤保险住院服务标准的，从工伤保险基金支付。②职工住院治疗工伤的伙食补助费，以及经医疗机构出具证明，报经办机构同意，工伤职工到统筹地区以外就医所需的交通、食宿费用从工伤保险基金支付，基金支付的具体标准由统筹地区人民政府规定。

需要注意，工伤职工治疗非工伤引发的疾病，不享受工伤医疗待遇，按照基本医疗保险办法处理。

3）关于经济补偿

《劳动法》中的经济补偿，是指用人单位与劳动者解除劳动合同《劳动合同法》还规定了劳动合同终止后的经济补偿后，用人单位依照法律的规定，一次性支付给劳动者的经济上的补助。

4）关于赔偿金

依据我国《劳动合同法》的规定，用人单位在下列情形下给劳动者造成损害应当承担赔偿责任，向劳动者支付赔偿金：①规章制度违法；②劳动合同缺乏必备条款或不交付劳动合同文本；③不订立书面劳动合同；④违法约定试用期；⑤以担保或者其他名义向劳动者收取财物；⑥未依法支付劳动报酬、经济补偿等；⑦订立无效劳动合同；⑧违法解除或者终止劳动合同；⑨侵害劳动者人身权益；⑩不出具解除、终止书面证明；⑪无合法经营资格单位的赔偿责任；⑫个人承包经营者的连带赔偿责任等。

6. 法律法规规定的其他劳动争议

劳动争议的范围受劳动关系范围的影响，会随着劳动用工形式的多样化、国际化而发生相应的变化。①

因此，本条以列举方式的立法体例避免挂一漏万的通常做法，以便于随着现实情况的发展变化而使适用范围适当扩大。

不属于劳动争议处理的范围如下。

《最高人民法院关于审理劳动争议案件适用法律若干问题的解释》（二）第七条规定下列纠纷不属于劳动争议："（一）劳动者请求社会保险经办机构发放社会保险金的纠纷；（二）劳动者与用人单位因住房制度改革产生的公有住房转让纠纷；（三）劳动者对劳动能力鉴定委员会的伤残等级鉴定结论或者对职业病诊断鉴定委员会的职业病诊断鉴定结论的异议纠纷；（四）家庭或者个人与家政服务人员之间的纠纷；（五）个体工匠与帮工、学徒之间的纠纷。（六）农村承包经营户与受雇人之间的纠纷。"

此外，劳动者与用人单位因发放计划生育奖励金发生的争议；因订立集体合同及企业年金合同发生的争议；实施高等学历教育的全日制普通本科高等学校、高等职业学校和高等专科学校的在校学生，经学校统一组织、批准从事勤工助学活动期间与单位发生纠纷，均不属于劳动争议处理范围。

二、劳动争议的种类

从世界范围看，劳动争议分为两类。一类是因为适用劳动法规和劳动合同所规定的条件而发生的争议。这类争议因涉及的是法律问题，所以，有些国家称之为法律争议，又因为这类争议涉及劳动者个人利益，所以有些国家又称之为个人争议。因为这类争议的显著特征是对既存权利的争议，所以有些国家又称之为权利争议。另一类是因为制订或变更劳动条件而产生的争议。因为这类争议通常由多数劳动者参加，所以有些国家又称之为集体争议；又因为这种争议是为团体的利益而发生的争议，有的国家又称之为利益争议；还因为它是确定将来劳动条件而发生的争议，所以又称之为将来争议。

劳动争议分类的意义在于：在一些国家里，因为争议的种类不同，而设置不同的解决争议的机构，采用不同的程序，对于劳动争议处理机制的选择具有重要意义。

以下按照不同的划分标准，可对劳动争议进行不同的分类。

（一）按照劳动争议涉及的人数，分为个人争议和集体争议

按照劳动争议涉及的人数，分为个人争议和集体争议。个人争议的主体通常是指劳动者个人与用人单位之间发生的劳动争议。个人争议一般需要劳动者个人与用人单位通过交涉、

---

① 参见侯海军：《劳动争议调解、仲裁和审判制度改革研究》，法律出版社2011年版，第15页。

协商或进入劳动争议调解、仲裁、司法程序等争议处理机制解决。①集体争议是指多数劳动者或者劳动者团体与劳动使用者之间所发生的劳动争议。在我国，《劳动争议调解仲裁法》第七条规定："发生劳动争议的劳动者一方在十人以上，并有共同请求的，可以推举代表参加调解、仲裁或者诉讼活动。"由此可见，我国立法上对集体劳动争议采用的是广义上的概念。本书所称的集体劳动争议，也是广义上的定义，即"劳动者一方在十人以上，具有共同争议内容和对象的劳动争议"。

集体争议与团体争议不同。团体争议是关于集体合同的争议，包括集体合同的订立、履行、变更或解除终止争议，争议主体是用人单位或用人单位团体与工会；而集体争议的主体为用人单位与劳动者，争议的内容涉及法律法规、集体合同、劳动合同或用人单位规章制度中确立的用人单位或劳动者个人的权利义务。

划分个人争议与集体争议的主要意义在于设定两者在争议处理中的不同程序。个人争议的处理适用一般程序，集体争议则有特殊要求：劳动者当事人在十人以上，虽也适用一般程序，但可以推举代表参加处理活动。

（二）按照劳动争议标的的性质，分为权利争议和利益争议

按照劳动争议标的的性质，分为权利争议和利益争议。我国的《劳动争议调解仲裁法》采取了具体列举加兜底规定的立法体例，没有区分劳动争议和权利争议。但将劳动争议分为权利争议和利益争议已为实行集体谈判和集体合同制度的国家所普遍采用。

权利争议也称实现既定权利争议或法律争议，是指当事人的权利义务已由劳动法律、法规，或者劳动合同、集体合同予以确定，当事人就执行法律、法规，或者履行劳动合同、集体合同而发生的争议，权利争议又称为法律争议；利益争议也称实现将来权利争议、事实争议或经济争议，是指当事人就劳动条件的确定或变更而发生的争议，是双方就如何确定未来权利义务关系所发生的争议，常发生在劳动关系双方主体在集体劳动的签订与变更内容的谈判过程中，又称为事实争议。②另外，值得注意的是利益争议与集体争议是不同的，利益争议虽然涉及的也是劳动者群体利益，但争议的主体是工会，争议的内容是将来的劳动条件，表现形式是集体合同的订立和变更；而集体争议是多数劳动者共同提起的争议，争议的内容是现有权利的确认与执行，依据来自法律法规、劳动合同或已经订立的集体合同的规定。③

权利争议与利益争议之间的主要区别在于如下四个方面。

其一，从争议的内容上看，权利争议是一种法律争议，是有关执行法律、法规，或履行劳动合同、集体合同而发生的争议，而且争议双方所争执的权利和义务，已在法律、法规或劳动合同和集体合同中有所规定；利益争议则属非法律争议，争议的内容不涉及法律、法规或劳动合同和集体合同已规定的内容，而是在此之外就新的、将来要实现的权利发生的争议。

其二，从争议所处的阶段上看，权利争议发生在劳动合同或集体合同签订后的履行阶段，或者对法律、法规的执行阶段。利益争议则发生在双方因为签订、修改集体合同未达成一致

---

① 谢青：《劳动争议的界定及其分类处理》，载《政治与法律》2008年第3期。
② 常凯：《劳权论——当代中国劳动关系的法律调整研究》，中国劳动社会保障出版社2004年版，第32页。
③ 刘金祥、郭文龙、李磊：《劳动与社会保障法案件精解——以劳动合同法为考察重心》（第二版），华东理工大学出版社2009年版，第200页。

意见，致使集体谈判陷入僵局的阶段。

其三，从争议的主体上看，权利争议的主体很广泛，用人单位和劳动者，以及工会组织都可成为权利争议的当事人。利益争议的当事人受集体谈判主体的限制，只能由工会、用人单位或雇主组织构成。

其四，从解决争议的程序上看，由于权利争议属于法律争议，所以它适用法律规定的仲裁、诉讼程序来解决争端。利益争议被认为不属法律争议，因此解决方式也与权利争议有所不同，一般运用调解和协商的方式。我国《劳动法》第八十四条第一款规定："因签订集体合同发生争议，当事人协商解决不成的，当地人民政府劳动行政部门可以组织有关各方协调处理。"

（三）按照劳动争议发生的地域范围

按照劳动争议发生的地域范围，分为用人单位劳动争议、区域劳动争议和行业劳动争议。用人单位劳动争议是指发生在同一用人单位中的劳动争议，通常这类争议数量多，涉及范围和影响面相对较小，解决起来也相对容易。区域和行业劳动争议则指发生在一定区域和行业内的劳动争议，这类争议数量虽少于用人单位劳动争议，但一旦发生，极可能引发较大规模的怠工或罢工事件，其影响面相当广，处理难度也较大。因此，劳动争议应尽可能控制在用人单位一级，尽量避免大范围的区域性或行业性劳动争议的发生，这也是近年来世界各国在处理劳动争议中所持的一个基本原则。

（四）按照劳动争议的内容来划分

按照劳动争议的内容来划分，可分为因招用劳动者或劳动者流动引起的争议，因履行劳动合同而产生的争议，因职业教育和技术培训而产生的争议，因工作时间和休息休假而产生的争议，因劳动报酬（工资、奖金、津贴）而产生的争议，因劳动安全卫生条件而产生的争议，因社会保险（如养老保险、失业保险、生育保险等）或生活福利问题而产生的争议，因执行劳动纪律（如用人单位开除、除名、辞退违纪职工）而产生的争议，因执行其他有关法律、法规而涉及劳动权利、义务问题所产生的争议。

另外，按照劳动争议中是否具有涉外因素，劳动争议还可分为国内劳动争议和涉外劳动争议等。

第三节　劳动争议与其他争议的区别

同其他领域争议相区别是为了进一步理解劳动争议的内涵，认识其特征，同时了解其他领域中争议的概貌。

劳动关系与民事关系和行政关系有一定的相同点。劳动关系由双方当事人签订的劳动合同确立，劳动关系的内容是有关劳动者的人身和财产关系，这些与民事法律关系有相同的特点。但同时劳动者与用人单位建立的劳动关系因存在隶属关系而体现出不平等，这又与行政法律关系相类似。劳动关系的这些特点也反映到劳动争议中。因此，对劳动争议和民事争议、行政争议、劳动行政争议予以区别，有助于我们正确把握劳动争议的内涵。

一、劳动争议与民事争议的区别

（一）争议的主体不同

民事争议是发生在平等主体之间，即公民与公民，法人（或组织）与法人（或组织），公民与法人（或组织）之间，这些主体相互之间的关系平等而且独立，相互之间不存在隶属关系。劳动争议则是发生在特定的主体之间，即发生在用人单位和劳动者之间，并且这两者之间存在着隶属关系，劳动者成为用人单位的成员并接受用人单位的管理。

（二）争议的内容不同

劳动争议的内容是劳动权利、义务，如劳动合同、集体合同的执行，劳动法规有关工资、工时与休假、劳动与安全卫生、女工与未成年工的特殊保护、开除或辞退处理、社会保险执行待遇等规定的执行。而民事纠纷的内容中有关民事权利义务的，主要是指物权、债权、人身权，如借款争议、房产争议等，其主要法律依据是我国《民法通则》及有关单项民事法律法规。[1]

（三）解决争议所适用的法律和前置程序不同

解决民事争议主要适用《民法通则》和《民事诉讼法》等相关的法律，且当事人一发生争议可直接提起民事诉讼，没有前置程序的限制。而劳动争议主要依据《劳动法》、《劳动合同法》、《劳动争议调解仲裁法》等，以及有关的劳动法规、规章解决，并且为及时和就近解决争议，《劳动法》规定，在提起劳动争议诉讼之前，一般须先经过劳动争议仲裁程序。

（四）争议的影响不同

民事争议一般发生于两个平等主体之间，其社会影响有一定的局限性，对于当事人来说一般也并不影响其基本生活。劳动争议则不然，由于劳动者的劳动报酬是其生活的来源和保障，所以劳动争议与劳动者及其家庭的基本生活密切相关，正因为这样，劳动争议时常以消极怠工、罢工或示威等形式出现，不仅影响到用人单位正常的生产、工作秩序，也影响到社会的稳定和经济发展。

实践中还需要注意的是，劳动争议并非全部发生在劳动关系存续期间，许多劳动争议是发生在劳动关系结束之后，如经济补偿金争议、赔偿社会保险损失等。

二、劳动争议与行政争议的区别

（一）争议的主体及主体之间的关系不同

行政争议的主体，一方是国家行政机关，另一方是公民、法人和其他组织，行政机关作为争议的一方具有恒定性，即没有行政机关的参加，就不可能产生行政争议，而且行政机关与公民、法人或其他组织之间存在着管理与被管理的关系。劳动争议的主体由劳动关系双方，即用人单位和劳动者构成，虽然两者之间也存在着管理关系，但这种管理是基于两者之间由

---

[1] 刘金祥、郭文龙、李磊：《劳动与社会保障法案件精解——以劳动合同法为考察重心》（第二版），华东理工大学出版社 2009 年版，199 页。

劳动合同构成的隶属关系，而非国家的权力，并且管理的目的是维护用人单位正常的生产和工作秩序，而非社会公共利益。因此劳动争议主体之间的管理关系与行政争议主体之间的管理关系有着本质的区别。

（二）引发争议的原因和争议的内容不同

行政争议是由行政机关实施行政管理引发的，争议的内容也大都围绕行政机关做出的行政行为是否合法、适当，是否侵犯了相对人的合法权益。而劳动争议则是因劳动关系双方为实现劳动权利而发生的争议，内容则主要是围绕着劳动权利、义务和相关利益展开的。

（三）解决争议的方式、程序不同

行政争议的解决方式有两种：一是通过行政复议，向行政机关的上一级机关申请复议；二是向人民法院提出行政诉讼。就大部分行政争议而言，行政复议并不是提起行政诉讼的必经程序。而劳动争议的解决方式有调解、仲裁和提起诉讼，而且劳动争议的仲裁程序是人民法院解决劳动争议的必经程序。

（四）引起的诉讼程序和被告不同

行政争议引起的诉讼程序是行政诉讼，提起行政诉讼的必须是被管理一方的公民、法人和其他组织，被告永远是行政机关。而劳动争议经仲裁后引起的诉讼仍属于民事诉讼，劳动争议双方都可能成为原告或被告。

（五）解决争议的依据和原则不同

行政争议主要依据我国行政法律、法规和《行政复议法》、《行政诉讼法》解决，与其他争议相比，解决行政争议的特有原则主要有不适用调解原则、被告负举证责任等。而劳动争议主要依据《劳动法》、《劳动合同法》、《劳动争议调解仲裁法》等有关的法律法规及《民事诉讼法》解决，并且调解是处理劳动争议的重要原则，并贯穿于解决劳动争议的全过程。

三、劳动争议与劳动行政争议的主要区别

（一）争议的主体不同

劳动行政争议是指公民、法人或者其他组织（可以统称为"行政管理相对人"）与劳动行政机关及其工作人员在劳动行政管理中发生的争议。劳动行政争议的一方主体是劳动行政机关部门，另一方是认为行政机关侵犯了其合法权益的行政管理相对人。劳动争议的主体，一方必须是提供劳动力的劳动者，另一方是企业、事业单位、国家机关（以机关法人身份出现，而不是以行政主体的身份出现）、社会团体等用人单位（含个体经营者）。

（二）争议的内容不同

劳动行政争议主要内容表现在劳动行政机关主体的职权、职责和相对人的权利、义务方面，即劳动行政机关的具体行政行为是否侵犯了相对人的合法权益，争议的内容主要体现在劳动行政行为的合法性和适当性方面。劳动争议的内容是劳动关系主体之间劳动权利义务和相关正当利益的纠纷，主要表现在劳动合同与集体合同的签订或履行方面。

（三）争议的客体不同

劳动争议的客体是行为和物，劳动行政争议的客体除此以外还包括人身内容。

（四）产生争议的原因不同

劳动行政争议是为实现管理而产生的争议，劳动争议是为实现劳动权利或履行劳动义务而产生的争议。

（五）争议引起的诉讼程序不同

劳动行政争议引起劳动行政复议或劳动行政诉讼程序，行政复议并非必经程序，且不适用调解程序，被告只能是劳动行政机关；劳动争议，可由企业劳动争议调解委员会调解，或直接由当地劳动争议仲裁委员会受理，当事人不服裁决才可提起诉讼，劳动争议双方当事人也可能成为原告或被告。

（六）处理争议依据不同

处理劳动行政争议依据的程序法是《行政复议条例》和《中华人民共和国行政诉讼法》等；处理劳动争议依据的程序法是《劳动争议调解仲裁法》、《劳动合同法》、《劳动法》和《民事诉讼法》等。

第四节 我国劳动争议的现状及其原因分析

随着改革开放不断深入，我国建立起了以公有制为主体，多种所有制经济共同发展的经济体制。劳动关系性质也由计划经济体制下国家与劳动者构成的以共同利益为出发点的劳动关系转变为用人单位与劳动者两个相对独立的利益主体之间的关系。劳动争议正是劳动关系内在利益差别与矛盾的外在表现，是劳动关系双方利益冲突的必然结果。因此，了解我国目前劳动争议的现状及原因，对建立有效的劳动争议预防和处理机制，及时解决争议，维护各方的合法权益，形成协调和稳定的劳动关系，具有重要的现实意义。

一、劳动争议产生的社会背景

（一）劳动争议是一个历史的范畴

劳动争议是劳动关系主体双方当事人——用人单位和劳动者在劳动过程中，因为实现劳动权利和履行劳动义务而发生的纠纷，从本质上来讲，劳动争议不是在任何社会形态下都存在的，它是一个历史的范畴。从奴隶社会到封建社会，奴隶主与奴隶、地主与农民不存在反映双方权利和义务的劳动关系，而是一种人身依附的个人关系，因此也就谈不上劳动争议。

（二）劳动争议是市场经济的产物

劳动争议是市场经济的产物。在市场经济条件下，劳动者是自己劳动力的所有者，依法享有人身自由，劳动力变成可以自由买卖的商品，为了自身的生存，劳动者同资产阶级展开了斗争。在资本主义市场经济运行中，劳资之间的利益始终是对立的，劳资争议的对

抗性质是不能改变的。为了稳定社会，资本主义国家普遍制定了劳动合同和劳资争议处理的法律，成立专门机构，按照法律程序，采取调解、仲裁或者诉讼的手段处理劳资争议，使不断发生的尖锐的劳资争议得到暂时的缓和，稳定了劳资关系和市场经济。总之，劳动争议是市场经济的产物，是伴随社会化大生产而存在的，凡是有劳动关系的地方，就会有劳动争议的发生，不仅过去和现在会发生，而且将来还会发生。这就是产生劳动争议的必然性、普遍性和长期性。

二、我国劳动争议的现状①

随着我国社会主义市场经济体制逐步确立、产业结构调整和国有企业战略性改组的力度不断加大，企业原有的经济结构、利益格局发生了重大的变化，劳动关系管理的契约化、市场化步伐加快。总体来看，当前我国劳动争议显现出以下特点和变化。

（一）劳动争议总量和涉及人数持续上升

《劳动合同法》第一条即开宗明义，确定立法宗旨为"构建和发展和谐稳定的劳动关系"。但是，《劳动合同法》出台后，劳动关系并不因此和谐。相反，在2008年国际金融危机的背景下，全国劳动争议案件呈迅猛增长态势，部分地区甚至出现"井喷"现象。2006年，全国法院受理劳动争议案件为12.6万件，2007年为15.1万件，同比仅增长16%。2008年，劳动争议案件数量急剧增至29.3万件，同比增长93.93%。其中，广东省受理79 281件，同比增长157.56%，江苏省受理29 862件，同比增长139.28%，浙江省受理19 193件，同比增长159.61%。国家中心城市的劳动争议案件均在1万件以上，如北京市19 046件、上海市16 472件、广州市10 534件。②劳动争议纠纷案件已经成为增长幅度最快、涉及范围最广、影响程度最深、社会关注最多的案件。③

《劳动合同法》实施后，劳动争议案件仍丝毫未显减势。以广州市为例：2008年，广州市受理的一审劳动争议案件出现井喷态势，同比增长102.3%，2009年和2010年虽增长速度趋缓，但仍维持1万件以上的历史高位：2009年为11 412件，2010年为11 630件。劳动争议案件数量已经超过传统的婚姻家庭、继承纠纷案件，跃居民事案件的第一位。而2014年6月10日，广州市中级人民法院又对近三年来广州劳动争议诉论情况发表了《白皮书》。根据《白皮书》统计，三年间，广州法院受理一、二审劳动争议案件总量分别为15 492件、16 554件、16 208件。2013年，广州法院已经成为广东一审收案最多的地区，广州的劳动争议案件整体上处于上升态势。

（二）集体诉讼案件逐年递减，但涉及人数众多，处理难度增大

由于集体劳动纠纷的处理一直是维护稳定的重点工作，地方政府、人民法院及仲裁机构采取诉前联调等多种措施，在当事人提起诉讼之前，及时妥善地化解了大量的集体劳动争议

---

① 本章节部分数据及内容参考广州中级人民法院发布的《广州劳动争议诉讼情况白皮书（2011—2013）》。
② 最高人民法院关于贯彻实施《劳动合同法》、《劳动争议调解仲裁法》的情况汇报，2009年7月。
③ 杜万华、王林清、陈丹：《〈关于当前形势下做好劳动争议纠纷案件审判工作的指导意见〉的理解与适用》，载《人民司法》2009年第15期。

纠纷。以广州市为例，2011~2013 年申请仲裁的集体劳动争议案件分别为 8127 件、9593 件、10 820 件，较上年分别增加 1741 件、1466 件、1227 件，占全部劳动争议仲裁案件的比例分别为 29.0%、34.5%、40.8%，呈逐年上升态势。2011~2013 年进入诉讼的群体性劳动争议案件分别为 2856 件、2738 件、2487 件，占全部劳动争议诉讼案件的比例分别为 23.9%、20.9%、20.1%，呈逐年递减态势。

但是，随着经济社会的发展，新生代（"80后"、"90后"）劳动者在劳动力市场中占有主要的地位，目前全国共有新生代外来户籍工人 1 亿人左右，成为产业工人的主力军，而新生代农民工比上一代有更强的平等意识和维权意识，维权态度由被动"恳求"转向主动"抗争"，维权方式由个体式维权向群体性维权转变，他们追求"体面地劳动、有尊严地生活、倾向于抱团维权"，"包容性增长"、"共享改革成果"的呼声日益高涨，一种理性或非理性的集体行动迅速形成并践行，2010 年震惊全国的集体停工，如"广东佛山南海本田罢工事件"、"广东广州南沙电装厂事件"、"四川成都出租车司机大罢工事件"，2014 年发生的"东莞某鞋厂逾万人停工事件"，均对社会经济造成重大影响。

集体劳动争议案件中，涉案劳动者人数众多，波及面广，社会敏感性强，争议事项涉及加班费、经济补偿金、社会保险等与劳动者切身利益密切相关的问题，一旦处理不善，可能演变成为影响社会稳定的公共安全和群体性事件。因此，群体性劳动争议一直是劳动关系调处的重点和难点。

（三）用工不规范较为普遍，劳动者一方申诉比例大且胜诉率高

从劳动争议诉讼反映的情况来看，有的用人单位因不知道劳动法律法规的规定，或者对法律法规存在误解，未能正确行使权利、承担义务，不规范用工主要表现如下：未按照民主程序制定规章制度，未能将规章制度向劳动者公示或告知；对加班时间及加班费的计算方式约定不明；未依法建立工资台账；未建立规范的考勤制度等。有的用人单位恶意规避法律，侵害劳动者的合法权益，主要表现为：不签订劳动合同；不及时足额支付劳动报酬；不缴纳社会保险等。以广州中院 2012 年审理的二审劳动争议案件为例，用人单位未依法支付劳动报酬及福利待遇的案件约占 87%；不依法签订劳动合同、不依法足额缴纳社会保险的案件分别占 46% 和 25%。不规范用工和规避劳动法律义务，导致劳动者对用人单位缺乏认同感和信任感，是引发劳动争议最主要的原因，也是用人单位败诉的根本原因。

（四）案件争议事项日趋复杂，仲裁裁决比重加大

诉请劳动关系终结的经济补偿（赔偿金）、确认劳动关系和索要未签订劳动合同双倍工资的案件一直是劳动争议的主要类型。近三年来，随着社会保障水平的不断提高，因社会保险发生争议的案件大幅上升。同时，因劳务派遣、同工同酬发生争议的新类型案件不断涌现。以广州中院为例，2013 年受理的 3809 件案件中，涉及社会保险争议的有 2445 件，达到 64.2%，反映了劳动者要求享有社会保障和平等权益的意识强烈。

（五）经济发达地区劳动争议多

北京、上海、江苏、浙江、山东、广东六个经济发达地区一直为我国劳动争议案件和集体劳动争议案件高发地区，2002 年六个地区共计发生劳动争议案件 109 499 件，占当年劳动

争议案件总数的 59.5%。集体劳动争议数共计 5639 件，占当年集体劳动争议案件总数的 51.1%。其中，山东集体劳动争议案件数增长迅速，2002 年的增幅高达 132%。近年来，经济发达地区劳动争议案件也正在日益增多，以广州为例，2011~2013 年，广州法院受理一、二审劳动争议案件总量分别为 15 492 件、16 554 件、16 208 件，其中一审案件数量分别为 11 928 件、13 078 件、12 399 件；二审案件数量分别为 3564 件、3476 件、3809 件。从案件总量来看，2011~2013 年受理的案件仍高于 2008~2010 年受理的案件。2013 年，广州法院受理一审劳动争议案件 12 399 件，超过深圳的 12 041 件、东莞的 11 091 件。

（六）劳动争议处理机制运行不畅

从司法实践来看，劳动争议处理机制运行并不顺畅："一裁二审"程序冗长。近三年仲裁起诉率高达 52%，说明劳动仲裁的前置过滤功能非常有限，进入诉讼程序的案件数量十分庞大。近三年一审上诉率近 30%，说明这部分案件用尽了程序，导致争议解决期间较为漫长，短则一两年、长则三四年；一裁终局案件比例较低，并未发挥立法者所预期的该程序简化程序、避免讼累、大幅度减少劳动争议诉讼等积极作用。以广州为例，2011~2013 年，一裁终局劳动争议案件分别为 794 件、1770 件、2286 件，仅占当年全部仲裁案件的 6.4%、17.7%、14.0%；从诉讼改裁率（即生效判决改判仲裁裁决的比率）和终局裁决撤裁率（即中级人民法院撤销终局仲裁裁决的比率）来看，绝大部分案件没有必要将所有的程序进行到底。具体来说，诉讼结果对仲裁结果进行实质性变更的比率较低，2011~2013 年广州中院对于终局裁决案件的撤裁率分别为 5.7%、3.2%、4.7%。由此可见，很多劳动争议案件完全没有必要走漫长的"一裁二审"和申请撤销终局裁决的程序。恶意滥用诉权，更会激化双方矛盾，不利于快速解决争议，修复或终结双方的劳动关系，影响和谐稳定。

三、我国劳动争议产生的原因分析

劳动争议的产生是劳动关系双方主体在履行各自权利义务的过程中利益冲突的结果。引起劳动争议和影响劳动争议状况的因素是多方面的，多种因素共同作用决定了劳动争议的产生、数量和复杂程度。加之受 2008 年国际金融危机影响，劳动争议案件已经成为我国民事案件中增长幅度最快、涉及范围最广、影响程度最深、社会关注最多的案件类型。劳动争议案件的以上特点，是转型时期我国劳动关系急剧变化的正常反映，也是多种因素共同造成的。

（一）根本原因：劳动关系双方利益差异显现化

随着我国社会主义市场经济体制的建立，传统的劳动关系模式被打破，雇主与雇员在根本利益一致的基础上，逐渐形成了主体明晰、利益多元的新型劳动关系。企业成为政企分离、产权清晰、责权明确、科学管理的独立法人主体，有了独立的经济利益要求。同样，企业的雇员也由计划经济下的"铁饭碗"，变成通过劳动合同、集体合同所约束的独立利益主体，特别是在一些非国有企业中，劳动关系市场化已成为现实，主体利益的倾向十分明显。这种变化使劳动关系双方的利益不仅明确，而且利益差异所带来的冲突也不断显现。

市场经济形成的劳动关系是一种微观利益格局。在市场经济条件下，雇主和雇员都是追求自身利益最大化的"经济人"。一方面，雇主在生产经营中要最大限度地削减生产成本，提高利润水平，往往忽视了雇员的有关劳动权益。另一方面，雇员劳动的目的是追求个人福利的最大化，雇员为了获得较高的劳动报酬和较好的福利待遇，忽视企业的利益和能力。双方的利益差别所导致的相互不满发展到一定程度，就会以劳动争议的形式表现出来。所以说，劳动关系双方主体经济利益的差别或矛盾是导致企业劳动争议产生的根本原因。

（二）主体原因：劳动关系当事人的法律意识、经营观念和职业道德水平

劳动争议的根本原因是企业劳动关系双方主体之间的利益矛盾或分歧，所以劳动争议产生的原因就不可能完全脱离劳动关系双方主体自身问题这一因素。

从用人单位一方看，主要表现为三个方面。

（1）一些用人单位法律意识淡薄，对劳动法律、法规重视不够，不依法办事。例如，不按规定的标准提供劳动条件，克扣、拖欠劳动者工资，擅自变更或解除劳动合同，本该由劳动合同规定的不作规定，该有明确和具体规定的却笼统规定等，为劳动争议的发生留下了隐患。个别私营企业甚至不尊重劳动者的人格，侮辱、体罚、虐待雇员，劳动者在这种工作环境下，无法通过正常途径表达自我意愿，尤其是在合法权益被侵犯的情况下，难以通过以平等的方式与用人单位进行协商解决，从而使得劳动争议进入调解、仲裁甚至诉讼程序。

（2）一些用人单位没有树立正确的经营观念，过分追求短期经济效益，导致用工制度不规范，部分企业没有依照《劳动法》、《劳动合同法》等相关法律法规建立和完善企业自身的规章制度，对劳动者生活福利、发展前途关心不够，不开展必要的培训、未提供应有的待遇，导致劳动争议发生，增加自身的用工风险。主要表现在四个方面。第一，劳动合同的签订及管理不规范。为节约用工成本，拒绝与劳动者签订劳动合同、劳动合同期满没有续签、符合订立无固定期限劳动合同条件的没有及时订立。第二，企业没有设立完善的工资制度，导致劳动报酬纠纷的产生。第三，欠缺完善的人事管理制度。涉及劳动者开除、解除或终止劳动合同等问题没有严格按照法律规定的程序进行。第四，逃避为职工购买社会保险的义务并降低劳动保护条件。

（3）一些用人单位缺乏民主管理的意识和以人为本的观念。我国《企业法》和《全民所有制工业企业转换经营机制条例》在对劳动关系调整的规定中，都强调了职工代表大会对企业即用人单位经营决策权的监督，特别是《劳动法》更突出了职工代表大会参与民主管理和平等协商等职权的作用。但在实践中，有很多企业的厂长、经理仍将职工代表大会视为"摆设"，在处理问题时滥用经营自主权、独断专行。

从劳动者一方看，主要表现为三个方面。

（1）劳动者维权意识提高及诉讼成本降低。近年来，国家加大对劳动法律法规的宣传力度，劳动者的维权意识普遍提高。2007年4月开始实施的诉讼费用缴纳办法则大幅降低了劳动争议案件的诉讼费用，一般简易程序进行的劳动争议案件仅收费5元，追索劳动报酬的案件可以不预交受理费。2008年5月1日实施的《劳动争议调解仲裁法》规定劳动争议仲裁不收费，并规定仲裁庭裁决案件应在45天内结束，并且不得延迟超过15天，逾期未作出仲裁裁决的，当事人可以就劳动争议事项向人民法院提起诉讼。《劳动争议调解仲裁法》直接取消了仲裁费用，并缩短了劳动仲裁的裁决期限。经过一系列改革，劳动诉讼的成本更低廉，道路更畅通，直接导致了劳动争议诉讼案件的增加。

（2）劳动者存在对法律法规的误读现象。虽然降低仲裁、诉讼的门槛对劳动者维权有着

积极的推动作用,但是不可避免产生某些滥诉、恶意诉讼的现象,这也增加了法院审判的压力。在 2008 年发生率大幅上升的劳动争议案件中,职工方胜诉的比例却急剧下降。由于不熟悉法律和有着"随便试试"的思想,劳动者"滥诉"现象增多,造成劳动者自身和用人单位很多不必要的困扰。

(3)部分劳动者法律意识淡薄。这主要表现在劳动者恶意诉讼上。部分劳动者推诿拒签劳动合同,事后反而以未签订书面劳动合同为由向用人单位索要双倍工资;部分劳动者以各种理由表示无须用人单位为其缴纳社会保险以获取相应现金,事后又以用人单位未为其缴纳社会保险为由,提出解除劳动合同,以获取经济补偿;部分劳动者在办理住房按揭或者其他事务中,要求用人单位开具高于其实际收入的证明,在离职后以该收入证明向用人单位索要工资差额等。

(三)组织原因:企业缺乏劳动关系自我协调机制

企业内部的自我协调机制在稳定劳资关系、缓解劳资纠纷上发挥着非常重要的作用。但在我国,目前企业缺乏劳动关系的自我协调机制,主要表现在三方面作用未充分发挥。

(1)劳动合同和集体合同的作用未充分发挥。目前,全国城镇国有、集体和外商投资企业劳动合同签订率达到了 90%以上,私营和个体企业劳动合同签订率达到了 60%以上,尽管劳动合同签约率较高,但呈现国有企业签约率高、私营企业签约率低的状态。有些雇主和雇员还没有完全形成依据劳动合同确立劳动关系的意识,劳动合同管理还缺乏系统性。合同的续签、变更、解除、终止等不够规范,内容、形式不完备,这些都容易引发劳动争议。加之目前企业的集体合同往往流于形式,千篇一律,内容空泛,其作用还得不到有效的发挥。就我国的现状来看,人员流动频繁,社会信用制度不发达,致使劳动合同很难约束雇员,对于雇员违反劳动合同的行为,企业也难以追究,因此,也使得企业缺乏签订劳动合同的积极性。

(2)工会的作用未充分发挥。目前,工会维权职能受到诸多制约,协商交涉方式仍十分有限,导致雇主和雇员在日常复杂的劳动关系事务中各行其是,从而助长了劳动争议的无序状态。加之部分企业仍未建立工会,有些即使建立了也很不健全,不能独立开展工作,这阻碍了工会对劳动争议及时处理机制的形成,这种情况在非公有制企业中尤为突出。

(3)企业调解委员会的作用弱化。目前,劳动争议案件主要是通过政府主导的劳动争议仲裁委员会或法院审理程序得以解决,作为企业内部自行协调劳动关系矛盾有效机构的企业调解委员会,基本上形同虚设,很多情况下只有一小部分的争议经过企业内部协调机制处理。实践中,工会职能的相对弱化、集体劳动合同流于形式及企业调解委员会机构的不完备,使得劳动争议内部调处机制的作用没有有效发挥。劳动争议未能在发生的初始阶段得到化解,继而启动仲裁、诉讼程序,使得争议双方当事人更加对立,加大了矛盾的调处难度,客观上增加了仲裁和诉讼的案件数量。

这三个原因导致大量劳动关系矛盾在制度不完善、缺乏自我协调机制的企业内部得不到调解,最终涌向劳动仲裁及司法部门,形成劳动争议案件。

(四)市场原因:劳动力供过于求,劳动者处于相对弱势地位

我国人口基数大,城市有 1 亿多劳动力,加上庞大的农村劳动力,劳动力资源非常丰足。随着大学毕业生人数的不断增加和农村劳动力向城市的加速转移,随着高校的不断扩招,大学

毕业生越来越多，而我国经济欠发达，社会发展所能提供的就业机会相对有限，就业形势十分严峻。随着企业改革的深化，当企业获得了独立的法人地位，要想生存和发展，就必须解决冗员问题，减少人员以避免劳动力市场供大于求，就业压力大，给企业提供了选择劳动力的广泛空间和苛求劳动者的优势地位。面对激烈的市场竞争，企业必须要降低成本、提高效率、增加利润。一些企业在利益机制的驱动下，为提高利润水平，以牺牲劳动者合法权益为代价，以致劳动关系矛盾十分突出，从而引发劳动争议。这是造成雇员一方申诉比例大且胜诉率高，而雇主一方申诉比例小，败诉率居高不下的主要原因。在这样的市场环境下，劳动者选择余地却比较小，在订立劳动合同时缺乏讨价还价的能力，被迫放弃部分合法权益，接受一些不公正的待遇，自贬身价、委曲求全，这成为劳动关系正常发展的隐患。例如，工厂违反劳动时间的规定，要求工人超时工作，劳动者为了不失去工作，明知自己的权利受到侵害，也不得不接受。

（五）政府原因：加剧了劳动争议的产生

由于我国正处在经济转轨和社会转型的历史变革时期，政府决策导致的历史遗留问题和在改革中产生的认识误区加剧了劳动争议的产生。

1. 社会保障制度还不完善

我国社会保障体系包括社会保险、社会救济、社会福利和社会优抚四个方面。目前存在一些问题的主要表现是：社会保障的管理体制尚未完全理顺，社会保障制度还没有覆盖全体居民，即使2010年《社会保险法》颁布后，社会保险的覆盖率大大提高，但有些用人单位为了节约用人成本，通过各种手段不为劳动者购买社保。这导致不少劳动者一旦失去稳定收入，又不能正常享受各种保险福利待遇，生活就会出现困难，各种纠纷也会由此产生。

我国曾通过建立再就业服务中心保障下岗人员基本生活，这是在失业保险制度不完善情况下的一项过渡性措施，是适应改革形势的选择。从实践来看，再就业服务中心为经济结构调整和社会稳定作出了贡献。但再就业服务中心也有其局限性，不能完全解决国有企业的冗员负担问题。而且再就业服务中心作为一种临时性机构，资金来源不稳定，保障制度不规范，操作缺乏市场化，也容易引发劳动争议。

2. 劳动力市场监察失衡

一方面，目前我国劳动监察部门受人手、资金等方面因素的限制，处于"民不举、官不纠"的状态，劳动执法力度不够，没有起到对违法企业的惩罚和警示作用。另一方面，部分地区政府出于吸引投资的需要，对企业的违法行为采取听之任之和默认的态度，在劳动市场执法中存在严重的地方保护主义倾向。两方面因素共同作用，形成了一种违法企业占便宜、守法企业吃亏的局面和风气，从而导致企业劳动违法行为频频发生。

3. 行政指令造成的劳动争议

一些地方政府从稳定当地劳动关系出发，制定若干地方性行政法规，虽然对推进深化改革起到了积极作用，但也带来一些负面的影响。例如，在股份制改造过程中，职工对工龄置换没有发言权，置换标准由政府决定，"谁去谁留"又都掌握在少数雇主手中。企业效益不好，置换时，职工所得甚少，会引起职工不满。这类由行政指令形成的劳动争议，各地区都有不同程度的反映。

（六）机制原因：我国劳动争议处理制度不适应现实情况

根据《劳动法》的规定，我国目前处理劳动争议实行的是"一调一裁两审"的单轨制，并且将仲裁作为处理劳动争议的必经程序。从目前状况来看，存在着以下几个方面的问题。

（1）审理周期过长。规定仲裁前置原则的本意是为充分发挥劳动争议仲裁机构处理劳动争议的专长，及时解决劳动争议，减轻人民法院的压力，这一原则在实践中也确实发挥了一定作用。但随着市场经济的发展，劳动争议的内容越来越复杂，劳动争议的总量持续大幅度上升，以仲裁前置为前提的"先裁后审，一裁两审"的劳动争议处理体制已越来越不适应劳动争议处理工作的需要。劳动争议案件经过基层调解、仲裁和诉讼中一审、二审的全过程，时间过长，不利于案件及时了结，往往造成案件久拖不决，增加了当事人解决争议的成本。

（2）衔接不顺畅。劳动争议诉讼对劳动仲裁的判断及处理支持不够。在仲裁期间，仲裁机构无权采取查封、冻结资产等实施民事强制措施的权力，致使劳动争议的一方当事人有充裕的时间从容隐匿、转移财产，仲裁裁决书成了无法执行的一纸空文。这种做法将大量的劳动仲裁工作化为无用功，极大地浪费了国家人力资源和财政支出。

（3）劳动争议仲裁受理范围狭窄。有些争议由于没有明确规定在法定的受理范围中，仲裁机构对此不予受理的同时，劳动者也就失去了请求人民法院保护的诉讼权利。劳动者在合法权益迟迟得不到保护的情况下，往往采取一些过激手段，引发大规模的"上访、静坐示威事件"，影响社会的稳定，给国家和企业生产造成损失。

（4）劳动仲裁机构力量不足。目前，专职办案人员实际是劳动行政机关的工作人员，他们担负着繁重的政策制定、工作指导及其他行政性工作，并且人员岗位间流动比较频繁。由于劳动争议仲裁人员没有实现专业化、职业化，劳动争议案件裁决的质量、权威性受到一定程度的影响，也增加了当事人在仲裁后起诉的比例。

（七）法制原因：劳动法律体系建设尚不完善

社会主义市场经济建立后，国家更多地通过法律手段对劳动关系实行调控，而与我国发展变化的劳动关系相比，劳动法制建设则显得滞后。这主要表现在三个方面。

1. 现有的劳动法律法规还不健全

尽管我国已经颁布了一系列劳动法律法规，但1994年颁布实施的《劳动法》只对劳动关系的相关问题作出原则性的规定。在我国，劳资争议处理法主要是指《劳动争议调解仲裁法》，该法自2008年5月1日实施，至今施行了近5年。与之同年施行的《劳动合同法》（2008年1月1日实施）已于2012年12月28日第十一届全国人民代表大会常务委员会第三十次会议通过修正案，并于2013年7月1日实施。[1]最高人民法院先后于2001年4月、2006年8月、2010年9月、2013年1月颁布了四个关于审理劳动争议案件适用法律的解释，对《劳动法》、《劳动争议调解仲裁法》、《劳动合同法》等作了诸多的细化，虽对化解我国近年来多发且高发的劳动争议起到了重要的作用，但毕竟有些重要问题未能在法律层面得到解决。此外，鉴于利益争议与集体合同制度密切相关，学界对制定专门的《集体合同法》的呼声也越来越高。[2]《集体合同法》未颁布，对集体劳动争议处理带来了障碍。

---

[1]《集体合同法》立法可行性研究课题组：《集体合同立法的可行性研究》，载《中国劳动关系学院学报》2012年第1期。

[2]《集体合同法》立法可行性研究课题组：《集体合同立法的可行性研究》，载《中国劳动关系学院学报》2012年第1期。

2. 已经颁布的劳动法律法规的某些内容已不适应现实发展的需要

党的十一届三中全会之后，我国颁布了很多劳动法律法规，但这些法律法规基本是按照计划经济的要求，着重以国有企业、集体企业为调整对象而制定的，与今天已初步建立的市场经济的发展要求及我国多种经济成分并存的现实状况相比，难免出现法律规定与市场经济条件下调整劳动关系的实际需要有较大的差距和不足，使一些企业尤其是非公有制企业的劳动关系难以依法调节，从而造成劳动争议大量产生。

3. 现有的劳动法律法规中缺乏有效的监督和检查措施

这主要表现在，劳动法律法规本身缺少必要的惩罚规定，对违反法律法规的行为没有规定明确的制裁措施，致使法律缺乏应有的强制性。

【本章思考题】

一、问答题

1. 简述劳动争议的特征。
2. 试述劳动争议的范围。
3. 简述权利争议与利益争议的主要区别。
4. 简述劳动争议与行政争议的主要区别。
5. 简述劳动争议和劳动行政争议的主要区别。
6. 试述劳动争议产生的原因。

二、拓展案例

1. 梁先生 2010 年年底入职北京顺义一家物流公司，担任电工一职，双方未签订劳动合同。然而梁先生入职后不久，在工作中不幸摔伤，导致腰椎骨折住院治疗。公司否认与之存在劳动关系。在申请仲裁被驳回后，梁某不服，诉至顺义法院。庭审中，梁某称其于 2010 年 12 月 23 日入职物流公司，担任电工一职，并出示了工作车间房门及配件箱钥匙、谈话录音等证据。而物流公司则对上述证据予以否认。现场取证时，法院在维修车间对维修工人孙某进行了询问，孙某当场表示知道梁某在这里干过电工。

请问：梁某与物流公司是否存在劳动关系，为什么？

2. 李某与某锅炉厂在 2004 年 6 月签订为期 4 年的劳动合同。2004 年 10 月李某因患急性肺炎住院治疗，2005 年 2 月痊愈出院。出院后，李某拒绝到锅炉厂上班，通过熟人从医院开出病假条，以患病为由向单位请病假。事实上，李某一直在帮助某个体商贩从事服装买卖。锅炉厂查实，李某请假纯属虚假后，立即对李某予以警告，责成其马上到工厂上班。李某置之不理。2005 年 4 月，锅炉厂停发李某的工资。2005 年 10 月，李某回厂上班，锅炉厂于 2006 年 6 月正式决定开除李某，解除与其签订的劳动合同。李某对此不服，认为自己患病，可以休病假，锅炉厂不能因此而解除劳动合同。因此向市劳动争议仲裁委员会申诉，请求予以公正裁决。

请问：锅炉厂能否解除与李某的劳动合同，为什么？

第二章 劳动争议处理制度

[本章提要]

1. 国外劳动争议处理模式
2. 我国劳动争议处理法律制度
3. 《劳动争议调解仲裁法》规定的劳动争议处理体制
4. 劳动争议处理的法律适用

[引导案例]

华南理工大学副教授蔡智奇，在美国从事研究期间，妻子生育一孩，另怀孕六个月回国后生产。他最近被举报到计生部门，面临被学校开除的窘境。蔡智奇认为自己作为留学人员回国生育第二个子女应"不予处理"。

2013年11月19日，蔡智奇收到华南理工大学的《关于给予蔡智奇开除处分的决定》："蔡智奇作为学校事业编制的工作人员，严重违反国家计划生育政策，超计划生育二孩，情节严重。根据《广东省人口与计划生育条例》第四十八条、《广州市人口与计划生育管理办法》第五十五条和《华南理工大学教职工处分暂行规定》等，经学校研究决定，给予蔡智奇开除处分。"学校方面表示多次发函咨询省、市计生部门，得到的答复均认为蔡智奇夫妇属违反规定超计划生育。

2014年1月21日，蔡智奇向广东省劳动人事争议调解仲裁院申请仲裁，2日后收到《不予受理通知书》。其后，蔡智奇委托律师到天河区人民法院提起诉讼。

2月14日，天河区法院作出"不予受理"的裁定，认为华南理工大学开除蔡智奇的行为属于单位给予的内部行政处分，不属于劳动争议，不能提起民事诉讼。同时法官也告知，开除行为也不属于行政机关作出的具体行政行为，因此蔡智奇也不能提起行政诉讼。对此，蔡智奇的代理律师陆妙卿表示，将就该裁定向广州市中级人民法院提出申诉。

你认为该案应如何处理？法律适用的依据是什么？

[资料来源：www.wosku.com/yl/rd. 2014-02-18]

劳动争议处理制度是解决劳动争议的正式依据，是处理劳资纠纷的法律形式。要全面了解和把握我国劳动争议的现状，深入理解劳动争议处理的精神内涵，系统研究我国劳动争议处理的发展方向，就必须全面了解我国劳动争议处理制度的历史沿革、现行的基本制度，借鉴国外劳动争议处理制度，系统掌握我国现行劳动争议处理制度的法律适用。

第一节　国外劳动争议处理制度概述[①]

一、美国模式的劳动争议处理制度

（一）劳动争议处理制度建立

美国劳动争议处理制度是伴随着20世纪30年代美国的社会大动荡而诞生的。1935年，美国国会通过了《国家劳资关系法》（*National Labor Relation Act*），保护工人参与工会活动或不参与工会活动的权利，鼓励双方通过集体谈判解决劳动争议；同年，成立国家劳工关系委员会，由雇主代表和劳工代表组成，作为独立的联邦机构负责执行和实施《国家劳资关系法》；1938年，又成立联邦调停调解局（FMCS）。这是一个由调解人组成的机构，以第三方的中立身份随时向劳动者和资本家提供调解服务，帮助工会和雇主解决劳动合同争议。自此，美国以劳动争议处理制度调停和调解为基础的框架初步形成。

（二）美国处理劳动争议制度的基本内容

1. 劳动争议分类

劳动争议可以分为三类：一为权利争议，即因集体合同的解除和执行，以及法律规定的权利义务的实现而发生的争议；二为利益争议，即因集体合同的签订、变更而引起的争议；三为在工会权利的行使中发生的有关工会谈判代表资格的确认，以及反工会歧视性行为的争议，不同的争议类别有不同的处理机制和程序。

2. 建立企业内部劳动争议的"不满申诉"处理机制

建立企业内部劳动争议的"不满申诉"处理机制，着力于在企业内部解决争议。美国是实行公司制的国家，公司（企业）都按照法律规定建立了企业内部劳动争议"不满申诉"处理机制和程序。

（1）工会化中"不满申诉"的处理。第一步，雇员有不满向主管人员直接提出，如果主管人员无法解决雇员的不满，就由一个雇员所属的工会委员的成员和一个企业委员会的成员

---

① 本章节论述主要借鉴并引用了郑尚元《劳动争议处理程序的现代化》第一章的相关内容。

会见这个主管人员了解情况。第二步，工会委员会与公司的劳工部门召开会议，讨论解决不满问题。第三步，如果雇员的不满还未解决，雇员的不满将会作为工会的不满，通过召开有地区工会的负责人、公司企业委员会主席、公司劳工部门的负责人参加的会议讨论解决。第四步，全国性的协商会议，由全国工会委员会主席、地区工会代表和公司的最高负责人讨论解决。到此为止，雇员、工会的不满都是通过劳资双方内部不同层次的会议协商解决，没有第三方的介入。

（2）非工会化企业中"不满申诉"的处理。在没有工会的公司，一般都建立了名为"同事核实委员会"或"审查团"的处理组织，这类组织全部由本企业的雇员组成，"审查团"一般参与内部申诉程序的某个环节，"同事核实委员会"一般参与解决涉及解雇或索赔等严重争议的处理。其处理程序是：首先，雇员向工长或监管提出口头申诉；然后，向工长或监管提交经雇员签名的书面申诉，工长或监管对申诉应作出书面答复。若对答复不满意，雇员可向所在部门领导或经理申诉，部门领导或经理应当在短期内作出书面答复。如果对答复仍不满意，雇员可向雇主或其代表申诉，雇主将对申诉作出书面答复。如果雇员对雇主的答复不满意，可以提请"同事核实委员会"或"审查团"开展调查和调解程序。

3. 美国劳动争议处理制度最突出的特点是劳动争议仲裁民间化

集体劳动争议或个体劳动争议如果不能在企业内部通过调解解决，雇主和雇员方都可以申请仲裁。如今在美国有95%的集体协议里订立了仲裁条款。美国受理劳动争议的仲裁机构主要是美国仲裁协会，该仲裁机构"既从事商务仲裁，也从事劳动争议仲裁，自1926年成立以来，有了很大发展，它在各州都有分支机构，属于民间社团组织"，"美国仲裁协会目前已经不再局限于对集体争议的受理和仲裁，大量的个人争议也可以自愿达成协议申请仲裁"，目前，劳动自愿的仲裁被认为是解决劳资纠纷的主要手段。

4. 美国政府对于劳动争议的处理持主动介入的态度

美国国家劳工关系委员会在劳动争议处理过程中发挥着独特的作用和职能。该委员会由五名成员组成，包括一位首席法律顾问、两名地区总监和两名行政法官。该委员会负责审查集体谈判中工会代表雇员参与谈判的资格。另外，还有一项重要的职责是作为公立机构直接处置当事人的不正当劳动行为。按照《国家劳资关系法》的规定，雇主或工会任何一方若无正当理由拒绝集体谈判，则构成"不正当劳动行为"（unfair labor practice），国家劳工关系委员会有权作此认定并作出开展团体交涉的命令并可交付法院强制执行。

二、德国模式的劳动争议处理制度

德国劳动争议处理制度最大的特色是司法制度的完善，大多数劳动争议通过诉讼程序解决。秉承公民权利受到损害都可以寻求司法保护的精神，劳动者个人的劳动案件都由法院审理并作出具有约束力的判决。1926年，劳动法院法实施后，劳动法院取代了贸易和商业法院来审理劳动纠纷案件。劳动法院建立之初，所有个人劳动争议和要求更高层次集体谈判的集体争议都由法院行使管辖权。新的劳动法院体制分为三个审级，初审劳动法院组织上是完全自治性的，地方劳动法院是地方法院的组成部分，最高劳动法院附属于联邦最高法院。初审法院由1名职业法官（首席法官）和2名来自雇员和雇主的名誉法官组成。3名法官审理案件时，双方当事人可以自己出庭，也可以委托代表出庭参加诉讼。第二审程序中法官的组成和第一审程序完全相同，但是，地方劳动法院在二审程序中要求雇主方面必须有雇主协会的代表、雇员方面必须有工会代表或律师出庭应诉，当事人不能亲自出庭。该程序实质上要求当事人参加一审程序，上诉的意思表示必须由律师或代表签字，第三审程序的法官组成与一、二审程序相类似，职业法官和名誉法官都比一、二审程序的数量多，法官主要就法律问题进行审理（法律审程序）。

在劳动案件的审理中，职业法官必须符合一般法官法规要求来行使审判权。一、二审程序中的法官的提名按照地域原则进行，联邦劳动法院法官由联邦总统提名、联邦劳动和社会事务部长和法官选拔委员会共同任命。名誉法官在三个审级中都有与职业法官同等的权力，他们可以阅卷、向当事人发问、传唤证人及申请专家鉴定等；有权要求其雇主为其行使审判权提供必要的时间，包括培训时间。名誉法官根据名誉法官补偿法的规定由政府补偿因行使法官职责而损失的工资、交通及其他费用。名誉法官在65岁以前是不能被辞退或解职的，除非他违反了相应职责被联邦劳动部门罢免，任期4年。应有适当比例的少数民族名誉法官。他们必须是从工会和雇主协会建议的名单中选拔出来的。来自雇员方面的名誉法官可以是现职人员，也可以是失业人员，当然也可以是工会或独立协会的成员；来自雇主方面的名誉法官，除了雇主和法人代表外，可以是经营管理人员、人事经理等被授权雇用雇员的工薪管理人员和雇主协会的成员。初审劳动法院的名誉法官任职年龄为25岁，在该法院工作积极；地方劳动法院（二审）名誉法官任职年龄为30岁，并且在一审法院中至少担任名誉法官4年；联邦劳动法院名誉法官任职年龄必须达到35岁，有相应的专业知识和劳动法律领域的实践，必须在一审法院或二审法院任职4年。1953年新的《劳动法院法》生效，该法保留了旧的司法制度中管辖自治的一些基本内容。一直到1979年后，《劳动法院法》在劳动审判的程序上作了较大改动，一方面是出于经济方面的考虑；另一方面是因为近年来，雇员法律意识增强，向法院提起劳动诉讼的案件成倍地增加，尤其是在上诉审程序中案件的增加导致了审限的延长。劳动法院审理案件的费用基本和其他案件一样，相对来讲费用较低，为了保障各方当事人不因经济原因而行使诉权，实施法律援助制度以保证劳动案件的审理和判决，低收入者可申请豁免诉讼费用。德国劳动法院审理劳动案件的具体程序中包括调解、判决等，在调解不成的情况下即行判决。

德国劳动仲裁机构设在劳动法院内，仲裁员由劳动法院认定和管理，实行仲裁员名册制。当事人申请仲裁的劳动争议，由劳动法院指定一个仲裁小组处理，仲裁结果具有法律效力。自从对一些特殊的劳动事务行使管辖权以后，中立的仲裁委员会逐步建立起来，部分雇员在该机构主持下解决了争议。劳动争议发生后，在寻求仲裁时，可以向地方法院提起诉讼，这一点具体规定在联邦德国通过的《劳动仲裁程序和组织法》中，该法于1990年1月生效。在某种程度上讲，仲裁委员会和以前公司内部的冲突调查委员会有一定联系。根据《联邦法院组织法》的规定，仲裁委员会的组成不同于冲突调查委员会，它由2名雇主和雇员提名的辅助法官，也可以由陪审员和1名地位中立的首席仲裁员组成。首席仲裁员由2名陪审员共同提名，较之以前的诉讼程序，仲裁委员会既不受工会的影响也不受国家检察人员的干预，独立性较强，对解散仲裁庭法律也有特殊的保护，只有根据宪法的规定才能以诉讼解决纠纷的形式对抗仲裁委员会的裁决。仲裁庭受理现存集体争议和即将发生的集体争议，以及集体协议中约定由仲裁委员会受理的劳动争议。

三、日本模式的劳动争议处理制度

受德国法的影响，日本的劳资争议也被区分为权利争议和利益争议，个别争议和集体争议。不同的争议类型采取不同的处理方式。对于权利争议，不管其是个别争议还是集体争议，都由司法机关处理。对于利益争议，须经团体交涉方式处理；协商解决不成的，则按照劳动委员会的争议处理程序（斡旋、调解、仲裁）处理。

（一）劳动争议的专门处理机构——劳动委员会

日本建立了负责处理劳动争议的专门机构——劳动委员会。根据日本《工会法》的规定，日本中央和地方分别设立劳动委员会，由资方、劳方和公益方三方代表组成。资方、劳方代表分别由资方团体（日经联）、劳方团体（联合）推荐，公益方代表经劳资双方共同推荐后由劳动大臣任命。

劳动委员会的职责主要有两项：第一，对不当劳动行为进行审查和处理；第二，对劳动争议进行处理。劳动争议的处理实行级别管辖，中央劳动委员会负责处理涉及全国及跨都、道区域的重大劳动争议案件。

（二）对于不当劳动行为的处理

日本将雇主限制和妨碍工人行使结社权和保护自身权利的行为称为不当劳动行为并加以管制。根据日本《工会法》的规定，不当劳动行为具体表现为四类：①因工会会员进行谈判或参加罢工而在工作上受到语言歧视或被解雇的；②雇主拒绝劳方提出的谈判要求的；③解雇工会会员，阻止工人成立工会的；④工人因向劳动委员会申诉而受到歧视或被解雇的。

职工向劳动委员会举报企业有不当劳动行为后，劳动委员会审查后向企业提出意见。如职工对该意见不满意，可要求劳动委员会再次审查或提交司法机关按照民事案件诉讼程序处理。

1. 集体争议的处理——以劳动委员会为主体的处理机制

第二次世界大战后的日本宪法，对于"劳动三权"，即劳动者的团结权、集体谈判权和争议权明确予以保护。与此相对，劳动争议也被区分为个别争议和集体争议，而且法律侧重于对后者的保护。日本劳动法上的集体劳动争议与个别劳动争议的区别，主要在于争议的劳动者一方，主体是劳动者个人，或者劳动者组成的团体（工会以及个人群体），前者是个体劳动争议，后者则是集体劳动争议。针对集体劳动争议，日本制定了《工会法》、《劳动关系调整法》等四部法律，形成由劳动委员会、劳动局、仲裁委员会及内阁总理大臣为处理主体，通过斡旋、调解仲裁和紧急调整等手段分别处理的解决机制。

（1）斡旋。劳动委员会主要负责对劳资争议进行斡旋，斡旋的目的是促进双方进一步协商达成一致。其方法是由劳动委员会主任任命一名劳动关系专家担任斡旋员，听取劳资双方申辩后，提出斡旋方案，促成双方接受。斡旋没有强制性，劳资双方有权拒绝。

（2）调停。斡旋失败的，劳资双方可以提出调停申请，由劳动局组织调停委员会进行调停，调停委员会的成员由劳动局代表、资方和劳方推荐的代表组成。调停委员会在了解双方意见后提出调停方案。由于调停委员会有权公布调停结果和价值判断，形成社会压力，故调停的成功率也比较高。

（3）仲裁。日本劳动争议仲裁委员会成员由劳动委员会成员担任，对于争议双方都同意接受仲裁的集体劳动争议案件进行仲裁，仲裁结果具有强制约束力，且具有不可诉性，双方必须执行。

（4）紧急调整。当公益企业、大型企业和关系到国计民生的特许行业发生劳动争议且当事人企图采取争议行为，内阁总理大臣在听取劳动委员会的意见后，有权作出紧急调整的决定，在紧急调整的决定公告后50天内，禁止采取任何争议行为。

2. 个别劳动争议的处理

20世纪80年代中期以前，日本政府和社会各界关注的主要是集体劳动争议的解决，而劳动者个人与企业或管理者之间的个别劳动争议处理制度基本上是空白的，个人劳动争议被视为一般的民事纠纷，按照民事诉讼法的程序进行。当时，没有成立劳动法院，个别劳动争议由普通法院审理，也没用专门处理劳动争议案件的法官，对此类案件的处理，法院倾向于利用事实上的斡旋达成和解。为了适应20世纪末以来个别劳动争议大量增加的情况，日本政府分别于2001年7月和2004年4月颁布《促进个别劳动争议解决法》和《劳动审判法》，并分别于2001年10月和2006年4月正式实施，前者是关于政府行政部门解决个别劳动争议的法律规定，后者是通过劳动审判制度解决个别劳动争议的法律规定，此劳动审判制度只是一种介于行政手段和法律手段之间的准司法途径。这样，日本个别劳动争议的处理途径有三种。

（1）劳动部门组织的调解。发生个别劳动争议后，如果争议当事人要求劳动部门进行调解，劳动局长认为有必要，应当组成调解委员会进行调解。调解委员会由三人组成，其成员主要为律师、大学教授和劳动问题专家，调解委员会主要向当事人介绍以前处理过与当前争议相似争议的处理结果，使当事人对于争议的处理结果有基本判断和参照，从而有利于双方达成调解。

（2）劳动审判委员会组织的劳动审判。根据《劳动审判法》，在全国50个地方法院（审判所）内设立劳动审判委员会。法院在收到当事人的诉讼申请后，立即成立劳动审判委员会。劳动审判委员会由一名职业法官和两名分别来自雇主组织和工会组织的2名专业法官陪审员组成。案件审理由职业法官主持，裁决结果要有过半数人员同意才有效。

劳动审判委员会审理案件被限定为三个阶段，每个阶段的期限为一个月。第一阶段主要是查清事实，确定证据，就双方和解的可能性进行评估。第二阶段是核实证据，了解双方有无调解意向。第三阶段是提出调解建议。如果双方达成调解，则案件结案，调解协议与法院调解协议具有同等法律效力，当事人必须执行。如果当事人不同意劳动审判委员会的调解方案，审判委员会则终止调解程序，依据法定程序作出支付金钱等判决。

劳动审判委员会的判决不同于法院判决，其效力待定。如果其判决作出后，当事人在两周内没有提出书面的反对意见，判决才发生法律效力；如果当事人在两周内提出书面异议，则劳动审判委员会的判决自动失效，案件自动转入同一地方法院，按照民事诉讼案件进行审理。

日本劳动争议处理机制将争议区分为集体争议和个体争议并分别规定不同的处理机构；建立专门处理劳动争议的劳动委员会，特别重视对企业不正当行为的处理和制裁，重视通过劳动委员会等非官方途径解决集体劳动争议；适应个别劳动争议处理的新需求，建立新的个别劳动争议处理机制，重视发挥劳动争议咨询的作用，强调指导和调解等非司法途径的解决方式的作用，力求提高争议解决的效率和劳动审判委员组成人员中劳资双方力量的平衡，有利于当事人的相互妥协，通过和解方式解决争议。

但是也要注意的是，日本与我国面临着相似的问题：通过普通民事诉讼的模式去解决个别劳动争议，对于当事人而言普遍存在着周期长、费用高的问题。

四、瑞典模式的劳动争议处理制度

瑞典是北欧比较典型的高福利资本主义国家，工会组织较为发达。以工会为群众基础的社会民主党拥有较高的政治地位，并曾长期执政，劳工政策对劳工均有一定程度的倾斜。

（一）劳动争议的类型化

瑞典劳动法将劳动争议的类型分为团队争议、个体争议、利益争议和权利争议。权利争议又分为因履行集体协议发生的争议和雇员个体劳动争议。对于不同的争议类型，采取不同的处理方式。

（二）对于利益争议的强制调解制度

对于集体谈判中发生的争议，瑞典建立了"强制调解"制度。为此，国家设立调解办公室，职能就是调解雇员或雇员组织与雇主或雇主组织在集体谈判中发生的争议。这是一种强制调解，表现在四个方面。

（1）调解办公室只要认为在争议中存在工业行动的危险或者已经开始工业行动，在不需要征得争议双方同意的情况下，即可以任命一名或者多名谈判领导或者调解员介入并主导集体谈判。

（2）为了便于争议的解决，在调解员的要求下，调解办公室可以强制要求争议一方推迟已经通知对方将要采取的工业行动，对于每次工业活动或工业活动的延长，调解办公室最多可以强制要求争议方连续推迟采取工业行动14天，这段时间又被称为"冷静期"。

（3）在法定情形下，可以命令争议当事人履行"积极谈判"的义务，对于不履行义务的，调解办公室可以直接处以罚款。

（4）当事人双方不能对调解办公室在调解期间作出的调解行为、有关命令及罚款处罚提出诉讼。

（三）"自愿仲裁，或裁或审，一裁终局"的仲裁机制

对于劳动关系中出现的权利争议，瑞典劳动法规定，当事人可以选择仲裁，也可以选择诉讼，一旦选择仲裁，则排除司法解决。

（1）仲裁具有自愿性。当事人可以在劳动合同中约定发生争议选择仲裁，也可以在争议发生后达成选择仲裁的协议。

（2）仲裁一裁终局，仲裁结果不可诉。

（3）仲裁机构分为常设的仲裁委员会和临时的仲裁庭两种形式。仲裁委员会由劳动法院法官、工会团体代表、企业团体代表三方组成，负责仲裁集体协议争议。临时的仲裁庭由劳动法院派出一名职业法官，争议双方当事人各选择一名在册的仲裁员组成，作出仲裁后，仲裁庭即行解散。

瑞典劳动争议处理制度，按照"劳资和平共处，友好解决争议"的思路设计。在机制的设计上，根据不同的争议类别设计出不同的处理模式；设立劳动法院，与普通法院分别处理不同的诉讼案件；实行或裁或审，但是对部分争议案件规定了司法专属管辖权；劳动法院的组成充分体现了劳资力量的平衡。在实践中，瑞典劳动争议的解决是比较有效的。

第二节　我国劳动争议处理法律制度概述

一、我国劳动争议处理基本制度

由于劳动争议对企业生产和劳动者生活乃至社会稳定有着直接影响，所以长期以来人们一直积极探索有效解决争议的方法，使得劳动争议处理逐渐形成一种由专门机构解决争议的活动，并成为一项法律制度。劳动争议处理制度，作为处理劳动关系的一项法律制度，其社会地位与劳动关系在社会经济生活中的地位密切相关。劳动关系是劳动力所有者与劳动力使用者在实现劳动过程中结成的社会经济利益关系，是一种基本的社会经济关系，其和谐与否不仅影响着企业和劳动者个人利益目标的实现，而且关系到整个国家的经济发展和社会稳定。因此，所有的市场经济国家都把建立和谐、稳定的劳动关系作为重要的经济、社会乃至政治目标。劳动关系的有效运行，除了以市场为基础外，还依赖于劳动关系主体相互间的平衡和制约，依赖于建立规范的制度规则。劳动争议处理制度正是调整劳动关系的法律制度，是指由法律确定的专门处理劳动争议的机构，依照法定的范围、原则和程序解决劳动争议的法律制度。劳动争议法律制度彰显的是劳动争议发生后的解决机构、解决途径和处理方法，它体现国家的公共政策目的，这种公共政策既要有利于提高经济效率，如保持劳资双方的合作关系，减少诉讼成本和其他经济损失，帮助劳动者稳定工作关系，同时也要有利于减少劳资双方关系的不平等，使劳动者在传统争议解决机制中的不利地位得到矫正。

劳动争议处理机构是指受理劳动争议案件的组织机构。根据我国《劳动争议调解仲裁法》等的规定，有权处理劳动争议的机构包括劳动争议调解组织、劳动争议仲裁委员会、人民法院、劳动行政主管部门。

1. 劳动争议调解组织

劳动争议调解组织包括：①企业劳动争议调解委员会；②依法设立的基层人民调解组织；③在乡镇、街道设立的具有劳动争议调解职能的组织。

企业劳动争议调解委员会由职工代表和企业代表组成。职工代表由工会成员担任或由全体职工推举产生，企业代表由企业负责人指定。企业劳动争议调解委员会主任由工会成员或双方推举的人员担任。劳动争议调解组织的调解员应当由公道正派、联系群众、热心调解工作，并具有一定法律知识、政策水平和文化水平的成年公民担任。

2. 劳动争议仲裁委员会

1）仲裁委员会的设立

根据我国《劳动争议调解仲裁法》的规定，劳动争议仲裁委员会按照统筹规划、合理布局和适应实际需要的原则设立。省、自治区人民政府可以决定在市、县设立；直辖市人民政府可以决定在区、县设立。直辖市、设区的市也可以设立一个或若干个劳动争议仲裁委员会。劳动争议仲裁委员会不按行政区划层层设立。设立劳动争议仲裁机关的基本指导思想是："统筹规划，合理布局和适应实际需要"。

2）仲裁委员会的组成

劳动争议仲裁委员会由劳动行政部门代表、工会代表和企业方面代表组成。劳动争议仲裁委员会组成人员应当是单数。

3）仲裁委员会的职责

仲裁委员会的职责是：①聘任、解聘专职或者兼职仲裁员；②受理劳动争议案件；③讨论重大或者疑难的劳动争议案件；④对仲裁活动进行监督。

劳动争议仲裁委员会下设办事机构，负责处理劳动争议仲裁委员会的日常工作。

4）劳动争议仲裁员

劳动争议仲裁委员会应当设仲裁员名册。仲裁员应当公道正派并符合下列条件之一：①曾任审判员的；②从事法律研究、教学工作并具有中级以上职称的；③具有法律知识、从事人力资源管理或者工会等专业工作满5年的；④律师执业满3年的。

3. 人民法院

劳动争议处理中的诉讼程序不是必经程序，只有劳动争议当事人对劳动争议仲裁委员会作出的裁决不服的，在裁决作出15日内向人民法院提起诉讼，该程序才可能启动。人民法院是劳动争议处理的最终司法机构。目前，在我国法院机构设置中并没有专门的劳动法庭，劳动争议案件由法院的民事审判庭负责审理，与一般民事案件的审理程序完全相同，实行两审终审制。

4. 劳动行政主管部门

首先，从我国《劳动法》的规定来看，《劳动法》第八十四条第一款规定："因签订集体合同发生争议，当事人协商解决不成的，当地人民政府劳动行政部门可以组织有关各方协调处理。"其次，国务院劳动行政部门依照《劳动法》有关规定制定仲裁规则，省、自治区、直辖市人民政府劳动行政部门对本行政区域的劳动争议仲裁工作进行指导。最后，劳动行政部门行使劳动保障监察职权。所以劳动行政主管部门是我国现行制度下重要的劳动争议处理机构。

二、我国劳动争议的处理体制

（一）《劳动争议调解仲裁法》实施前的劳动争议处理体制

我国的劳动争议处理制度正式恢复于1987年，在《劳动争议调解仲裁法》实施前，主要体现在1993年的《企业劳动争议处理条例》和1995年《劳动法》中，以及最高人民法院公布的《关于审理劳动争议案件适用法律若干问题的解释》等法律、法规和司法解释中。

根据《劳动法》第七十九条的规定："劳动争议发生后，当事人可以向本单位劳动争议调解委员会申请调解；调解不成，当事人一方要求仲裁的，可以向劳动争议仲裁委员会申请仲裁。当事人一方也可以直接向劳动争议仲裁委员会申请仲裁。对仲裁不服的，可以向人民法院提起诉讼。"《劳动法》确立的劳动争议处理体制的核心内容是"一调一裁两审"制，即劳动争议发生后，当事人可以先申请企业内的劳动争议调解委员会来解决争议，使得争议双方的矛盾在基层化解；调解委员会只能起调解作用，其本身并无决定权，如果当事人不愿在企业内调解或调解不成的，可以向劳动争议仲裁委员会申请仲裁，劳动争议仲裁具有强制性。劳动仲裁程序作为处理劳动争议的核心环节，同时也是劳动争议诉讼的前置程序。依据我国"先裁后审"的规定，劳动争议只有经过仲裁机构的仲裁，当事人才可以向人民法院起诉；人民法院的审判是劳动争议处理的最终程序。

"一调一裁两审"的劳动争议处理体制，是建立在对劳动关系特殊性认识的基础上，是为了维系劳动者与用人单位的共处与合作，强调通过调解程序来化解矛盾，通过仲裁程序解决纠纷，通过诉讼程序最终解决少数疑难案件，并监督仲裁程序。这样可以从制度上尽量维系双方的劳动关系，避免双方当事人的尖锐对立。这种体制与我国的国情密切相关。首先，我国是一个人口大国，职工基数大，由劳动关系市场化导致的劳动争议案件大量出现，而我国尚未建立起劳动法院和劳动法庭，劳动争议暂由人民法院的民事审判庭来负责审理，从机构和人员等各方面来看，都无疑会给人民法院增加很大的工作量。因此规定劳动争议必须先经过仲裁机构仲裁后方可向人民法院起诉，有利于减少人民法院的工作量；其次，劳动争议案件的特殊性要求比普通诉讼更为灵活和便捷的处理手段；最后，劳动争议涉及面广，关系到企业和职工的切身利益，而我国的劳动仲裁起步较晚，仲裁队伍的处理能力有限，规定当事人在仲裁程序后还可以向人民法院起诉，有助于进一步保障其合法权益。20多年的实践证明，在利益调整如此之大，案件数量如此之多的环境下，"一调一裁两审"体制对解决劳动争议、保护劳动者和用人单位双方合法权益，推动经济体制改革，维护社会稳定发挥了至关重要的作用。但是随着劳动争议案件数量的增加和案件复杂程度的加剧，劳动争议处理体制在实践中暴露出的问题非常突出，对劳动争议处理体制的整体效能和立法目的的实现都产生影响。

（二）《劳动争议调解仲裁法》对劳动争议处理体制修改

2005年11月，全国人大常委会劳动法执法检查组详细了解了全国各地劳动争议仲裁工作的开展情况。根据第十届全国人大常委会立法计划，全国人大常委会法制工作委员会从2005年开始起草《劳动争议调解仲裁法（草案）》，经过多次审议，2007年12月29日全国人大常委会颁布了《劳动争议调解仲裁法》，并于2008年开始实施。该法在"鼓励协商、强化调解，仲裁为主，裁审有机衔接"的改革思路下，对劳动争议处理体制进行尊重传统、符合实际、优化制度、加强对劳动者权益保护的制度改进。《劳动争议调解仲裁法》第五条对劳动争议处理体制作出如下原则性规定："发生劳动争议，当事人不愿协商、协商不成或者达成和解协议后不履行的，可以向调解组织申请调解；不愿调解、调解不成或者达成调解协议后不履行的，可以向劳动争议仲裁委员会申请仲裁；对仲裁裁决不服的，除本法另有规定的外，可以向人民法院提起诉讼。"

根据上述规定，修改后的劳动争议处理体制基本上遵循现行"一调一裁两审"的总体框架，但第五条的规定也体现出立法指导思想和一些重大的制度突破。总体而言，其首先在立法中鼓励当事人在申请调解前积极进行协商，通过达成和解协议来解决争议。其次，在协商、调解、仲裁三个环节的衔接上虽未进行重大制度修改，但与原有立法相比，其在条文表述和逻辑上更为严密，对申请调解、申请仲裁的条件有了更为明确的规定。最后，在仲裁、诉讼环节则有重大的制度突破，即该法对仲裁前置、诉讼终局程序有例外性规定。我国的劳动争议解决机制包括了协商和解、调解、仲裁、诉讼四种解决劳动争议的方式和程序。

1. 协商和解

劳动争议和解，是指劳动争议发生后，用人单位与劳动者共同进行商谈并达成和解协议，以解决争议的行为。就心理和情感方面而言，和解所带来的是心理上和情感上的愉悦，有利于纠纷的彻底解决。和解从性质上说是纠纷主体之间纯粹的自力救济的方式，缺乏程序性规范和实体规范的制约，可能导致不公。在劳动争议的处理中，当事人双方可以自行协商，达成解决劳动争议的协议。和解协议的达成和遵守完全由双方自愿。

2. 调解

作为独立的劳动争议处理程序，调解指劳动争议当事人自愿申请，由企业调解委员会在查明事实、分清责任的基础上，对争议双方进行说服教育，促使其互谅互让，达成协议，从而解决争议。调解作为劳动争议处理可选的第一个程序，必须以当事人双方的自愿申请为前提，双方当事人可以在调解和仲裁这两种解决方式中自由选择，或者调解，或者仲裁，也可以先经过调解，再申请仲裁。选择调解的劳动争议当事人应在自知道或应当知道权利被侵害之日起30日内，以口头或书面形式向企业调解委员会提出申请，调解委员会经过审查受理争议后，在查明事实的基础上，依法对双方进行公正调解，并制作调解协议书或调解意见书。调解委员会调解劳动争议的期限为30日，当事人如达成协议后又反悔，或超过30日未能达成协议的，均视为调解不成，当事人可向劳动争议仲裁委员会申请仲裁。

我国2008年5月1日起开始实施的《劳动争议调解仲裁法》，在维持原有争议处理程序的基础上，完善了调解的机制，具体表现在三个方面。

（1）在调解环节中引入多元化的调解组织，即发生劳动争议后，当事人既可以向企业劳动争议委员会申请调解，也可以向依法设立的基层人民调解组织和在乡镇、街道设立的具有劳动争议调解职能的组织申请调解。调解组织在调解中要遵照自愿原则，即当事人双方都自愿接受调解，并自愿达成和履行协议，调解委员会不得强迫。这样的修改，是将劳动调解朝着与人民调解相结合的方向改革，在乡镇和街道设立的具有劳动调解职能的组织，能够充分发挥乡镇、街道的地区优势和利用其协调机制，以弥补企业调解组织不权威、不自由的劣势，使其能够协调地区企业，及时调解劳动争议。行业性的调解组织，在社会化的大背景下，劳动保障行政部门、工商部门、司法部门都可以参与其中，使得这些调解组织的社会公信力和对企业劳动关系双方的约束力都大大增强了，工会干部也不会因为顾及企业对自己的不利举动而畏缩，人数少、规模小的企业也可以有机会利用调解机制化解矛盾。

（2）劳动争议调解的规定明确化、具体化。《劳动法》和《企业劳动争议处理条例》对劳动争议调解的程序只作了原则性的规定，《劳动争议调解仲裁法》在此基础上，对劳动争议的调解程序作了更加具体的规定，包括劳动争议调解的申请、劳动争议调解的具体要求、劳动争议调解期限和调解协议的履行，这些都进一步强化了调解程序，从而有利于劳动争议在平和的气氛中得以解决。同时，《劳动法》没有明确规定仲裁庭在作出裁决前，应当进行调解。而《劳动争议调解仲裁法》为了强化重在调解的原则，把调解作为作出仲裁裁决前的必经程序。根据该法第四十二条的规定，仲裁庭在作出裁决前，应当先行调解。调解达成协议的，仲裁庭应当制作调解书。调解书应当写明仲裁请求和当事人协议的结果。调解书由仲裁员签名，加盖劳动争议仲裁委员会印章，送达双方当事人。调解书经双方当事人签收后，发生法律效力。调解不成或者调解书送达前，一方当事人反悔的，仲裁庭应当及时作出裁决。

（3）劳动者有权向法院申请支付令。劳动争议调解日渐式微的一个重要原因就是劳动争议调解结果的权威性不足，调解书的约束力较弱，其后果就是作为调解结果的调解书成为一纸空文，这不仅耗费了劳动者的精力，更是对调解组织资源的一种浪费。这样既不能充分发挥调解将劳动争议解决在基层的作用，也在客观上对劳动仲裁和审判造成了极大的压力。

为了使劳动争议调解产生解决纠纷的实在效用，《劳动争议调解仲裁法》赋予了劳动争议调解协议书以司法执行力，根据该法第十六条的规定，因支付拖欠劳动报酬、工伤医疗费、经济补偿或者赔偿金事项达成调解协议，用人单位在协议约定期限内不履行的，劳动者可以持调解协议书依法向人民法院申请支付令。人民法院应当依法发出支付令。支付令是人民法院根据债权人的申请，督促债务人履行债务的程序，是民事诉讼法规定的一种法律制度。劳动者就调解协议向法院申请支付令，用人单位如果提不出抗辩事由的，人民法院就可以强制执行，这样就部分地解决了调解协议的效力问题。这一规定，树立起调解的权威，使劳动纠纷能得到及时迅速的解决，使调解机制取得实效。

3. 仲裁

仲裁是指劳动争议仲裁委员会根据劳动争议当事人一方或双方的申请，依法就争议的事实和当事人应承担的责任作出判断和裁决的活动。作为劳动争议处理的必经程序，仲裁构成劳动争议处理的核心。我国现行的"先裁后审、裁审脱离"的劳动争议裁审体制暴露出诸多问题。对此，理论界提出了许多改革的意见，基本上可以分为两类，即单轨制和双轨制。"单轨制"即实行单一机构处理劳动争议体制：或者选择仲裁体制，借鉴澳大利亚的强制仲裁制；或者选择劳动法院体制，借鉴德国、芬兰、瑞典等国家的劳动法庭或劳动法院体制。单轨制的特点是争议解决程序"单线"运行。具体而言包括"先裁后审"制、"只裁不审"制和"只审不裁"制。"双轨制"是指劳动争议处理的仲裁体制和审判体制可以并行。双轨制的特点是争议解决程序以双线方式运行。当然，双线可以平行，也可能交叉。具体而言包括"裁审分轨，各自终局"制，"或裁或审、裁审自择、一裁一审、两审终审"制，"或裁或审、裁审衔接"制与"或调、或裁、或审"制。

劳动争议处理体制改革的过程，在一定意义上也是重组劳动争议处理资源的过程。改革的目标模式无论作何种选择，都应当以现行体制为起点和基础，尤其是要通过资源优化整合，使现有资源得到充分利用，以减少制度变迁的成本。从现实的情况来看，覆盖全国的劳动仲裁机构网络已基本形成，并已建立了具有劳动争议处理专门素质的仲裁员队伍，这是近20年来劳动争议处理实践所积累的一种最大规模的组织资源。因此，劳动争议处理体制的改革应当在充分利用现有资源的基础上，通过改革现有裁审体制，实现仲裁与审判资源的优化整合。《劳动争议调解仲裁法》对劳动争议裁审体制的修改，即遵循了上述原则和思路，并主要体现在如下几个方面。

1）确立了劳动争议裁审体制的分类处理机制

《劳动争议调解仲裁法》确立的劳动争议裁审体制的分类处理机制，是指根据不同劳动争议的特点，建立劳动仲裁对部分劳动争议具有终局性效力，而对其他劳动争议仍然实行仲裁前置、诉讼终局的机制。根据该法第四十七条的规定，"下列劳动争议，除本法另有规定的外，仲裁裁决为终局裁决，裁决书自作出之日起发生法律效力：（一）追索劳动报酬、工伤医疗费、经济补偿或者赔偿金，不超过当地月最低工资标准十二个月金额的争议；（二）因执行国家的劳动标准在工作时间、休息休假、社会保险等方面发生的争议。"第五十条规定："当事人对本法第四十七条规定以外的其他劳动争议案件的仲裁裁决不服的，可以自收到仲裁裁决书之日起十五日内向人民法院提起诉讼；期满不起诉的，裁决书发生法律效力。"

根据上述规定，对"追索劳动报酬、工伤医疗费、经济补偿或者法定赔偿金，不超过当地月最低工资标准十二个月金额的争议"，以及"因执行国家的劳动标准在工作时间、休息休假、社会保险等方面发生的争议"所作出的仲裁裁决具有终局的效力。这些能够仲裁终局的纠纷主要包括两类：一类是小额纠纷，是指不超过当地月最低工资标准十二个月金额的、以金钱的给付或免除给付义务为争议内容的纠纷；另一类是基准纠纷，即因享受劳动基准法所规定的保护标准而产生的纠纷。这些适用强制性仲裁终局的争议有如下一些特点：一是案件的专业性强，有明确的专业标准据以作出判断；二是案件与劳动者的生存权益联系密切，从保护劳动者安全健康和生活必需的角度出发需要快速解决；三是案件的疑难程度低，不需要过多的程序去甄别。除该法第四十七条规定的这两类可以仲裁终局的劳动争议外，对其他类型的劳动争议的处理则依然遵循我国现行"先裁后审、诉讼终局"的处理体制。

虽然《劳动争议调解仲裁法》规定了上述两类劳动争议的仲裁裁决为终局裁决，但为了更好地保护劳动者的合法权益而对劳动仲裁实施必要的司法监督，该法同时确立了对上述争议由劳动者决定是否一裁终局，而用人单位只能申请撤销裁决的审裁衔接体制。该法第四十八条规定，"劳动者对本法第四十七条规定的仲裁裁决不服的，可以自收到仲裁裁决书之日起十五日内向人民法院提起诉讼"；第四十九条规定，"用人单位有证据证明本法第四十七条规定的仲裁裁决有下列情形之一，可以自收到仲裁裁决书之日起三十日内向劳动争议仲裁委员会所在地的中级人民法院申请撤销裁决：（一）适用法律、法规确有错误的；（二）劳动争议仲裁委员会无管辖权的；（三）违反法定程序的；（四）裁决所根据的证据是伪造的；（五）对方当事人隐瞒了足以影响公正裁决的证据的；（六）仲裁员在仲裁该案时有索贿受贿、徇私舞弊、枉法裁决行为的。人民法院经组成合议庭审查核实裁决有前款规定情形之一的，应当裁定撤销。仲裁裁决被人民法院裁定撤销的，当事人可以自收到裁定书之日起十五日内就该劳动争议事项向人民法院提起诉讼"。

因此，根据上述规定，对四十七条规定的两类劳动争议案件，实行的是仲裁之后劳方有权起诉、资方无权起诉但资方在法定情形下有权申请撤销仲裁裁决的处理机制。如果劳动者对仲裁无异议，而仲裁本身又不存在能够被撤销的法定情形时，则仲裁裁决具有终局的效力，裁决书自作出之日起即发生法律效力。这一规定赋予了劳动者不服仲裁裁决提起诉讼的权利，而限制了用人单位的诉权，即用人单位只能因法定情形的发生而申请撤销仲裁裁决，而不能因不服仲裁裁决而提起诉讼。这一立法突出体现了向劳动者利益倾斜，赋予劳动者更多法律保护的指导思想，通过矫正劳资双方实际上的不平等地位而努力实现劳资双方实质上的利益平衡。

2）不按行政区划层层设置仲裁机构

为了方便当事人申请仲裁，提高仲裁机构的效能，《劳动争议调解仲裁法》确立了整合仲裁机构资源的基本原则。该法第十七条规定，"劳动争议仲裁委员会按照统筹规划、合理布局和适应实际需要的原则设立。省、自治区人民政府可以决定在市、县设立；直辖市人民政府可以决定在区、县设立。直辖市、设区的市也可以设立一个或者若干个劳动争议仲裁委员会。劳动争议仲裁委员会不按行政区划层层设立。"由于我国幅员广阔，经济发展不平衡，东部、南部地区与广大中西部地区在劳动争议数量上差异较大，所以，应当允许各省级人民政府根据本地区劳动争议处理工作的实际需要，统筹安排、合理布局本辖区内的劳动争议仲裁委员会。对于劳动争议比较多的地区可以相应多设，而对于劳动争议较少的地区，则可以少设，从而达到《劳动争议调解仲裁法》的立法目的，也有利于仲裁机构朝实体化、社会化方向转型。

3）延长了仲裁申请的时效，并完善了仲裁申请时效的中断、中止制度

我国《劳动法》第八十二条规定："提出仲裁要求的一方应当自劳动争议发生之日起60日内向劳动争议仲裁委员会提出书面申请。"劳动者出于保住工作岗位的考虑，往往对用人单位克扣工资、强迫超长时间加班、造成严重工伤等一些侵害行为进行退让、隐忍，而60日的仲裁申请期限稍纵即逝。当真正要申请仲裁时，很多已经超过了60日的仲裁申请期限。这也使劳动者在仲裁和诉讼中处于不利的地位而败诉。因此，申请仲裁时效过短已成为影响劳动仲裁发挥其解决争议机能的体制性问题。

为了更好地保护当事人的合法权益，《劳动争议调解仲裁法》对《劳动法》规定的仲裁申请时限进行了修改，根据该法第二十七条的规定，"劳动争议申请仲裁的时效期间为一年。仲裁时效期间从当事人知道或者应当知道其权利被侵害之日起计算"。同时，该法还完善了仲裁申请时效的中断、中止制度，并且规定在劳动关系存续期间拖欠劳动报酬发生争议的，不受仲裁时效期间的限制。根据该法第二十七条的规定："劳动争议申请仲裁的时效期间为一年。仲裁时效期间从当事人知道或应当知道其权利被侵害当日起计算。因当事人一方向对方当事人主张权利，或者向有关部门请求权利救济，或者对方当事人同意履行义务而中断。从中断时起，仲裁时效期间重新计算。因不可抗力或者有其他正当理由，当事人不能在本条第一款规定的仲裁时效期间申请仲裁的，仲裁时效中止。从中止时效的原因消除之日起，仲裁时效期间继续计算。"

4）确立了对不受理仲裁申请和逾期不仲裁的司法救济机制

《劳动法》没有规定对劳动争议仲裁机构不受理仲裁申请和逾期不仲裁的行为的司法救济的机制。为了有效规制仲裁机构的上述行为，为当事人特别是劳动者提供充分的法律救济，《劳动争议调解仲裁法》确立了对劳动争议仲裁委员会不予受理仲裁申请和逾期不予以仲裁的行为进行司法救济的机制。根据该法第二十九条的规定，对劳动争议仲裁委员会不予受理或者逾期未作出决定的，申请人可以就该劳动争议事项向人民法院提起诉讼。同时，该法第四十三条还规定，如果仲裁庭逾期未作出仲裁裁决的，当事人可以就该劳动争议事项向人民法院提起诉讼。

4. 诉讼

诉讼是指当劳动争议当事人不服劳动争议仲裁委员会的仲裁裁决时，可以向人民法院提

起诉讼，由人民法院依法对争议进行审理并作出判决，从而解决劳动争议。人民法院的审理是我国处理劳动争议的最终程序，与企业调解委员会的调解程序、劳动争议仲裁委员会的仲裁程序一起构成我国劳动争议处理的完整程序。但是，人民法院的审理程序与调解程序、仲裁程序有着很大不同。调解以双方当事人的自愿申请为前提，调解协议的签订和履行也要本着自愿的原则；仲裁不以是否经过调解为先决条件，当事人可以不经过调解直接申请仲裁。而人民法院对劳动争议的审理，则必须以当事人不服劳动争议仲裁委员会的仲裁为前提，即当事人在劳动争议发生后不能直接向人民法院提起诉讼，只有先经过仲裁程序，对仲裁裁决不服的，才能进入诉讼程序。如经过仲裁委员会的仲裁直接起诉，人民法院不予受理。根据最高人民法院的规定，劳动争议案件由民事审判庭依据《民事诉讼法》规定的程序审理，实行两审终审制。

《劳动争议调解仲裁法》还增强劳动监察行政部门对用人单位违法行为的监督查处职能，使之与劳动仲裁之间形成互补关系。劳动监察，是指劳动和社会保障行政部门依法对各类企业、个体工商户遵守劳动和社会保障法律、法规、规章的情况进行监督检查，并对违法行为依法予以处理的行政执法活动。我国调整劳动监察社会关系的规范性文件主要是《劳动法》、《劳动合同法》、《劳动保障监察条例》及其他相关规定。劳动监察的实质是行政执法，是国家行政机关承担的对用人单位遵守劳动保障法律、法规、规章行为的监督检查和对其违法、违规行为和案件的查处和纠正的职能，发挥着类似"劳动警察"的作用。因此，对因用人单位违法行为而造成的大量普遍性劳动争议，需要劳动监察部门发挥其监督职责。《劳动争议调解仲裁法》第九条规定："用人单位违反国家规定，拖欠或者未足额支付劳动报酬，或者拖欠工伤医疗费、经济补偿或者赔偿金的，劳动者可以向劳动行政部门投诉，劳动行政部门应当依法处理。"该条规定中的争议事项，均为劳动监察与劳动仲裁有权受理的类型，即在这些事项上，劳动者既可以选择劳动监察，也可以选择劳动仲裁。而第九条的立法目的，则是引导劳动者在发生这些争议事项时，可以考虑优先选择劳动监察，以实现快速解决纠纷、降低维权成本、维护自身权益的有利结果。

三、我国劳动争议处理制度的基本原则

劳动争议处理的原则是指劳动争议处理机构在解决劳动争议过程中应遵循的行为准则和指导思想。《劳动法》、《劳动争议调解仲裁法》都对劳动争议处理的原则作了规定。总的来说，这些原则包括合法、公正、及时处理的原则，着重调解的原则，三方原则。

1. 合法、公正、及时处理的原则

根据《劳动法》第七十八条规定："解决劳动争议，应当根据合法、公正、及时处理的原则，依法维护劳动争议当事人的合法权益。"

合法原则，是指劳动争议处理机构在争议处理过程中要依据劳动实体法律和劳动程序法律制度来解决争议。这里的合法，包括四个层次：第一层次是符合劳动法律、法规的强制性规定；第二层次是符合集体合同中的约定性规定；第三层次是符合劳动合同的约定性规定；第四层次是符合依法制定的企业内部规章，但它只对本企业的争议当事人具有效力。

公正原则，是指劳动争议处理机构在处理劳动争议的过程中应以事实为依据，以法律为准绳，忠于争议的客观事实真相，准确适用法律，秉公执法，正确处理劳动争议。

及时处理原则，是指劳动争议处理机构在处理劳动争议时，在不违反程序性规定的条件下，应当尽快处理劳动争议。这是因为劳动争议不同于一般的民事争议，劳动争议及时处理原则，在一定意义上，不仅维护了当事人的合法权益，也维护了正常的社会秩序，维护了国家的安定团结。《劳动争议调解仲裁法》对调解机构、仲裁机构仲裁审结期限的缩短的规定，体现了及时处理这一原则。

2. 着重调解的原则

着重调解原则，是指劳动争议处理机构在处理劳动争议时，根据自愿和合法的原则，以说服劝导的方式，促进双方在互谅互让的基础上达成协议，解决纠纷。着重调解原则，从根本上讲，是由劳动关系的性质决定的。着重调解原则既具有程序意义，也具有实质意义。这一原则贯穿于劳动争议解决的各种程序之中。依照《劳动争议调解仲裁法》第三条规定的着重调解的原则，调解贯穿于劳动争议处理制度的各个环节。首先是在劳动争议刚刚发生时，当事人可以向企业内部的劳动争议调解委员会申请调解，也可以向依法设立的基层人民调解组织和在乡镇、街道设立的具有劳动争议调解职能的组织申请。这是在仲裁、诉讼前的调解程序，其目的是尽量将纠纷在企业内部解决。如果调解不成，当事人还可以向劳动争议仲裁委员会申请仲裁。《劳动争议调解仲裁法》第四十二条规定，仲裁庭在作出裁决前，应当先行调解。调解达成协议的，仲裁庭应当制作调解书。调解书应当写明仲裁请求和当事人协议的结果。调解书由仲裁员签名，加盖劳动争议仲裁委员会印章，送达双方当事人。调解书经双方当事人签收后，发生法律效力。如果当事人不服仲裁裁决，向人民法院提起诉讼，依照《民事诉讼法》的规定，人民法院在审理前、审理过程中甚至于判决之前都可以进行调解。

第三节 我国劳动争议处理制度的历史沿革

一、新中国成立之前的劳动争议处理制度

（一）国民党政府时期的《劳动争议处理法》

在国民党政府统治时期，为协调劳资之间日益尖锐的矛盾，削减日益高涨的工人运动，国民党政府于1928年6月9日颁布了《劳动争议处理法》，并于1930年对该法进行了修订。

《劳动争议处理法》的主要内容包括两个方向。

（1）规定了处理劳动争议的机构及其组成。劳动争议处理机构为调解委员会和仲裁委员会。调解委员会的成员由主管行政官署派代表一至三人，争议双方各派二人组成；仲裁委员会由主管行政官署派代表一人，国民党省党部或该市、县党部派代表一人，地方法院派代表一人组成。从劳动争议处理机构的组成可以看出，无论是调解委员会还是仲裁委员会，都在主管行政官署和国民党的操纵和控制之下，难以作出公正的、有利于劳动者的调解和仲裁。

（2）规定了强制仲裁程序。对公共事业领域发生的劳动争议，如水电、煤气、邮电、交通等，经调解无效的，无须经当事人申请，一律交付仲裁委员会进行仲裁。行政官署认为争议影响重大的，也可不经当事人申请，将争议交付仲裁委员会仲裁，而仲裁委员会的仲裁是最终裁决，当事人不能表示不服。

（二）革命根据地苏维埃政府的《中华苏维埃共和国劳动法》

第二次国内革命战争时期，中国共产党就在革命根据地建立了劳动争议处理机关，制定了解决劳动争议的办法。1931年11月，中华苏维埃工农兵第一次全国代表大会在江西瑞金召开，会上通过了《中华苏维埃共和国劳动法》，第一次将劳动争议处理确定为一项法律制度。

《中华苏维埃共和国劳动法》的主要内容有两项。

（1）确定了解决劳动争议的机构。有权处理劳动争议的机构有设在企业内的由劳资双方代表组成的评判委员会、劳动部下属的仲裁委员会、人民法院的劳动法庭。

（2）明确了各处理机构的受理范围。凡是违反劳动法及一切关于劳动问题的法令、集体合同等规定的案件，由人民法院的劳动法庭审理；而对一般劳资纠纷的处理则采取较灵活的方式，可以由人民法院判决，也可以由劳资双方组成的评判委员会及设在劳动部的仲裁委员会解决。

1933年10月15日，中华苏维埃共和国中央执行委员会发布了新的《中华苏维埃共和国劳动法》，对劳动争议的处理作了更详细的规定，在处理劳动争议的机构上又增加了在国有企业、国家机关及合作社企业中，由企业行政和工会各派同等数目的代表组成工资争议委员会，最先就劳动争议予以处理。抗日战争时期的边区政府将工资争议委员会改为劳动争议委员会。以后在抗日战争时期和解放战争时期的解放区政府都基本沿用了这一制度。这些制度的确立，为新中国建立劳动争议处理法律制度奠定了基础。

二、新中国成立后的劳动争议处理制度

新中国成立后，我国劳动争议处理制度经历了一个曲折的发展过程。概括起来有以下几个发展阶段。

（一）初创阶段（1949年10月~1956年）

新中国成立初期，由于存在大量私营企业，劳资矛盾十分尖锐，劳动争议数量较多。为了及时处理劳动争议，中华全国总工会于1949年11月公布了《关于劳动争议解决程序的暂行规定》，提出处理劳动争议应采取协商、仲裁、人民法院审理的处理程序。 1950年6月，劳动部发布了《市劳动争议仲裁委员会组织及工作规则》，同年10月又发布了《关于劳动争议处理程序的规定》。这两个规章的颁布，标志着我国劳动争议处理制度的初步建立，对及时处理劳动争议、协调劳动关系、促进资本主义工商业的社会主义改造起到了积极作用。

（二）中断阶段（1956~1986年）

1956年，随着我国对生产资料私有制的社会主义改造基本完成，企业所有制结构和劳动关系形式趋于单一，劳动争议也逐步减少，加之受当时"左"倾思想的影响，强调在社会主义公有制条件下人们根本利益的一致性，认为劳动争议的趋势是越来越少，越来越简单。因此，各级劳动部门设立的处理劳动争议的机构相继撤销，劳动部发布的两个规章也自行停止执行，人民法院不再审理劳动争议案件。对劳动争议的处理改为依照一般人民群众来信来访的方式进行。

（三）恢复阶段（1987~1993 年）

党的十一届三中全会后，随着我国改革开放的深入进行，企业劳动关系发生了变化，劳动争议处理工作日益受到重视。1987 年 7 月 31 日国务院发布了《国营企业劳动争议处理暂行规定》，标志着中断了 30 年的我国劳动争议处理制度得到了恢复。《国营企业劳动争议处理暂行规定》主要规定了以下内容。

（1）规定了劳动争议处理的范围，包括因履行劳动合同发生的争议和因开除、除名、辞退违纪职工发生的争议。将这两种争议纳入法律处理程序中，有利于及时、正确地解决争议。

（2）规定了处理劳动争议的三个程序，即调解、仲裁和诉讼。因履行劳动合同发生的争议，当事人可以本着自愿的原则，向企业调解委员会申请调解，也可以直接向劳动争议仲裁委员会申请仲裁。经调解不成的，当事人可向劳动争议仲裁委员会提出仲裁申请。劳动争议仲裁委员会负责处理因履行劳动合同发生的争议，不服调解委员会的调解和未经调解直接向仲裁委员会申请仲裁，以及因开除、除名、辞退违纪职工发生的争议。当事人如对仲裁委员会的仲裁不服，可以向人民法院起诉，法院的判决具有最终的法律效力。

《国营企业劳动争议处理暂行规定》的颁布实施，对于保护劳动者和国营企业的合法权益、协调劳动关系、维护企业正常生产秩序和社会稳定，起到了积极作用。但随着我国市场经济体制的逐步确立，劳动关系日益多元化，劳动关系的矛盾也越来越复杂，而该规定由于只适用于国营企业，且受案范围过于狭窄，已不能适应形势的发展需要，发展和完善劳动争议处理制度显得越来越迫切。

（四）发展完善阶段（1993 年 8 月至今）

针对《国营企业劳动争议处理暂行规定》的不足及形势发展的需要，在总结恢复劳动争议处理制度几年来的经验基础上，国务院于 1993 年 7 月 6 日发布了《企业劳动争议处理条例》，劳动部又相继制定了《劳动争议仲裁委员会组织规则》、《劳动争议仲裁委员会办案规则》和《企业劳动争议调解委员会组织及工作规则》。尤为重要的是，1994 年 7 月 5 日颁布的《劳动法》对劳动争议处理制度作了专章的规定。《劳动法》和有关配套法规均打破了原来劳动争议处理制度中的所有制界限，扩大了劳动争议案件的受案范围，并对劳动争议处理制度作了进一步的完善。这标志着我国劳动争议处理制度的进步，劳动争议处理的法律体系和法律制度已基本建立。

为了更好地解决劳动争议，构建和谐劳动关系，进一步完善我国劳动争议处理制度，全国人大常委会于 2007 年 6 月 29 日颁布了《劳动合同法》，该法对用人单位和与劳动者之间的劳动合同的订立、履行、解除和终止等作出明确规定，为劳动争议处理机构处理劳动合同争议提供了更明确的法律依据。2007 年 12 月 29 日，全国人大常委会颁布了《劳动争议调解仲裁法》，该法自 2008 年 5 月 1 日起实施。该法立足于解决劳动争议体制中存在的问题，对劳动争议处理作出了更加明确和细致的规定，并在以下几个方面作了制度创新：第一，注重发挥调解的职能，劳动者可以以协议书为依据直接向法院申请支付令；第二，简化了劳动争议处理程序，实行有条件的"一裁终局"；第三，缩短了劳动争议仲裁的审理时限，加快了劳动争议处理程序；第四，全面了考虑了劳动者的举证困难，合理地分配了举证责任；第五，解除了劳动争议当事人的经济负担，劳动争议仲裁费不收取费用；第六，追索劳动报酬、工

伤医疗费、经济补偿或赔偿金的案件可以先予执行，有利于保护劳动者的利益；第七，对部分事实已经清楚的案件可以就该部分先行裁决，以保障劳动者的基本生活。这标志着我国劳动争议处理制度的进一步完善，它为劳动者和用人单位的实体权利的实现提供了保障。

第四节　劳动争议处理的法律法规体系及法律适用

一、宪法中关于劳动者权利的规定

《宪法》第四十二条规定："中华人民共和国公民有劳动的权利和义务。国家通过各种途径创造劳动就业条件，加强劳动保护，改善劳动条件，并在发展生产的基础上，提高劳动报酬和福利待遇。"《宪法》第四十三条规定："劳动者有休息的权利。""国家发展劳动者休息和休养的设施，规定职工的工作时间和休假制度。"

二、劳动争议处理的实体性法律规范

（一）劳动实体性法律规范

实体性法律规范是规定当事人权利义务的规范性文件，它是劳动争议处理机构在处理争议过程中，分清责任、确定当事人权利义务的依据。实体性法律规范包括以下内容。

（1）劳动法律。劳动法律是指全国人民代表大会及其常务委员会制定和颁布的劳动基本法律。1994年7月5日，由第八届全国人民代表大会常务委员会第八次会议通过的《劳动法》是保护劳动者权益和调整我国劳动关系的最基本的法律，该法不仅全面确定了用人单位和劳动者的权利与义务，而且对劳动争议处理作了专章规定，成为我国处理劳动争议最重要的法律依据。劳动行政部门的许多规章及国务院的许多法规，其渊源均来自该部法律。2010年10月28日第十一届全国人民代表大会常务委员会第十七次会议通过的《社会保险法》，规范了社会保险关系，规定了用人单位和劳动者的权利与义务，强化了政府责任，明确了社会保险行政部门和社会保险经办机构的职责，确定了社会保险相关各方的法律责任，有利于促进劳动关系的稳定与和谐。该法对各项社会保险作出了全面的制度安排和规范，成为处理社会保险纠纷重要的法律依据。

（2）劳动行政法规。劳动行政法规是指国务院制定和颁布的有关劳动方面的规范性文件。例如，《失业保险条例》、《女职工劳动保护规定》、《禁止使用童工规定》、《国务院关于职工工作时间的规定》等，这些劳动行政法规根据《宪法》和《劳动法》的规定，对用人单位与劳动者的权利和义务作了较具体的规定，成为劳动争议处理中不可缺少的法律依据。

（3）劳动规章。劳动规章是指由国务院部委制定的有关劳动的规范性文件，主要包括原劳动和社会保障部为贯彻和执行《劳动法》和劳动行政法规制定和颁布的实施条例和解释性的规范性文件，如《违反和解除劳动合同的经济补偿办法》、《最低工资规定》、《外商投资企业劳动管理规定》、《工资支付暂行规定》等，人力资源和社会保障部《实施〈中华人民共和国社会保险法〉若干规定》等。这些劳动规章是在法律框架下制定的，内容更为具体、明确，在维护职工合法权益和协调企业劳动关系方面发挥着重要作用，也成为当前我国劳动争议处理中的法律依据。

（4）地方性劳动法规。地方性劳动法规是指地方人民代表大会及其常务委员会制定和颁布的适用于本地方的有关劳动方面的规范性文件。地方性劳动法规属于权力机关立法，在目前我国劳动制度处于变革时期，各地情况不甚统一的情况下，由地方人大制定适合本地方实际的劳动法规，对调整劳动关系和公正、及时处理劳动争议有积极的作用，由此成为劳动争议处理的法律依据。

（5）劳动自治条例和单行条例。劳动自治条例和单行条例是指由自治区人民代表大会及其常务委员会制定和颁布的适用于自治地方的有关劳动方面的规范性文件，主要包括自治区人民代表大会和自治州、自治县制定的自治条例和单行条例，不同的是，前者须经全国人民代表大会常务委员会批准，后者须报自治区人民代表大会常务委员会批准。经过批准的劳动自治条例和单行条例是自治地方处理劳动争议的法律依据。

（6）地方劳动规章。地方劳动规章是指由各地方人民政府制定的有关劳动方面的规范性文件，包括省、自治区、直辖市人民政府及其所在地的市，以及经国务院批准的较大市人民政府，依据劳动法律、法规制定的适合本地方具体情况的规范性文件。

（7）劳动法律、法规解释。根据第五届全国人民代表大会第十九次会议通过的《关于加强法律解释工作的决议》，国务院及其主管部门对不属于审判检察工作的劳动法律、法规如何具体适用，有权进行解释，其解释与劳动法律、法规具有同等的法律效力。例如，原劳动部发布的《关于贯彻执行〈中华人民共和国劳动法〉若干问题的意见》，以及原劳动部对实际执行工作中一些问题的解释和复函等，都可以成为劳动争议处理的法律依据。

（二）其他相关实体法律规范

劳动法不是孤立存在的，它与其他许多法律有着密不可分的联系，在这些法律中也有许多有关经营管理、劳动管理等方面的规定，这些规定都直接或间接地与劳动法律相联系，如《公司法》、《外商投资企业法》等。

劳动是人类一项最基本的活动，与其他活动有着极为密切的关系，这决定了劳动法律部门与其他法律部门之间的相互联系，劳动争议处理中不可避免地需要适用其他法律规范的有关劳动问题的规定。例如，《宪法》规定的关于劳动者基本权利和义务的基本原则，为劳动法律规范的制定和适用确立了方向；一些经济法律，如《全民所有制工业企业法》、《城镇集体所有制企业条例》、《私营企业条例》、《中外合资企业法》及《外商投资企业法》等一般都有专章规定企业劳动管理，当在以上企业中发生劳动争议时，其处理必然要适用以上的法律规范；其他法律规范，如《婚姻法》中关于婚姻自由和婚龄的规定，是确定一些劳动合同中规定有诸如不准恋爱、结婚等内容无效的法律依据。

（三）劳动合同、集体合同和用人单位规章制度

劳动合同、集体合同及用人单位规章制度，虽然本身并不是法律规范，却是我国劳动法律法规确定的调整劳动关系的重要法律制度，是劳动法律法规的具体化。用人单位与职工在劳动过程中的权利义务，是通过以上制度具体体现出来的。因此，合法的劳动合同、集体合同及规章制度，作为法律规范的延伸部分，可以成为处理劳动争议的依据。

（1）劳动合同。劳动合同是《劳动法》、《劳动合同法》规定的用人单位与劳动者确立劳动

关系的基本形式，是用人单位与职工签订的，用以确定双方权利义务的协议。劳动合同一经签订，对双方当事人就具有法律约束力，双方都应依照合同的规定，履行各自的义务。如一方违约发生劳动争议，劳动合同便成为处理争议的重要依据。但劳动合同成为处理争议的依据必须具备两个条件：一是劳动合同必须依法订立，这包括订立的过程和订立的内容都要合法，劳动合同必须在双方平等自愿、协商一致的基础上签订，任何一方都不受强迫，签订的内容必须符合我国劳动法律、法规的规定；二是劳动合同的条款必须具体而明确。只有符合以上条件的劳动合同，才能成为处理劳动争议的依据，而不具备以上条件，或内容违法，或违反平等自愿的原则强迫或胁迫签订的合同及条款含糊不清、似是而非的合同，都不能作为处理劳动争议的依据。

（2）集体合同。集体合同制度是当今世界各国普遍采取的调整劳动关系的法律制度。我国《劳动法》、《劳动合同法》对此作了规定。集体合同是用人单位与本单位的工会组织就劳动报酬、工作时间、休息休假、劳动安全卫生、保险福利等事项，经协商谈判签订的书面协议。集体合同与劳动合同有很大的区别，它是工会组织代表企业职工与企业签订的，以改善职工劳动和生活条件，维护职工整体利益为内容的协议，一经合法订立，就具有法律效力，且效力高于劳动合同，即集体合同中规定的劳动条件是劳动合同的基础，劳动合同确定的劳动条件不能低于集体合同的规定。因此，集体合同能够成为处理劳动争议，特别是集体劳动争议的法律依据。集体合同是一种法律行为，能够成为法律依据的集体合同必须符合以下条件：一是集体合同的内容要合法，集体合同确定的劳动条件不能低于法律法规所确定的劳动标准；二是集体合同订立的程序要合法，集体合同草案应当提交职工代表大会或者全体职工讨论通过。集体合同订立后，应当报送劳动行政部门；劳动行政部门自收到集体合同文本之日起十五日内未提出异议的，集体合同即行生效。依法订立的集体合同对用人单位和劳动者具有约束力。行业性、区域性集体合同对当地本行业、本区域的用人单位和劳动者具有约束力。如集体合同不符合以上条件，则不能成为处理劳动争议案件的法律依据。

（3）用人单位规章制度。用人单位规章制度也称"厂规厂纪"，是用人单位根据国家法律法规的规定，结合本单位的实际情况制定的，适用于本单位全体职工的行为规范。用人单位制定规章制度，是将国家法律法规中关于职工的权利义务具体适用于本单位的表现，目的在于进行有效而具体的管理，提高工作和生产效率，而遵守单位的规章制度则是每一个职工必须履行的义务。因此，作为将职工权利义务具体化的规章制度，可以成为处理劳动争议时的依据。但在将其作为处理依据时，必须注意规章制度的内容是否合法，是否与现行法律法规规定的内容和精神相违背；另外要注意的是，用人单位规章制度是否经过合法程序予以通过，即是否经过本单位职工代表大会或职工大会的审议通过，并报上级主管部门备案。《最高人民法院关于审理劳动争议案件适用法律若干问题的解释》第十九条规定，用人单位根据《劳动法》第四条之规定，通过民主程序制定的规章制度，不违反国家法律、行政法规及政策规定，并已向劳动者公示的，可以作为人民法院审理劳动争议案件的依据。如果规章制度或内容违反合法程序或未经合法程序，均属违法的规章制度，当然不能作为处理争议的依据。

三、劳动争议处理的程序性法律规范

程序性法律规范，是指国家制定的规定劳动争议处理机关处理程序的规范性文件，具体包括劳动争议处理机关在调解、仲裁、诉讼中应遵守的程序。程序性法律规范是劳动争议得以公正、及时处理的重要保证。根据我国现行的法律法规，劳动争议处理的程序性规范有四类。

（1）《劳动争议调解仲裁法》。该法 2008 年 5 月 1 日开始实施，是我国处理劳动争议的第一部专门的程序性的法律，确立了"一调一裁两审"的基本程序。对劳动争议处理的原则、劳动争议处理机构的组成、受案范围、劳动争议的调解及劳动争议仲裁程序作了详尽的规定，成为我国处理劳动争议最主要的程序法。

（2）《中华人民共和国民事诉讼法》。该法是我国人民法院审理民事案件的程序法，是人民法院审理劳动争议案件所依据的法律。

（3）《企业劳动争议处理条例》。国务院于 1993 年 7 月颁布的《企业劳动争议处理条例》是专门规范劳动争议处理程序的行政法规，对争议处理程序作了较全面的规定，是劳动争议处理的重要程序性规范。《劳动争议调解仲裁法》于 2008 年 5 月 1 日起实施，该法在受案范围、处理程序、时效等方面都有很大的变化。根据《立法法》的规定，上位法的效力高于下位法，在法律和行政法规的规定不一致的时候，应优先适用法律。因此，对劳动争议处理程序方面的新规定，应优先适用《劳动争议调解仲裁法》。

（4）《劳动人事仲裁办案规则》、《劳动人事仲裁组织规则》和《企业劳动争议协商调解规则》。这是人力资源和社会保障部在《劳动争议调解仲裁法》、《公务员法》、《中国人民解放军文职人员条例》施行后，为保证劳动人事仲裁委员会正确行使仲裁权和办案规范化，保障企业劳动争议调解委员会及时、有效地开展工作而颁布的一系列规章。《劳动人事仲裁办案规则》具体规定了劳动人事争议仲裁范围、管辖、仲裁参加人，以及案件申请和受理、开庭和裁决等各项程序，特别是规定了集体劳动争议案件的处理程序，保证了劳动人事争议仲裁的规范化。《劳动人事仲裁组织规则》明确了劳动人事仲裁委员会的组成及其职责，仲裁员的聘任和职责，以及仲裁庭的组成等，为仲裁委员会及时、公正处理劳动争议案件提供了组织保证。《企业劳动争议协商调解规则》规定了企业内部的协调机制及调解委员会的组成、职责，调解委员会的调解程序，调解的时效、调解协议的效力等问题，为企业协商、调解劳动争议提供了依据。

（5）法律解释，包括原劳动部、人力资源和社会保障部所作的行政解释和最高人民法院所作的司法解释。原劳动部、人力资源和社会保障部的行政解释有以下几种：经授权对《劳动法》有关争议处理程序方面的解释；就《劳动合同法》所作的若干问题解释；以及在实际工作中发布的有关规范性文件和对下级机关就程序问题请示的复函。最高人民法院的司法解释在目前劳动争议诉讼案件还缺乏统一、完备的诉讼法律的情况下，对指导人民法院在受理和审理劳动争议诉讼案件有非常重要的意义。以上这些解释具有法律效力，且都是对实际中的一些疑难问题作出的，具有针对性和可操作性，因此，可以成为劳动争议处理的程序性法律规范。

四、我国劳动争议处理的法律适用

（一）劳动争议法律规范的适用的意义

劳动争议处理法律适用是劳动法律规范得以具体实施的重要法律活动。劳动争议处理机关通过适用法律规范，将法律规范确定的原则、精神和内容具体适用于某一争议案件中，实现了国家对劳动关系的法律调整,劳动争议处理法律适用是劳动争议处理的中心环节。劳动争议处理的过程,实际上就是争议处理机关具体应用法律规范的过程。劳动争议能否得到正确解决,关键就在于争议处理机关是否正确适用法律规范。适用法律规范贯穿于劳动争议处理的全过程,因此,正确适用法律规范,对及时解决争议有重要意义。

劳动争议处理法律适用,是教育公民,提高公众法律意识的途径。正确适用法律规范,能使劳动争议当事人对法律有切身的了解,并且通过对劳动争议案件的处理,教育更多的企业经营者和职工,提高遵守法律的自觉性。

(二)我国劳动争议法律规范适用冲突调整的基本原则

1. 劳动争议处理中的法律适用冲突

劳动争议法律适用冲突,是指争议处理机关在处理劳动争议的过程中,发现对同一法律事实或关系,有两个或两个以上的法律规范作出了不相同的规定。适用不同的法律规定,就会得出不同的处理结果。导致法律规范冲突的原因很多,如我国立法体制的复杂性、各地方的情况不尽相同及各种立法机构之间缺乏必要的协调等。还有一个重要的原因是,我国劳动关系的变化不仅迅速而且复杂,这就需要调整劳动关系的法律规范作出相应的反映,在适应这种变化的情况下,法律规范的冲突在所难免。

法律适用的冲突的表现多种多样,就劳动争议处理法律规范的形式而言,较常见的冲突主要有地方性法规与法律的冲突;规章与行政法规的冲突;规章与地方性法规的冲突;法律解释与法律、法规、规章的冲突;地方性法规之间、规章之间的冲突等。

2. 法律冲突选择适用规则

法律冲突选择适用规则,是指劳动争议处理机关在处理劳动争议案件时,在法律规范冲突的情况下,为解决适用何种规范问题而采取的方法和所遵守的规则。这对于正确适用法律有重要的意义。这些规则主要包括三类。

(1)当不同效力层次的规范发生冲突时,适用高层次的法律规范,即法律的效力高于行政法规和地方性法规;行政法规和地方性法规的效力高于部门规章和地方政府规章;部门规章和地方政府规章的效力高于其他规范性文件。

(2)当同级效力层次的规范发生冲突时,新法律优于旧法律,新法规优于旧法规,新规章优于旧规章;新规范性文件优于旧规范性文件。

(3)当地方劳动行政部门发现人力资源和社会保障部的规章与国务院其他部门的规章或地方政府规章发生矛盾时,可将情况报告给人力资源和社会保障部,由人力资源和社会保障部上报国务院法制局进行协调和决定。

【本章思考题】

一、名词解释

劳动争议处理制度　实体性法律规范　程序性法律规范

二、问答题

1. 简述德国模式的劳动争议处理制度。

2. 简述我国劳动争议处理的基本原则。
3. 简述我国劳动争议法律规范适用冲突调整的基本原则。
4. 试述我国劳动争议处理的法律依据。
5. 试述《劳动争议调解仲裁法》所确定的劳动争议处理体制。

三、拓展案例

1. 甲雇佣无固定职业的乙做私人司机，负责接送自己上下班，按次支付酬金。一日，在乙接甲下班途中，汽车出现故障，乙遂下车查看，不料，被驾驶摩托车的丙撞伤。事故经交警部门认定，丙负事故的全部责任。乙与甲、丙协商不成，诉至法院。

请问：甲与乙是否构成劳动关系，该案应如何处理，为什么？

2. 2003年11月，来自甘肃庆阳的张百宁以电焊工的身份进入深圳市百分百实业发展有限公司。2004年9月，张百宁辞职，并要求结清当月的工资并退还押金。公司一拖再拖，他于2005年年底去深圳劳动保障局信访办上访，而信访办则建议他到福田区仲裁委，但仲裁委以张百宁仲裁请求超过60日为由不予受理。张找到福田法院，法院建议他先行仲裁调解，张只得再次到市劳动保障局上访。最终，张将公司告上法庭，但法院以他的诉讼请求超过法律界定的60日的仲裁时效，驳回了诉讼请求。张百般无奈，把最后的希望放在市劳动保障局身上。但信访办工作人员表示，既然法院已经作出判决，信访办不可能再进行复议。

请问：按照《劳动争议调解仲裁法》的规定，该案的仲裁时效应如何确定？法院受理案件的时效是什么？

HAPTER 3

第三章　劳动争议协商和解制度

[本章提要]

1. 劳动争议协商制度概述
2. 劳动争议协商和解的原则和形式
3. 劳动争议协商和解制度现状
4. 我国劳动争议协商和解制度的改革

[引导案例]

陈先生系某银行信贷员。由于劳动合同到期，他打算不与单位续订劳动合同，于是要求单位立即办理有关终止劳动合同的手续。但单位却认为对陈先生培养多年，待遇不薄，陈先生不能就此走人，应当续签合同一年，于是迟迟不予办理终止劳动合同手续。无奈之下，陈先生打算向劳动争议仲裁委员会申请仲裁。单位知道后，主动与陈先生协商，希望陈先生能继续留下来工作。陈先生考虑到同单位之间一直相处还可以，既然单位已放下架子主动与自己协商，就放弃了申请仲裁的念头。后双方协商，陈某在该银行继续工作半年，单位给陈某每月加薪280元。但在正式签订合同的时候，陈先生又反悔了，还是要求用人单位办理终止劳动合同手续。用人单位声称，双方已达成的协议具有法律效力，任何一方都不得毁约，否则要承担相应的法律责任。

请问：陈某与银行之间的协议是否具有法律效力，为什么？

劳动争议协商是我国劳动争议处理制度中双方自主解决劳动争议的方式，是解决劳动争议的程序之一。劳动争议双方当事人通过协商的方式处理劳动争议，有利于及时化解矛盾，维护劳动关系的稳定，也有利于降低处理争议的成本，是我国法律法规一直倡导的解决争议的方式。

第一节 劳动争议协商制度概述

一、劳动争议协商的概念

劳动争议协商处理是指劳动争议发生之后，由争议双方当事人直接接触，进行磋商对话，达成谅解，从而自行解决劳动纠纷的一种方式。协商既可以在劳动争议发生之后、采取其他方式之前采用，也可以在采取其他方式之后采用。在调解、仲裁或诉讼过程中，当事人都可以进行协商，并在协商达成协议后，撤回调解申请、仲裁申请或诉讼请求，终止其他程序。

劳动争议的协商，有广义和狭义之分，广义的劳动争议协商是指劳动争议发生后，劳动争议的双方进行商谈，并达成协议解决纠纷的一种活动，这种活动存在于争议处理的各个阶段。狭义的协商是指劳动争议发生后劳动争议的双方依照法律的规定进行对话、商谈并达成协议，以解决纠纷的一种具有法律意义的制度。[①]

《劳动法》主要是在狭义上使用这个概念，比如《劳动法》第七十七条规定："用人单位与劳动者发生的劳动争议。当事人可以依法申请调解、仲裁、提起诉讼，也可以协商解决。"在这里的"也可以协商解决"中的协商就是在狭义上使用的，因为，在这里的协商实际指的是一种国家制定的处理劳动争议的法律制度。再比如《劳动法》第八十四条规定："因履行集体合同发生争议，当事人协商不成的，可以向劳动争议仲裁委员会申请仲裁。"这里的协商也是在狭义上使用这一概念。

（一）协商与沟通的区别

在劳动关系中，沟通是劳资双方交换信息的过程，同时也是资方的日常管理行为之一。沟通是劳动关系的一个基本要素，不仅在劳资双方相互作用的集体谈判和共同协商过程中，劳资双方需要沟通，而且劳资各方自身、各方内部也要就制定政策、战略和决策进行内部的沟通。然而，虽然沟通是劳动关系各方面的一个内在要素，但这个概念在严格意义上是指在共同协商和集体谈判过程中外资方直接向工会或雇员传达信息的一个过程。[②]因此，劳动关系中的沟通往往被定位为人力资源管理的一项基本内容，当然，沟通也会具有预防化解劳动争议的作用。

在劳动关系中流传着这样一种看法，即资方、雇员和工会之间的误解沟通不够是导致问题无法解决的最大原因，也是出现问题的最大原因。有人甚至建议，资方应当通过更多地与雇员就计划、决策原因进行沟通，显示资方对雇员的关心，这样，雇员就没有必要通过建立

[①] 孙德强：《中国劳动争议处理制度研究》，中国法制出版社 2005 年版，第 57 页。
[②] 杨体仁、李丽林：《市场经济国家劳动关系——理论、制度、政策》，中国劳动社会保障出版社 2000 年版，第 275 页。

工会的方式来保护自己的利益。但是,这显然高估了沟通在制造问题和解决问题时的作用,沟通本身并不能解决人们的利益和价值标准上的冲突,劳动关系问题的出现并非只因为参与的人们沟通不当,更多的是因为人们在目标、利益、观点和态度上存在差异,而这些使人们对信息和情况有不同的解释。①

因此,在劳动争议解决层面,可以这样界定协商与沟通的区别。

其一,主体不同。协商的主体是劳动争议双方,二者地位平等,而沟通主体则是用人单位的人力资源管理者与劳动者,二者在管理角度来讲地位并不平等。

其二,发生时间不同。沟通贯穿于劳动关系的全过程,可以存在争议发生前,也可以发生在争议产生后,而我们所说的协商则存在于争议发生之后。

其三,功能不同。沟通的功能是传递、交换信息,更多的是一种管理行为,而协商的功能是解决当事人之间的利益和价值标准的冲突,协商是一种纠纷解决机制。

(二)协商与调解的区别

根据我国《劳动法》的规定,当劳动者与用人单位之间发生劳动争议后,当事人可以申请调解、仲裁、提起诉讼,也可以协商解决。这里的调解也就是劳动争议基层调解,即在用人单位劳动争议调解委员会主持下,在查明事实、分清是非、明确责任的基础上,通过双方当事人互谅互让,最后就劳动争议的解决达成一致意见的活动。②

调解区别于协商的最大特点就在于调解需要中立第三方的协助,第三方的协助对当事人之间纠纷的解决具有重要作用,由于缺乏经验及意见分歧等,当事人往往难以通过直接协商达成协议,而借助于第三人的协助则较容易在某些问题上达成妥协,从而达成和解,解决纠纷。调解程序本身就是一种人际信赖关系的延伸,因此要取得当事人的信任,第三人就必须是中立的,他应该保持独立和公正,不代表任何一方当事人,也不偏向任何一方当事人。③

而协商则是争议双方之间的协商,虽然也可以有第三方的参与,但是第三方并不起主要作用。

二、劳动争议协商制度的作用与意义

企业劳动争议协商是处理劳动争议的第一道屏障。它灵活直接、成本低,有利于劳资双方在友好的氛围中化解矛盾。相比较于劳动争议处理的其他方式,劳动争议协商对处理劳动争议有着重要的作用与意义。

第一,可使劳动争议得到及时解决。效率和效益是纠纷解决机制所追求的价值目标之一。与调解、仲裁或司法途径相比,协商方式程序简单,省时省力,可使劳动争议及时解决,符合劳资双方的意愿。

第二,可防止劳动争议的负面影响。通过协商将纠纷化解在企业内部,劳动关系能尽快得到恢复,还能防止劳动争议给企业和劳动者造成的负面影响。

---

① 杨体仁、李丽林:《市场经济国家劳动关系——理论、制度、政策》,中国劳动社会保障出版社2000年版,第276页。
② 罗兴国:《劳动争议基层调解制度质疑》,载《工会理论与实践》,2004年第2期。
③ 范愉:《ADR原理与实务》,厦门大学出版社2002年版,第311页。

第三，有利于分流诉讼，节约仲裁司法资源。协商是解决劳动争议的第一道防线，若能将大部分劳动争议解决在协商、调解阶段，必然能够减少如今居高不下的劳动仲裁和诉讼案件。

第四，促进和谐劳动关系的建立。协商作为劳动关系双方的桥梁，能够促成双方沟通，化解误解，促使企业增强自身的法制意识和内部劳动关系的管理，有利于劳动关系的和谐发展。

相比诉讼、仲裁和调解制度，协商制度一直以来没有引起实务界和理论界的足够重视。在当前国家各级政府十分重视通过"调解"程序化解劳资矛盾的同时，千万不要忽视对"协商"制度的构建。①

三、劳动争议协商制度的特征

劳动争议协商处理是法律规定的劳动争议处理的基本方式。我国现行法律规定，劳动争议发生之后，双方当事人愿意协商解决的都可以协商解决。我国现行法律为劳动争议处理提供了四种解决途径：协商、调解、仲裁和诉讼。《劳动争议调解仲裁法》第五条规定："发生劳动争议，当事人不愿协商、协商不成或者达成和解协议后不履行的，可以向调解组织申请调解；不愿调解、调解不成或者达成调解协议后不履行的，可以向劳动争议仲裁委员会申请仲裁；对仲裁裁决不服的，除本法另有规定的外，可以向人民法院提起诉讼。"

劳动争议协商处理的特点是没有第三人参加，或者虽有第三方参加，但第三人不起主要作用。《劳动争议调解仲裁法》第四条规定了协商的基本方式，"发生劳动争议，劳动者可以与用人单位协商，也可以请工会或者第三方共同与用人单位协商，达成和解协议"。可见，我国法律确认了劳动争议协商处理有两种形式：狭义的劳动争议协商仅有劳动者和用人单位的参与，而广义的劳动争议协商则包含了第三人的参与，只不过第三人在其中不起主要作用。劳动者请工会或者第三方共同与用人单位进行协商的方式是《劳动争议调解仲裁法》的新规定，主要是因为劳动者与用人单位相比，通常处于弱势地位，如果单纯由劳动者与用人单位进行协商和解，双方由于存在地位上的不平等性，通常很难达成和解协议。而法律规定则可以通过工会和第三方的加入，促成用人单位与劳动者坐下来协商，进而达成和解协议，充分发挥协商在处理劳动争议方面的作用。该"第三方"既可以是本单位的人员，也可以是本单位以外的双方都信任的人员。

除上述特征外，劳动争议协商制度，还具有以下特征。

1. 自愿性

劳动争议协商的基础和前提必须是双方当事人自愿，这也是由协商这一事物的性质所决定的，如果双方或一方均不愿协商，协商是根本不可能进行的。自愿性体现在两个方面：第一，是否协商取决于双方当事人。这一点对于劳动争议中的劳动者尤为重要，由于劳动关系具有隶属的特点，所以用人单位不能利用自己的优势地位强迫或变相强迫劳动者协商，或强迫劳动者与其达成某种只能协商解决争议的协议。

2. 灵活与快捷性

劳动争议的协商最能体现双方当事人的自由意志。与调解、仲裁和诉讼相比具有自主、

---

① 叶家红：《企业劳动争议协商制度的构建》，载《商业经济评论》2012 年第 2 期。

方便、灵活、快捷的特点，没有很多的机构、规则、程序的约束。

3. 除集体合同争议外的其他争议处理的可选择性

协商虽有方便、灵活和快捷的特点，但它不是处理劳动争议的必经程序，劳动争议发生后，当事人可以选择协商来解决争议。也可以不选择协商来解决争议，而选择其他方式。但集体合同争议除外，协商是解决集体合同争议的必经程序。

4. 非终局性

按目前通说如果当事人双方选择了协商，又无法达成协议，那么，当事人可以选择别的解决程序。如果双方达成协议是否终结争议解决程序呢？按目前通说是不具有终局解决劳动争议的效力。比较有代表性的观点是："自愿性表现在：是否通过协商解决协议，必须是双方当事人的自愿行为；经协商达成的和解协议必须是双方意志的体现，一方不能强迫另一方接受其不愿接受的条件；和解协议的履行必须由当事人自愿地履行，一方不能强迫另一方履行和解协议。"

四、劳动争议协商的分类

（一）个别劳动争议协商

个别劳动者与用人单位之间发生争议而协商解决的，存在劳动关系维持和终结两种情况或前提。一种是在劳动关系维持的情况下，由于用人单位与劳动者还存在管理与被管理的关系，劳动关系的从属性决定了此种个别协商在劳动争议处理上很难有大的作为，此时的"个别协商"与人力资源管理上的"双方沟通"在本质上有相同之处。另一种是指在发生劳动争议后，并且在劳动关系终结情况下，劳动者已经摆脱与用人单位之间管理与被管理的关系，重新获得与用人单位平等的协商地位。

（二）群体性劳动争议协商

我国劳动立法中规定了群体性劳动争议，但是并没有对群体性劳动争议协商作出专门规定。群体性劳动争议协商通常是指由职工一方推选出 2~5 名代表，代表全体发生争议职工与用人单位进行协商。由于法律法规没有规定相应的协商程序，在代表被推选出来后，代表与用人单位依个别劳动争议协商程序进行协商。

（三）集体合同劳动争议协商

目前，我国对不同时段发生的集体合同劳动争议采取不同的处理制度：在签订集体合同过程中发生争议的，按《劳动法》和《集体合同规定》处理，由当事人双方协商解决，协商不成的，由当地人民政府劳动行政部门组织有关各方协商处理。在履行集体合同过程中发生争议的，按《劳动法》规定处理，当事人协商解决不成的，可以向劳动争议仲裁委员会申请仲裁，对仲裁裁决不服的，可以自收到仲裁裁决书之日起 15 日内向人民法院提出诉讼；对于争议当事人确定的集体争议，职工一方在30人以上的，按《劳动争议仲裁委员会办案规则》的"案件特别审理程序处理"。上述规定表明，因集体合同的签订和履行而发生的劳动争议，当事人必须进行协商，没有选择的权利。①

---

① 高靖茹：《我国劳动争议协商处理制度研究》，载《法制与社会》2013 年第 4 期。

按照《劳动法》的规定，集体合同争议的协商是集体合同争议处理的必经程序，《劳动法》第八十四条规定："因签订集体合同发生争议，当事人协商解决不成的，当地人民政府劳动行政部门可以组织有关各方协调处理。""因履行集体合同发生争议，当事人协商解决不成的，可以向劳动争议仲裁委员会申请仲裁；对仲裁裁决不服的，可以自收到仲裁裁决书之日起十五日以内向人民法院起诉。"据此，我们可以看出，不论是在因签订集体合同而发生的争议，还是在因履行集体合同而发生的争议中，均有一句话，即"当事人协商解决不成的"，这意思就是，当事人双方因签订集体合同而发生争议和因履行集体合同而发生争议，必须首先协商解决，不能越过协商程序而直接进入调解、仲裁程序。因此，集体合同争议的协商在整个集体合同争议的处理中有着不可缺少、不可替代的作用。

第二节　劳动争议协商和解的原则和形式

一、劳动争议协商和解的原则

如前所述，劳动争议协商和解虽是双方自行协商，但是协商和解制度本身就是我国劳动争议处理的一部分，因此，劳动法的原则、劳动争议的原则也会在其中起到应有的作用。当然，因为毕竟协商有自己的特点，劳动争议协商和解除必须坚持劳动争议处理的一般原则外，还应根据协商的特点坚持以下的原则。

（一）主体合法原则

这一原则要求劳动争议协商的当事人必须是符合《劳动法》所规定的，与该争议有直接的利害关系的劳动关系双方，一方是用人单位，另一方是该用人单位的劳动者。集体合同争议作为特殊的劳动争议，其主体一方是用人单位，而另一方必须是代表劳动者利益的用人单位工会或职工代表。只有合法的主体所进行的协商才是有效的。

（二）自愿原则

当事人双方自行协商不是处理劳动争议的必经程序。因此，采取协商解决劳动争议，必须尊重双方当事人的选择与意愿。虽然法律规定双方当事人可以自愿进行协商，并提倡协商解决争议，但任何一方或他人都不能强迫进行协商。

（三）坚持平等协商原则

这是劳动争议协商的重要条件和前提。根据《劳动法》的规定，劳动者和用人单位作为劳动法律关系的主体，虽然两者存在着隶属关系，但在法律上双方地位是平等的，都享有劳动权利和承担相应的义务。劳动争议发生后进行协商时，双方就是平等的争议主体，应坚持平等协商的原则，以平等的态度进行对话和商谈，不能将自己的意志强加于对方，并给对方施加压力，强迫对方接受不愿意接受的条件。如果劳动争议协商不是在平等基础上进行的，不仅失去协商的意义，更会为今后劳动争议的发生留下隐患。

（四）坚持合法协商的原则

劳动争议协商是劳动争议双方当事人经协商一致自主解决劳动争议的行为。但是，这并

不意味着当事人可以任意处分自己的权利。通过协商解决劳动争议，必须有利于维护当事人的合法权益，双方经协商一致达成的和解协议，必须符合国家法律、法规和规章的规定，符合依法制定的集体合同、劳动合同和企业规章制度的规定。如果借协商之名，损害国家利益和他人利益，这种协商是违法的，与劳动法规定的通过协商解决争议的目的相悖。

（五）及时原则

及时原则被确立为解决劳动争议的一项基本原则，具有重要的实践意义，对于劳动争议协商和解制度来说尤其重要。因为劳动争议直接关系到劳动者与用人单位的利益，且劳动争议直接产生于社会生活中，每一个争议的发生，都直接影响生产、生活的正常进行，特别是发生集体劳动争议时，及时进行协商，可以防止产生群体性的不稳定因素，降低维权成本。因此，当当事人发生争议时，要及时、尽快地依照法定处理程序加以协商解决。

二、劳动争议协商的形式

实际上《劳动法》和《劳动合同法》等相关法律法规均无规定协商的具体方式，即劳动争议协商的形式可以是灵活多样的。根据劳动争议的具体情况及解决的难易程度，劳动争议协商主要有以下几种形式。

（一）即时协商

即时协商，是指在劳动争议发生后，劳动者和用人单位马上进行协商，并在短时间内达成和解以解决劳动争议的方式。即时协商一般适用于简单劳动争议，即争议事实清楚、内容单一、标的不大且解决难度较小的劳动争议。即时协商是劳动争议协商中应用最普遍的，也是非常灵活的方式，及时沟通，在短时间内迅速解决争议，从而避免矛盾进一步扩大。

（二）协商会议

协商会议，是指劳动争议双方当事人的代表通过召开会议进行共同协商以解决争议的方式。协商会议的方式适用于较复杂的劳动争议，即争议内容复杂、涉及人数较多且争议标的较大的劳动争议。由于这类争议可能涉及劳动者的人数较多，劳动者一方应选举参加协商的代表，也可以委托单位工会相关人员作为代表参加协商。协商会议的方式较即时协商的方式要正式，由双方代表在会议上陈述各自一方的观点和理由，并提出解决争议的方案。通过共同协商，双方所达成的和解协议应为书面形式，并对所有当事人具有约束力。

（三）集体合同争议协商

集体合同是企业工会代表职工与企业签订的有关保护职工劳动权益方面的协议。集体合同争议包括工会与企业因签订集体合同发生的争议和因履行集体合同发生的争议。要根据《劳动法》的规定，集体合同争议发生后，协商是解决争议的必经程序。当事人双方即企业工会和企业行政应当就争议的事项进行平等协商，经协商达成一致的，应制作协议书。协议书经工会和企业代表签字盖章后，即发生法律效力，对企业和企业全体劳动者都有约束力。因签订集体合同发生的争议，当事人协商不成的，由当地人民政府劳动行政部门组织有关各方协调处理；因履行集体合同发生的争议，当事人协商不成的，可以向劳动争议仲裁委员会申请仲裁；对仲裁裁决不服的，可以向人民法院提起诉讼。

第三节　劳动争议协商和解制度现状

　　劳动关系是现代社会最基本的社会关系。劳动关系的和谐稳定是社会和谐稳定的基础，是影响经济社会全面发展的重要因素。从这个意义上来说，劳动关系是现代社会和谐的"晴雨表"和"风向标"。当前，我国劳动关系总体上保持和谐稳定。但是也必须看到，一些用人单位不规范管理、侵犯劳动者合法权益的现象仍比较突出，经济社会生活中的一些深层次矛盾和问题还将不同程度地反映到劳动关系中来，使劳动关系日趋复杂，劳动争议逐年增加。目前我国正处于经济结构转型和发展方式转变的关键时期，劳动关系复杂多变，新问题和新矛盾层出不穷。2008年颁布施行的《劳动合同法》、《劳动争议调解仲裁法》及劳动争议的司法解释不仅从实体法方面为劳动者依法维护自身权益提供了更为周全的保护，而且从程序法方面进一步规范了劳动争议纠纷的解决途径，明晰了相应的操作规程。协商和解虽然并非解决劳动争议的必经程序，但在实践中对有效解决劳动争议有着重要的影响。上文提及的劳动争议调解、仲裁、诉讼案件不断增加的数据，以及劳动争议处理的难度可以从侧面反映出实践中协商和解的作用未能得到充分有效的发挥，有必要对劳动争议协商和解制度的现状及问题进行分析。

一、劳动争议协商和解制度的立法现状

　　协商制度是解决劳动争议的重要制度，我国从立法就对其作出规定。随着1993年的《企业劳动争议处理条例》和1995年《劳动法》的相继实施，我国建立起一套以协商、调解、仲裁、诉讼为主要环节的劳动争议处理制度。《劳动法》第七十七条规定："用人单位与劳动者发生劳动争议，当事人可以依法申请调解、仲裁、提起诉讼，也可以协商解决。调解原则适用于仲裁和诉讼程序。"《劳动法》没有明确协商是申请调解、仲裁、诉讼前的一个首要程序，甚至在劳动争议的处理程序中根本就没有提到协商程序。2008年实施的《劳动争议调解仲裁法》在维持原有争议处理程序的基础上，对我国原有劳动争议处理程序作了一定程度的调整，在调解环节加入了多元化的调解组织，在劳动仲裁环节中对部分劳动争议采取了有条件的"一裁终局"。《劳动争议调解仲裁法》第四条规定："发生劳动争议，劳动者可以与用人单位协商，也可以请工会或者第三方共同与用人单位协商，达成和解协议。"《劳动争议调解仲裁法》第五条规定："发生劳动争议，当事人不愿协商、协商不成或者达成和解协议后不履行的，可以向调解组织申请调解；不愿调解、调解不成或者达成调解协议后不履行的，可以向劳动争议仲裁委员会申请仲裁；对仲裁裁决不服的，除本法另有规定的外，可以向人民法院提起诉讼。"这个规定第一次把协商放在劳动争议处理程序的第一位，但协商是当事人在自愿原则基础上进行的，不是必经程序。由于协商只是一个任意性程序，至于协商具体由哪个部门来负责操作及依照何种程序进行，法律并没有作任何具体的规定。在集体争议的协商方面，《工会法》第二十七条规定："企业、事业单位发生停工、怠工事件，工会应当代表职工同企业、事业单位或者有关方面协商，反映职工的意见和要求并提出解决意见。"这赋予工会在集体冲突事件中，以职工一方代表身份与用人单位协商，反映职工要求的权利和义务，然而《劳动争议调

解仲裁法》第七条关于"发生劳动争议的劳动者一方在十人以上,并有共同请求的,可以推举代表参加调解、仲裁或者诉讼活动"的条文中并没有规定协商程序,也没有工会参与集体争议协商的规定。可以说,我国现行立法对劳动争议协商制度只是作了形式上的规定,缺乏实质性的规定,尤其体现在集体劳动争议协商上。例如,《集体合同规定》第三十五条规定,集体协商未达成一致意见或出现事先未预料的问题时,经双方协商,可以中止协商。中止期限及下次协商时间、地点、内容由双方商定。那么,如双方无法达成中止协商的意见如何处理呢?就算达成中止协商的意见,由于缺乏刚性机制,用人单位往往不再协商。

二、劳动争议协商处理机制的现状

(一)个别劳动争议协商处理中协商遭摒弃

在劳动争议中,劳资双方经济实力的不对等,致使劳资双方在地位上存在较大悬殊,特别是在个别性劳动争议中体现得更为明显。与群体性劳动争议和集体性劳动争议相比,个别性劳动争议既没有像群体性劳动争议中劳动方人数那么众多,也没有像集体性劳动争议中有代表劳动者一方的第三方。所以在这种劳资双方地位极不对等的个别劳动争议中,就会产生劳动者摒弃协商的现象。

(二)群体性劳动争议协商处理中协商缺失

目前,我国群体性劳动争议案件具有如下几点特征。①我国发生的大量劳动争议案件中,群体性劳动争议案件所占比例较大。1994~2001年,群体性劳动争议数量成持续增长趋势,其平均年增长率高达33.47%,其中1995年和1998年是两个增长高峰期,增长率分别达到74.63%和66.9%。据统计,1993~2003年,中国群体性事件已由1万起增加到6万起,参与人数由73万人增加到307万人。劳动关系是2003年酿成群体性事件的直接原因之一。其中,劳动者群体性事件位列第一,涉及144万人次,占总人数的46.9%,已成为当前最严重的社会问题。[①]自2010年以来,11~49人的一般性集体争议有4000起,涉及劳动者11.8万人;50人以上的重大集体争议有216起,涉及劳动者2.9万人,平均每案人数为137人。[②]这些群体性事件的发生,扭曲了劳资关系,给和谐劳资关系、和谐社会的构建带来严重消极的影响。②群体性劳动争议具有突发性、影响力和处理难度大等特征。群体性劳动争议,涉案劳动者人数众多,波及面广,社会敏感性强,争议事项涉及加班费、经济补偿金、社会保险等与劳动者切身利益密切相关的问题,一旦处理不善,可能演变成为影响稳定的公共安全和群体性事件。

群体性劳动争议的事件往往与很多员工利益相关联,很容易转化成为群体性冲突事件。如停工、静坐、围堵交通、集体上访等事件,甚至会演变为刑事案件。针对如此至关重要的案件纠纷,我国劳动立法却没有一整套完备的法律制度对其作出专门的规定,而是沿用"一调一裁二审"的模式。正因如此,我国的群体性劳动争议协商处于一种失灵的状况。

---

① 转引自乔健:《在国家、企业和劳工之间:中国工会向市场经济转型中的多重角色——对1811名企业工会主席的问卷调查》,载《政大劳动学报》2007年第22期。
② 转引自乔健:《2010年中国职工状况——呼唤共享经济发展成果和集体劳权》,载汝信、陆学艺、李培林主编:《2011年中国社会形势分析与预测》,社会科学文献出版社2011年版,第253-254页。

（三）集体性劳动争议协商处理中协商流于形式

1. 职工代表选派方式的不合理性

在实践中，工人无法推出能够切实代表自身利益的代表，导致劳动者不能从工会制度中获得益处。从我国工会运作的实际情况分析，地方总工会代表的是上级工会或地方政府的意志，企业工会代表的是企业的利益和意志，工会难以成为工人的代表或利益代言人。然而，各地应强力推行平等协商集体合同制度要求，职工一方的协商代表由本单位工会选派，首席代表由本单位工会主席担任。这显然不符合职工的要求。

2. 没有进行劳动争议协商的经常性机构

虽然企业中建立了调解委员会，但是在现实生活中其功能日渐式微，并且劳动争议调解委员会过分依赖于企业，在争议处理中往往偏袒企业一方。同时工会作为职工利益的代表居中调解职工和企业之间的劳动争议，欠缺中立第三方，调解实际上演变为当事人间的协商。所以急需建立一个劳资双方协商、沟通的经常性机构，以保证劳动争议得以快速有效的解决。

3. 三方协商是化解利益争议的有效平台

我国立法实践也意识到三方协商机制的重要性，我国早在 1990 年批准了国际劳工组织《三方协商促进履行国际劳工标准公约》（1976 年第 144 号公约）；1998 年 10 月 28 日，劳动和社会保障部《关于编制 1999 年劳动和社会保障事业发展计划的通知》第五点中首次以部门规范性文件的形式提出要"积极推行集体协商和集体合同制度，在有条件的地区，建立地区性三方协商制度"；2001 年 10 月 27 日，全国人大通过了《工会法》的修改决定，三方协商机制首次出现在法律层面上。①此后，国务院、原劳动与社会保障部、各级政府等也积极推进三方协商机制的相关立法，如国务院办公厅《关于深入贯彻工会法支持工会工作的通知》（国办发[2004]90 号），原劳动和社会保障部、中华全国总工会、中国企业联合会、中国企业家协会《关于建立健全劳动关系三方协调机制的指导意见》、《深圳经济特区和谐劳动关系促进条例》、《广州市劳动关系三方协商规定》等。相应的，全国各地纷纷建立了劳动关系三方协商组织。据统计，2001 年至 2011 年 9 月底，参与建立劳动关系三方协商机制的各级地方及产业工会 2 万余个，其中省级 32 个，地市级 328 个，县级 2589 个，初步形成了多层次的三方协商组织体系。②

尽管三方协商机制的立法和机构建设如火如荼，但现有的关于三方协商机制的立法过于原则而缺乏实操性，而且我国的三方协商机制主要还是靠政府主导，其独立性、中立性和公正性也难以体现。此外，三方协商机制缺乏完善的法律规范，各地的三方协商有其名无其实，机构设置整体较为松散，缺乏专门性机构、专业化的工作人员和专项经费，也没有实质性的常设机构和人员。三方协商机制的运行模式不明确，职能和各方职责不清晰，导致工作流于形式，无议题，无协商；联谊活动多，讨论问题少；抓典型评比多，对基层指导协调监督少。有些地方的三方协商机制在不同层级之间发展不平衡，尤以县级较差，深入乡镇和行业就更为有限。代表性不强，主体缺位是各地三方会议的通病，越是低层级的三方协商，主体缺位

---

① 2001 年修正的《工会法》第三十四条第二款规定："各级人民政府劳动行政部门应当会同同级工会和企业方面代表，建立劳动关系三方协商机制，共同研究解决劳动关系方面的重大问题。"
② 中国工运研究所课题组：《"十二五"时期我国劳动关系发展走势与应对之策》，载《新华文摘》2012 年第 24 期。

的问题越是突出,三方协商难以形成。一些地方由政府经贸委代行职能,但其对私营企业又不具代表性,特别是区域和行业企业组织建设滞后。工会对工人的代表性也不足,一些地方工会领导有官员化的倾向,而工人对政府的依赖性更强。[1]

三、劳动争议协商处理制度本身所存在的问题

当前,我国的劳动关系普遍存在一定的紧张和困难,发生劳动争议的比例很高。市场经济是法制经济,随着时代的进步,市场经济主体越来越依靠法律来维护自身合法权益。然而,在市场经济发展的今天,中国人不喜欢诉讼的传统并没有从根本上改变。当发生劳动争议的时候,劳动者往往首先选择协商和调解的方式来处理劳动争议,这既减轻了法院的负担,又加速了劳动争议的处理,收到一举两得的效果。但是,我国的劳动争议的协商和解制度却存在一定的问题。

(一)劳动争议协商缺乏标准性、稳定性

劳动争议协商处理制度虽然确立多年,但是到目前为止仍然没有一套数据完整、信息准确、能够成为协商基础或参考因素的信息来源保障体系。在劳资双方协商谈判中,往往出现信息不对称,使得劳方代表处于弱势地位。同时我国也没有对劳动争议协商处理方式的运行程序作出规定,这对整个劳动争议协商过程的有序进行极其不利,常常会出现劳动争议协商中途终止的情况,从而使得先前的所有谈判工作归于零。当前这种无程序规定的劳动争议协商谈判,不仅会造成劳资双方时间和精力的浪费,而且会使得劳资双方对该制度产生一种不规范和不稳定的想法,从而规避对该方式的选择。

(二)劳动争议协商协议缺乏法律效力

劳动争议协商与有较高胜诉率的劳动仲裁和劳动诉讼相比,没有法律效力的协商协议就很难受到劳资双方的重视。所以劳动者不愿意通过协商解决劳动争议,而更愿意选择以仲裁和诉讼的方式来维护自己的权益。

(三)劳动者维权意识差,劳动争议处理知识缺乏

在发生劳动争议后,劳动者对于一般的权益受到侵害往往采取忍受的态度,比较大的利益损失才立刻通过法律规定的程序来解决,更有部分劳动者开始对于劳动争议处理制度丧失信任。广大职工,对《劳动争议调解仲裁法》知晓程度较低,许多人不知道我国的劳动争议处理机制。很难想象,一个对劳动争议处理机制不了解或基本不了解的人在权利受到侵害时会毅然决然拿起法律的武器去维护自己的权利。劳动者对劳动争议处理法律的了解程度很不理想,这在很大程度上影响了设立劳动争议处理制度的目的,更重要的是它影响到了设立劳动者实体权利的实现,与设立这一制度的目的背道而驰。

(四)协商制度不健全导致程序弱化

大部分劳动争议没有通过协商而是通过仲裁法来解决,表明协商制度是存在缺陷的,协

---

[1] 参见乔健:《中国特色的三方协调机制:走向三方协商与社会对话的第一步》,载《广东社会科学》2010年第2期。

商制度是最佳的劳动争议处理方式,现在却有很多人不愿意与用人单位协商解决。这就存在一个矛盾:一方面是职工希望通过协商解决问题的强烈愿望;另一方面则是该制度不能满足职工需求的无奈。

第四节　我国劳动争议协商和解制度的改革

劳动关系是现代社会最基本的社会关系之一,是社会和谐稳定的基础,是影响经济社会全面发展的重要因素。党和国家历来高度重视新形势下的劳动关系问题,党的十八大明确提出了要在全社会构建和谐劳动关系的战略目标。劳动争议纠纷必须得到妥善处理,而改革劳动争议协商和解制度是解决目前数量庞大的劳动争议案件的必由之路。

一、从法律层面,健全劳动争议协商和解制度

第一,在我国,《劳动法》、《劳动争议调解仲裁法》、《劳动合同法》及劳动争议的司法解释、《企业劳动争议协商调解规定》(人力资源和社会保障部令第17号)、《集体合同规定》等法律法规、规章均有对劳动争议协商作出规定,但这些法律法规、规章随着劳动关系的日益复杂化,难免会出现与现实脱节的现象,因此,对于这些规定的修改与完善势在必行。学界对制定专门的《集体合同法》的呼声也越来越高。①为了畅通劳动者的利益诉求,更好地推进集体协商事业的发展,从长远角度看,我国应提高集体合同的立法层次,并完善集体协商制度,尽快制定颁布《集体合同法》。

第二,协商程序在劳动争议处理立法中应处于基础地位。

新中国成立初期,在劳资关系的调整方面就十分重视协商的作用,如上海市在1949年8月公布了《关于复工复业纠纷处理暂时办法》和《关于私营企业劳资争议调处程序暂行办法》,要求劳资争议应由劳资双方视争议之性质与范围具体协商。②而目前国内协商程序还只是任意性程序。国内劳动争议案件逐年增多,仅凭某一个部门的力量显然是不行的,因此,协商这种非正规化的方式应当得到足够的重视。这种方式尤其适用于解决我国的集体劳动争议,对集体劳动争议处理采用协商这种非诉讼的方式解决,一方面因为这种争议主要不是法律适用的问题,另一方面也因为这种解决方式更加有利于解决劳动争议,从根本上稳定劳动关系。

第三,为协商程序设置可行性程序及经常性机构。现存的企业调解委员会可以转变为协商程序的平台,即在原有的企业劳动调解委员会的基础上,全面调整其职能,建立企业劳动关系协调委员会,或成立劳资协调委员会,形成经常性协商机制,并且立法应规定这种协商委员会建立的强制性,而并非像现有的企业调解委员会是任意建立的,劳动争议应通过一种自下而上的以协商为主的程序处理,劳动者应充分地借助于工会。

第四,赋予劳动争议协商协议法律效力。劳动争议协商处理方式要在劳动争议处理程序

---

① 《集体合同法》立法可行性研究课题组:《集体合同立法的可行性研究》,载《中国劳动关系学院学报》2012年第1期。
② 周贤奇:《德国劳动社会保障制度及有关争议案件的处理》,载《中外法学》1998年第4期。

中发挥作用,其应当具备的要件之一就是法律应当赋予劳动争议协商协议法律效力,即合同效力,即要让协商程序在劳动争议处理程序中发挥重要作用的前提之一就是立法要赋予协商的协议结果以合同的效力,否则协商就会是一纸空文。劳动争议协商协议是由双方当事人自愿达成的,该协议的内容是双方真实意思的反映,是符合一般民事合同的成立要件的,赋予该协商协议法律效力是理所当然的。但是由于我国劳动争议分为利益争议与权利争议,所以应当予以区别对待。其中,权利争议的协商结果可以赋予民事合同的效力。双方当事人达成协商协议后,劳动争议当事人就应当受到该协商协议的约束,如一方当事人不履行或不完全履行协议,另一方当事人就可以以违约为由提起仲裁或诉讼;而利益争议的协商则应当赋予集体合同的效力。即使发生争议也应该按照集体合同争议的方式解决。只有劳动争议协商协议具有了法律效力,才可以防止其成为一纸空文。由此,建议法律规定:劳动争议经协商或调解成立,当事人之一方不履行其义务时,他方当事人得向有管辖权的法院申请裁定强制执行并免缴裁判费,申请强制执行时,免缴执行费等。

二、从协商处理机制层面

(一)宣传劳动争议协商机制

向用人单位和劳动者宣传劳动争议协商机制的作用,让他们充分认识到协商解决争议的优势。有效的劳动争议协商处理机制有着低成本、高效率的特点,而且有利于维持双方当事人的和谐劳动关系,从而使对用人单位生产、劳动者生活造成的影响最小化。因此,尽管现有的法律不完善,但劳动争议相关法律的宣传和教育是完善劳动争议协商处理机制工作的基础,尤其是低学历人员、失业人员、农村进城务工人员本来就是社会弱势群体,并在社会中占大多数,他们对于劳动争议处理制度的了解在很大程度上会影响到劳动争议处理制度运行的正常与否,因此,加强对于这一部分人的宣传和教育,对于促进劳动争议协商处理制度的完善有非常重要的意义。

(二)集体性劳动争议协商处理机制的完善

1. 改善职工代表选举的方式

要充分发挥工会的作用,我国就必须改善现有的职工代表的选举方式。完善用人单位工会即基层工会产生机制,严格规定工会委员、常务委员、主席、副主席候选人的任职资格条件,落实选举制度,使工会能够切实代表职工的利益。职工选举好了能够真正代表自身利益的工会委员后,再依法律规定由工会选派劳方协商代表。每一年的集体合同协商的劳方代表,直接通过工会会员大会或会员代表大会直接选举产生,工会主席作为劳方的协商代表参与协商。

2. 创立劳动争议协商机制

由于当前企业劳动争议调解委员会起不到中立第三方的作用,建议将企业劳动争议调解变为利益团体间的协商,增加其协商的功能。劳动者和用人单位之间发生劳动争议后,协商一致分别向各自的利益团体提出申请,工会代表劳动者一方,雇主组织代表用人单位一方,由双方协商解决劳动争议。如果协商达成一致,则达成的协议对于双方当事人来说具有合同的效力,双方当事人必须遵守,若一方不遵守则另一方可到人民法院起诉,协议具有证据的效力；如果协商并未达成一致，则劳资双方可以通过仲裁或诉讼途径解决。

3. 完善三方协商机制

在我国现有的体制下，尽管三方协商机制仍以政府为主导，缺乏独立性。但三方之两方是数量均等的劳资双方，在很大程度上已经改变了过去由用人单位单方面决定的格局，缓和了"强资本、弱劳工"的紧张关系。因此，为了更好地处理利益争议，发挥三方协商机制的作用是毋庸置疑的。无法回避的是，我们要根据现实需要对三方协商机制进行改良以保证其公正性和中立性，并将这些改良方案制度化。具体而言，三方协商机制仍需在如下几方面进行完善。

（1）提高协商机制的层级。理想状态下的三方协商机制应该是多层次的、网络化的，即三方协商机制的层级应覆盖全国、省、市、县（区）、镇五级，如《广州市劳动关系三方协商规定》将其层级延伸到镇、街道一级。然而，如前述，县级及以下层级的三方协商机制，主体缺位严重，代表性不强，最终导致这些层级的三方协商流于形式，给三方协商机制带来负面的影响。

（2）设立协商机制的常设机构。为保证三方协商的正常运转，三方协商机制应在劳动行政主管部门下面设立常设机构，如三方协商办公室。为了提高其规格，可由分管劳动保障事务的副市长兼任市三方协商办公室的主任、由市劳动保障局局长兼常务副主任，由一名市总工会副主席兼副主任，并配置适当的专职工作人员。

（3）规范协商机制的运行体系。协商机制的运行体系主要包括程序的启动和协商机制的人员配制。

就协商机制的启动而言，原则上依劳资双方或一方当事人的申请而启动。当然，如前述，如果劳资双方当事人在谈判失败后并没有主动向三方协商办公室申请调解，导致争议行为在即，或者争议行为正在发生，劳动行政部门认为该争议行为将严重影响社会公共利益的，三方协商办公室可强制介入调停。

三方协商机制的人员配置事关代表性强弱的问题，代表性强的人员配置，产生的结果更令人信服，反之则让人难以接受。三方协商的代表，必须包括劳方代表、资方代表和政府方代表。劳方代表由工会主席和职工代表大会或职工大会在法定期限内（如七日）选举出的 2 名或 4 名职工代表（未建立工会的为 3 名或 5 名）组成，如果在法定期限内没有选举结果的，由工会主席及其指定的 2 名或 4 名职工代表参加（未建立工会的，由三方协商办公室从职工中指定 3 名或 5 名））。劳方代表必须亲自参加三方协商会议，不得委托他人出席。确有正当理由无法出席的，按照前述选举程序投票结果的票数高低依次增补。资方代表由用人单位指定，数量必须与劳动者的数量相等。行政方代表由劳资双方在法定期限内（如七日）在指定的有专业背景的专家、学者、退休法官和检察官、律师等中共同选定 1 名，超过法定期限未选定的，由三方协商办公室从上述人选中指定 1 名担任。为了保证劳资双方能更好地了解中立的行政方代表，劳动行政部门应完善代表名单的数据库，将上述专家、学者、退休法官和检察官、律师等的主要信息，如专业背景、培训情况、调解经验、成功案例、资方平均满意度、劳方平均满意度等不涉及个人隐私的信息纳入数据库，并在劳动行政部门官方网站上设置数据库的链接，以便劳资双方在选定行政方代表前可以进行比较权衡，选出满意的中立方代表。①

三、完善劳动争议协商的程序

劳动争议协商包括协商的提出、反馈、和解和和解协议的履行四个程序。应该对程序的各个阶段加以完善。

（1）协商的提出。劳动争议发生后，劳动者和用人单位都可以向劳动争议协商委员会提出协商的要求。劳动者可以向劳动争议协商委员会中的职工代表提起，用人单位通过企业代表提起。由于劳动者往往缺乏劳动法律专业知识，缺乏维权经验，这时，职工代表的劳动关系协调员应该负有为劳动者提供法律风险分析和提出法律建议的责任。

（2）反馈。劳动关系协调员收到劳动争议当事人提出的协商请求后，应立即通知对方的劳动争议协调员，对方的劳动关系协调员应立即告知劳动争议的相对方，在规定时间内，对方的劳动争议协调员应对劳动争议协商事项作出反馈和答复。为保证久拖不决，应对反馈的时间作出限定。

（3）和解。和解协议由劳动争议协商委员会制作，劳动争议的双方签字或盖章后生效，劳动争议协商委员会可予以盖章确认，和解协议具有合同的法律效力，对双方当事人具有约束力，当事人应自觉履行。同时，为了使和解协议获得法律的强制执行力，可规定司法确认程序。劳动关系协调员应提醒和建议争议双方提出仲裁确认。

（4）和解协议的履行。劳动争议协商委员会具有督促和解协议履行的职责。和解协议的履行期限届满之前，劳动关系协调员有义务提醒履约方及时履行劳动和解协议；若一方拒不履行劳动和解协议的，劳动关系协调员可协助守约方采取相应的法律救济手段。

四、加强我国劳动争议协商处理制度的配套措施

（一）建立谈判的信息库

在劳资双方协商谈判中，往往由于信息不对称，劳方代表在谈判中处于弱势地位。在法律上，应平等赋予劳资双方劳动争议权；在信息、数据上，应建立劳资双方共享的信息平台。在协商、谈判过程中，应由中立的劳动行政部门提供相关信息或数据库，就像英国咨询机构所承担的职能一样，使双方在信息资源上平等。我国应当在各级劳动行政部门建立一整套数据库，为劳资双方提供准确的信息和数据，作为双方协商的基础。除此之外，相关的立法部门应当对劳动争议协商方式的运行程序予以规范，使整个劳动争议协商成为一个较为稳定和规范的过程。

（二）强化工会的作用

对于弱势群体中的个体而言，如果他们不能提升自己的博弈能力，法律权利对于他们中大多数人来讲是一个不可信任的权利。而提升弱势个体博弈能力的唯一可持续的途径是通过合法、有效的形式通过合法的组织来代表个体进行利益诉求。②工会是这一合法组织的典型代

---

① 石小兵：《利益性劳动争议及其处理机制研究》，华南师范大学 2013 年硕士学位论文。
② 参见蔡禾：《从利益诉求视角看社会管理创新》，载《社会学研究》2012 年第 4 期。

表。一个对721名工人进行的实证研究表明，35.6%的工人认为工会能"改善员工福利待遇"，31.9%的工人认为工会能"保障劳动安全卫生，改善工作条件"，31.3%的工人认为工会能"保障工作时间和休息休假"，29.5%的工人认为工会能"为工人争取获得较高的工资"。[1]尽管被访者对工会作用的评价不算高，但在我国现有的体制下，让工会有所作为是改善"强资本、弱劳力"格局的较好选择。

然而，在利益争议及其处理机制的完善中，工会有很多问题需要完善，如工会的职能问题、行业工会的发展问题、工会主席职业化问题，等等。但最为关键的问题在于：工会能不能、敢不敢为劳动者争取权益与其独立性程度呈正相关关系。换言之，工会的独立性越高，其代表性和维权能力就越强，反之则越差。因此，保证工会的独立性对于健全我国利益争议处理机制尤为重要。

为了保证工会的独立性，我国《工会法》等法律法规规定，企业工会主席、副主席可以由会员大会或会员代表大会直接选举产生，也可以由企业工会委员会选举产生。企业行政负责人、合伙人及其近亲属不得作为本企业工会委员会成员的人选。然而，在我国各级总工会与劳动行政部门之间的关系暧昧，而企业工会缺乏独立的财权，用人单位也担心企业工会"吃里扒外"，直接指定亲信或厂长、人事部门负责人等管理人员担任工会主席。工会主席多不是民主选举，很多企业工会在工人心目中只是老板的附庸，在劳资冲突中往往代表老板的利益。[2]工会独立性难以彰显，导致劳动者不信任工会，利益争议难以有效处理。

那么，在现有的体制下该如何完善工会的独立性呢？关键在于采取自下而上、充分民主的方式选举产生员工信任的基层干部，让工会真正成为职工的代表，整合和维护职工的利益，摆脱工会的国家化思维定式。[3]同时，要充分保证企业工会有独立的、足够的工会经费。

有鉴于此，为了保证工会的独立性，首先应明确违反民主选举程序的法律责任。尽管现行《工会法》第五十三条规定，妨碍工会组织职工通过职工代表大会和其他形式依法行使民主权利的，由县级以上人民政府责令改正，依法处理。但该规定归于笼统原则，并不能对用人单位产生足够的威慑力，因此有必要明确具体的责任，如不得参评某些荣誉、不得适用某些税费优惠政策等有刚性的责任。其次是要向劳动者和用人单位普及工会法律法规，让劳动者意识到工会在维权等方面的重要性，让用人单位意识到工会并非是企业发展的绊脚石，而是构建和谐劳资关系进而促进企业提高效益的重要平台；再次是完善内外监督机制，内有劳动者的监督，外有上级工会的监督，以此保证企业工会民主选举规程的有效落实；最后是各级法院要依法办事，敢于受理上级工会要求企业拨缴工会经费的支付令申请或诉讼，允许上级工会作为适格被支付对象，再由上级工会按照一定的比例返还给企业工会，企业工会主席的报酬从返还的工会经费中支付，以此保证工会主席的独立性和代表性，产生真正敢于维护劳动者合法权益的工会主席。

---

[1] 参见广州市总工会、广州市社会科学院社会学与社会政策研究所、广州市社会学人类学学会：《广州新型城市化发展中的工会建设与创新研究》，载《广州市总工会2012调研成果》（内刊），第68页。
[2] 参见张小磊、郑飞、姚文军：《企业工会主席多不是民主选举》，载2010年7月3日《羊城晚报》。
[3] 参见董保华：《劳动合同立法的争鸣与思考》，上海人民出版社2011年版，第272页。

（三）构建多方联动的劳动争议解决机制

进一步加大劳动监察执法力度。这既是党的十八大报告的明确要求，也是行政执法主动性的内在需要。劳动保障监察部门应进一步强化对劳动者和用人单位的指引、教育功能，提高用人单位的守法意识和守法能力，加大对用人单位欠薪尤其是恶意欠薪、拒不缴纳社保行为的制裁，加强对农民工群体和劳务派遣工群体相关劳动权益的维护；进一步增强仲裁化解功能。人民法院应继续加强与劳动仲裁部门的沟通协调，着重理顺仲裁程序与诉讼程序的衔接，依法扩大一裁终局案件的收案范围，统一裁判尺度，提高案件裁决质量；进一步推进多方联动机制。人民法院应联合劳动行政部门、工会、工商业联合会、企业联合会和行业协会等职能部门和社会组织，坚持"预防为主、基层为主、调解为主"，共同建立劳动争议多方联动化解和处置机制，形成"资源共享、工作联动、优势互补、相互配合"的工作新格局。

【本章思考题】

一、名词解释

劳动争议协商　三方协商机制

二、问答题

1. 简述劳动争议协商制度的特征。
2. 简述劳动争议协商的作用和意义。
3. 简述劳动争议协商和解的原则和形式。
4. 简述我国劳动争议协商处理制度本身存在的问题。

三、拓展案例

1. 张某2008年2月年应聘至某报社，双方达成口头协议，约定张某在某报社从事兼职校对员工作，每天下午到报社工作4小时，每周工作五天，报社对张某进行考勤管理。张某在报社的劳动待遇与校对量挂钩，与该报社全日制职工的待遇不同。2012年10月15日，报社以张某在从事校对工作时出现重大差错、严重违反单位规章制度为由，作出了"取消张某临时校对资格"的处理决定，并于当日口头对张某予以辞退。张某向劳动仲裁委员会申请仲裁，请求确认张某与某报社之间的劳动关系，要求与报社签订并继续履行劳动合同。报社认为，其与张某之间不存在劳动关系，张某基于劳动关系的请求没有法律依据。

请回答：张某与某报社之间是否存在劳动关系？

2. 2003年2月26日，入职广州某用人单位做了三年的文员后，张某于2008年6月29日被用人单位口头通知解聘。被解除劳动关系后，用人单位没有对张某作出任何相应的经济补偿；而在工作的三年中，用人单位也没有给他缴纳过养老保险。张某觉得自己的权益受到了侵害，于是，将用人单位起诉到了广州市白云区劳动争议仲裁委员会，要求：①用人单位支付其经济补偿金；②用人单位为其缴纳参加工作以来的养老保险。

用人单位辩称因张某不愿转移档案，所以单位无法依法为其缴纳养老保险。

请问：劳动争议仲裁委员会能否受理此案件？为什么？

HAPTER 4

第四章 劳动争议调解制度

[本章提要]

1. 劳动争议调解的特征和原则
2. 企业劳动争议调解组织
3. 劳动争议调解的程序
4. 劳动争议预防调解机制

[引导案例]

刘某是某国有煤矿的井下作业人员,在煤矿工作已有 8 年。该煤矿为保证生产安全,在劳动纪律中明确规定"井下人员不得擅自离开工作岗位",但煤矿巡查人员在 2010 年 10~12 月的检查中,多次发现刘某不在自己的工作岗位上。于是,该煤矿以"擅自离开工作岗位,严重违反劳动纪律"为由,单方面解除了与刘某的劳动合同。刘某认为,煤矿现有的劳动纪律和规章制度并没有对什么是"严重违反劳动纪律"作出界定,因此,煤矿单方面解除劳动合同缺乏证据和合法理由,刘某找到律师,通过律师向公司表达自己的看法,并希望协商解决。

纠纷发生后,煤矿负责人即出差在外,指定煤矿人事部门经理全权负责此事的处理。2011 年 2 月,在企业劳动争议委员会的调解下,煤矿人事部门和刘某签订了调解协议书,双方签字盖章,并由律师和企业劳动争议委员会出具见证书:刘某同意与煤矿解除劳动合同,煤矿按照刘某的工作年限,每满一年向刘某支付 1 个月工资作为经济补偿金,鉴于刘某在煤矿工作时间较长,另外支付刘某 1.5 万元安置费。

劳动争议处理

协议书达成后，刘某开始办理离职相关手续，但煤矿负责人出差回来后，认为给刘某支付的经济补偿费用过高，不同意支付，双方为此发生争议，刘某于是向当地劳动争议仲裁委员会申请仲裁，要求煤矿按和解协议支付补偿费用，仲裁委员会经审查后，直接裁决煤矿依据调解协议书支付刘某经济补偿费用。

如何理解劳动争议调解协议书的法律约束力？

[资料来源：改编自http://www.doc88.com/p-182631610574.html]

劳动争议调解是我国劳动争议处理的一个组成部分。通过调解的方式解决劳动争议，成本低、周期短、气氛融合，有利于增进当事双方之间的团结。这也是目前许多市场经济国家所采用的代替性纠纷的解决方式（alternative dispute resolution，ADR）中最具代表性的一种。随着我国政治经济体制改革的深化和对外开放的迅速发展，特别是我国加入世界贸易组织后，企业将逐步融入世界经济运行的轨道中。作为自主经营、自负盈亏、自我发展和自我约束的独立的法人实体和市场竞争主体的企业要适应高效能的经济运行机制，必须具备高灵敏、高弹性的自我调节能力。因此，发挥企业内部劳动关系调整机制的作用，有效地预防和调解劳动争议，促进企业劳动关系的稳定、协调，维护正常的生产秩序，对于发展企业生产、提高劳动效率的作用将越来越重要。

第一节　劳动争议调解概述

一、劳动争议调解的概念与特征

调解，作为一种以柔性方式化解矛盾的机制，源于儒家文化，在我国具有悠久的历史传统，据《周礼·地官》记载，在周代的官府中，即设有"调人"之职，专管调解纠纷的"司万民之难而谐和之"。新中国成立后，调解制度得到了发扬光大。调解解决纠纷，成本低，及时、灵活，气氛缓和，可以促使当事人尽快取得谅解，减少双方的对立情绪，防止矛盾激化，被称为"绿色"纠纷处理机制。调解具有三个特征。第一，调解的前提是双方当事人自愿。促使当事人通过合意解决纠纷是调解的本质特征。调解的启动、进行，调解协议的达成及调解结果的执行，都以自愿为基础。第二，调解是在中立的第三方协助下进行的纠纷解决活动。第三，调解的程序和适用的规范具有广泛选择性。作为一种程序便捷的纠纷解决方式，调解无须遵循严格的程序，调解是对当事人以劝导的方式进行。劳动争议调解是指在劳动争议调解机构的主持下，在查明事实、明辨是非、分清责任的基础上，依照法律、法规、政策和道德规范，通过民主协商，劝导争议双方当事人互相谅解，达成协议，从而解决矛盾的一种方式。

劳动争议调解具有调解的一般特征。在我国的劳动争议调解制度中，劳动争议的调解有广义和狭义之分。广义的劳动争议调解包括用人单位劳动争议调解委员会的调解，依法设立的基层人民调解组织的调解，在乡镇、街道设立的具有劳动争议调解职能的组织的调解，劳动争议仲裁委员会的调解及人民法院的调解。狭义的劳动争议调解仅指企业劳动争议调解委员会等基层调解组织的调解。

本章所阐述的是狭义的企业劳动争议调解委员会等基层组织的调解。详细而言，指劳动争议有关各方将争议提交企业劳动争议委员会等调解机构进行调解，以解决劳动争议的一种制度。2009年10月，人力资源和社会保障部会同司法部、全国总工会、中国企联共同下发了《关于加强劳动人事争议调解工作的意见》，提出了完善基层劳动争议调解组织、建立调解工作部门联动机制等要求。

几千年来，我国受儒家传统文化的影响，"和为贵"、处事中庸的价值观依然渗透在人们选择处理争议方式的思维之中。表现在劳动争议方面，"着重调解"是我国劳动争议处理机制一直坚持的基本原则。调解解决劳动争议的意义在于：第一，有利于及时解决劳动争议，把大量的劳动争议化解在基层，有效地促进了劳动关系的和谐稳定。通过劳动争议调解机构的调解，减轻仲裁和诉讼工作的压力，使我国有限的司法资源发挥更大的作用，避免大量的劳动争议进入仲裁和诉讼程序，可以大大减轻仲裁机关和人民法院的负担，有效地节约我国的司法资源。第二，有利于劳动争议的彻底解决。劳动争议调解的前提是双方当事人自愿，体现了当事人的意思自治，而且调解的过程是双方当事人都本着互谅互让、不伤和气的态度进行的，对于劳动争议的处理结果也是自己的真实意思表示，这有利于双方当事人自觉履行协议，从而从根本上解决纠纷。第三，有利于社会的和谐稳定和经济的可持续发展。劳动争议是劳动关系不和谐的表现，与劳动者的切身利益和用人单位的生产工作密切相关。劳动争议如果不能得到及时、妥善的解决，就可能使矛盾激化，引起停工、罢工、集体上访等突发性事件甚至恶性事件。劳动争议调解，可以把大量的劳动争议解决在基层，化解在萌芽状态，避免了矛盾激化，促进了企业劳动关系的和谐，维护了正常的经济活动，从而创造良好的社会环境，维护了社会的稳定。

劳动争议调解和一般调解相比较，有以下特征。一是调解主体特定。调解机构不是国家机关。《劳动争议调解仲裁法》第十条规定：发生劳动争议，当事人可以到下列调解组织申请调解：①企业劳动争议调解委员会；②依法设立的基层人民调解组织；③在乡镇、街道设立的具有劳动争议调解职能的组织。企业劳动争议调解委员会由职工代表和企业代表组成。职工代表由工会成员担任或者由全体职工推举产生，企业代表由企业负责人指定。企业劳动争议调解委员会主任由工会成员或者双方推举的人员担任。二是调解过程具有任意性。企业劳动争议调解委员会的调解，基本上不受固定程序和形式的约束，调解的方式较灵活，以彻底解决纠纷、稳定劳动关系为目的。三是调解对象的特定性。劳动争议调解的对象仅限于用人单位和劳动者之间因劳动权利和义务而引起的争议。因其他权利和义务引起的争议均不属于劳动争议调解的范围。

二、劳动争议调解的原则

根据《劳动争议调解仲裁法》第三条规定："解决劳动争议，应当根据事实，遵循合法、公正、及时、着重调解的原则，依法保护当事人的合法权益。" 根据事实，遵循合法、公正、及时、着重调解的原则为劳动争议处理的一般原则，是处理劳动争议案件过程中对各个阶段起指导作用的准则。一般原则体现了法制的基本原则，给企业调解活动、仲裁活动、人民法院的诉讼活动中的参加人指明了方向，提出了总体要求。但是，在劳动争议处理的各个阶段，由于处理劳动争议的主体不同，处理的依据不同，处理的方式方法不同，以及处理的效力和结果不同，企业劳动争议调解、劳动争议仲裁、劳动争议诉讼制度也有其依据有关法律和自

身运作规律派生的特有原则。这些在各个阶段上起指导作用的准则，分别反映了企业调解、仲裁、司法审判的性质、特点和作用。掌握这些原则有利于劳动争议处理活动参加人领会各种处理制度和具体程序的立法精神实质，继而可以解决实际生活中存在但法律尚无明确规定的一些具体问题。

根据我国劳动争议处理立法规定，以及从我国劳动争议处理的活动中总结出来的具有规律性的经验，普遍适用企业劳动争议调解的特有原则有以下四项。

（一）自愿原则

自愿原则是指调解委员会在受理争议、调解争议、达成协议、履行协议的整个过程中，必须尊重双方当事人意愿，采取民主说服教育方式，不得压服、强迫。

《企业劳动争议协商调解规定》第二十五条规定："调解员应当全面听取双方当事人的陈述，采取灵活多样的方式方法，开展耐心、细致的说服疏导工作，帮助当事人自愿达成调解协议。"第二十七条规定："生效的调解协议对双方当事人具有约束力，当事人应当履行。"

遵循自愿原则的理由如下：①从主体上看，企业劳动争议调解委员会只是群众性组织，不具有国家权力，没有权力对当事人采取诸如责令、扣押、处罚、执行等强制性措施；②从调解性质来看，劳动争议调解既不是仲裁也不是判决，调解协议是双方在互谅互让的基础上达成的一致见解，其必须以自愿为前提，也只有建立在双方自愿的基础上，才能使他们对调解委员会产生信任感，积极配合，保证双方当事人恪守承诺，有利于彻底解决纠纷，避免和减少争议解决后出现反复；③从结果上看，只有在自愿基础上达成协议，才能使双方做到心服口服，协议才可能被当事人自觉履行。自愿原则，包含紧密相连、缺一不可的四个方面的内容。

第一，当事人申请调解自愿。劳动争议发生后，只有在当事人双方都同意并向企业劳动争议调解委员会等组织申请调解时，调解委员会才能调解。这是调解得以进行的前提条件。如果当事人不申请调解，或者一方当事人不同意调解，或是不愿意接受某个调解人员的调解，调解委员会和调解人员都不得强行调解。

第二，调解过程民主。据《劳动争议调解仲裁法》第十三条规定："调解劳动争议，应当充分听取双方当事人对事实和理由的陈述，耐心疏导，帮助其达成协议。"调解争议过程体现的是民主，调解员应耐心听取双方当事人意见，充分尊重和理解当事人的意愿，找到争议的关键点，依据政策法律法规，摆事实讲道理，促进达成一致的见解。

第三，自愿达成调解协议。调解协议只能在双方当事人自愿的基础上达成。调解协议所明确界定的双方的权利义务关系、责任承担、履行的期限和方法等，都必须出于双方当事人自愿或同意，不能勉强。不能在双方当事人相互还未达成共识的情况下，强迫或诱使他们达成协议，或者在当事人不接受调解意见、不愿达成调解协议的情况下，调解委员会强行作出劳动争议处理的决定。

第四，自愿履行协议。调解协议的履行应当由双方当事人自觉进行，调解委员会可以通过检查，督促动员双方如期履行。据《劳动争议调解仲裁法》的第十五条规定："达成调解协议后，一方当事人在协议约定期限内不履行调解协议的，另一方当事人可以依法申请仲裁。"即在双方当事人达成调解协议后，如一方当事人反悔，不履行调解协议，调解委员会不得强制当事人履行调解协议,也不能阻挠或干涉其申请仲裁。当事人反悔,应当允许并告知其向有管辖权的劳动争议仲裁委员会申请仲裁。但是,存在特殊情况,据《劳动争议调解仲裁法》的第十六条规定:"因支付拖欠劳动报酬、工伤医疗费、经济补偿或者赔偿金事项达成调解协议,用人单位在协议约定期限内不履行的,劳动者可以持调解协议书依法向人民法院申请支付令。人民法院应当依法发出支付令。"

(二)民主协商原则

民主协商原则,是指企业劳动争议调解委员会在处理劳动争议过程中,应按照民主说服和协商的办法解决劳动争议,而不能以命令、决定的方式单方处理劳动争议。在企业调解委员会调解劳动争议的过程中,调解的方法是说服教育和劝导协商,是对当事人晓之以理,动之以情,排除任何压服的做法,使当事人从内心接受调解意见,从而缓和矛盾,解决纠纷。以民主协商作为调解的工作原则,是由企业调解委员会的性质所决定的。企业的调解委员会由劳动者和企业两方代表组成,工会委员会成员或者双方推举的人员担任企业调解委员会主任,是群众性的组织,既不是国家的行政机关,也不是国家的司法机关,因此不具有行政权和司法权,无权对劳动争议单方作出裁决。只有在民主协商的基础上,双方才能真正进行沟通,互谅互让,才可能达成双方认可的协议;而只有在民主协商的基础上达成的协议,双方才可能自觉遵守和履行,从而彻底解决争议。

(三)尊重当事人申请仲裁和诉讼权利原则

据《劳动争议调解仲裁法》的第五条规定:"发生劳动争议,当事人不愿协商、协商不成或者达成和解协议后不履行的,可以向调解组织申请调解;不愿调解、调解不成或者达成调解协议后不履行的,可以向劳动争议仲裁委员会申请仲裁;对仲裁裁决不服的,除本法另有规定的外,可以向人民法院提起诉讼。"尊重当事人申请仲裁和诉讼权利原则,是指发生劳动争议的当事人一方或双方不愿意接受调解,或者调解不成时,企业劳动争议调解委员会应及时告知当事人申请仲裁和诉讼,应及时终止调解,不能阻止当事人向劳动争议仲裁委员会申请仲裁和向人民法院提起诉讼。

企业劳动争议调解委员会及时、就地解决劳动争议,减少了仲裁、诉讼案件,在劳动争议处理中发挥重要作用,但不能因此要求企业发生的所有劳动争议都一律要先经过调解委员会调解,否则就不能申请仲裁和向人民法院起诉。这是因为:①申请仲裁和诉讼,是法律赋予公民维护自身合法权益的一项重要权利,任何组织和个人都不得侵犯和剥夺;②调解实行的是自愿原则,它不是劳动争议争议处理的必经程序,也不是仲裁、诉讼受理的必要条件。

尊重当事人申请仲裁和诉讼的权利,企业调解委员会应注意做到以下几点。一是要充分尊重当事人在争议发生后有选择解决争议方式的自由。在劳动争议发生后,只要在法律许可范围内,当事人可以提请劳动争议调解委员会调解,也可以不经调解直接申请劳动争议仲裁。二是当当事人选择了以调解的方式来解决争议时,调解委员会在调解过程中,任何一方或双方不愿再进行调解,或未能消除分歧达不成协议,一方或双方当人提出仲裁申请的,调解委员会不得干涉和阻拦。三是当调解达成协议后,一方或双方反悔,不愿意履行调解协议而申请仲裁的,调解委员会同样不得干涉和阻拦。

（四）处理简捷、不收费的原则

处理简捷、不收费原则包含四层含义：其一是指争议发生后，争取在班组、车间等基层就地及时解决；其二是企业劳动争议调解委员会调解的程序应当简便易行，不讲究形式，一切活动方式有利于企业生产和有效解决争议；其三是企业调解活动要在法定时限内进行和结束，不得影响当事人行使申诉的权利。据《劳动争议调解仲裁法》中第十四条中规定："自劳动争议调解组织收到调解申请之日起十五日内未达成调解协议的，当事人可以依法申请仲裁。"其四是当事人向调解委员会申请调解时，调解委员会不收取费用。

第二节　劳动争议调解组织

一、企业劳动争议调解委员会

（一）企业调解委员会概述

在企业设立劳动争议调解委员会。其依据为《劳动争议调解仲裁法》的第十条规定："发生劳动争议，当事人可以到下列调解组织申请调解：企业劳动争议调解委员会；依法设立的基层人民调解组织；在乡镇、街道设立的具有劳动争议调解职能的组织。"《工会参与劳动争议处理试行办法》的第三章第十一条规定："工会应当督促、帮助用人单位依法建立劳动争议调解委员会。"企业调解委员会可以设置一级劳动争议调解委员会，在设有分厂的企业还可以设置二级调解委员会。总厂（总公司、分店）设置一级调解委员会。分厂设置二级调解委员会。这是目前劳动争议调解委员会设立的主要形式。在企业设立劳动争议调解委员会，是为了及时处理发生在企业内部的劳动争议，以保护企业与职工的合法权益，维护企业正常的生产秩序。企业设立劳动争议调解委员会的有利之处有四点。

（1）调解程序简便，有利于劳动争议的及时处理。调解是一种非讼诉方式，其程序要求不是很严格。争议发生后，双方当事人在调解委员会的规劝疏导下，通过协商，可以使争议在短时间内得到解决。

（2）争议环境熟悉，有利于争议的合理解决。调解委员会的工作人员对本单位的劳动争议发生的环境比较熟悉，便于查明事实，分清是非，提出切实可行的调解方案，使调解协议能够顺利履行。

（3）调解方式和缓，有利于争议双方当事人继续维持正常的劳动关系。调解的目的是力求使争议的双方当事人在相互谅解的基础上达成协议。这种方式不会伤害当事人的感情，并为今后劳动关系的和谐稳定和发展奠定基础。

（4）通过企业内部劳动争议的调解，有利于增强职工的法制观念。同时，大量的劳动争议在基层得到的解决，可以减轻劳动争议仲裁部门和人民法院的业务压力。

（二）劳动争议调解委员会组成

依据《劳动争议调解仲裁法》、《企业劳动争议协商调解规定》规定："调解委员会由劳动者代表和企业代表组成，人数由双方协商确定，双方人数应当对等。劳动者代表由工会委员会成员担任或者由全体劳动者推举产生，企业代表由企业负责人指定。调解委员会主任由工会委员会成员或者双方推举的人员担任。"其中，调解委员会主任由工会委员或双方推举产生，表明了其组织构成的公正性，是劳动争议处理的三方原则在调解委员会的具体体现。劳动争议调解委员会由三方组成，有利于各方在调解中充分表达当事人特别是有利于职工一方的意愿和要求，有利于调解委员会在充分听取各方意见的基础上全面了解案情，提出恰如其分的调解方案，同时也有利于双方的沟通，及时化解矛盾，防止在用人单位内部偏袒一方的不公正情况的出现。这里需要注意的是，三方代表中的具体人选可能具有双重身份，如国有企业的企业代表同时又具有职工的身份，工会代表同时又兼任行政职务等，对此，《企业劳动争议调解委员会组织及工作规则》规定：各方推举或指定的代表只能代表一方参加调解委员会。因此，无论调解委员会委员原有的身份和职务是什么，只要被职工推举或用人单位指定参加调解委员会，就只能代表一方参加劳动争议的调解工作。

劳动争议调解委员会组成人员的具体人数由职工代表大会提出，并与用人单位的法定代表人协商确定，用人单位的代表人数不得超过调解委员会成员总数的三分之一。女职工人数较多的单位，应当在调解委员会成员中设定女职工代表。没有成立工会组织的用人单位，调解委员会主任的设立或由职工代表与企业代表双方协商推荐。

根据《劳动争议调解仲裁法》、《企业劳动争议协商调解规定》规定：调解委员会主任由企业工会代表担任，调解委员会的办事机构设在企业工会委员会。这一规定在一定意义上明确了企业劳动争议调解工作由工会负责的原则。由于企业中普遍建立了工会组织，又有人员、场地等条件的保障，更为重要的是工会组织是职工合法权益的代表者和维护者，维护职工合法权益是其基本职责，而主持调解工作是其维权的重要的手段。工会是与企业、职工联系、沟通的桥梁、纽带，由工会主持调解，能增强职工对劳动争议调解委员会的信任，也使调解委员会能在整体上达到公正和公平，有利于劳动争议调解工作的顺利进行。但是随着市场经济体制的逐步确立，劳动者和用人单位成为劳动力市场中的平等主体，工会是劳动者合法权益的代表者和维护者，这也使得企业劳动争议调解委员会中的工会代表缺乏中立性，难以居中调解用人单位和本身所代表的劳动者之间的劳动争议。因此，在实践中，调解委员会要做到真正的中立、公正，还有待于法律的不断完善，以及工会职能的完全行使和权利的充分保障。

依据《劳动争议调解仲裁法》的第十一条规定："劳动争议调解组织的调解员应当由公道正派、联系群众、热心调解工作，并具有一定法律知识、政策水平和文化水平的成年公民担任。"并在《企业劳动争议协商调解规定》第十八条补充："调解员应当公道正派、联系群众、热心调解工作，具有一定的劳动保障法律政策知识和沟通协调能力。调解员由调解委员会聘任的本企业工作人员担任，调解委员会成员均为调解员。"第十九条补充："调解员的聘期至少为1年，可以续聘。调解员不能履行调解职责时，调解委员会应当及时调整。"为保证劳动争议调解委员会正常开展工作，《工会参与劳动争议处理试行办法》第十五条规定："劳动争议调解委员会委员调离本单位或需要调整时，应由原推举单位或组织在30日内依法推举或指定人员补齐。调解委员会调离或调整过半数以上的，应按规定程序重新建立。"调解委员会调整及补充名单应报送地方劳动争议仲裁委员会和地方总工会法律工作部备案。

(三) 劳动争议调解委员会的性质

劳动争议调解委员会是设在企业内的调解组织，在企业内具有相对独立的地位，它不隶属于任何一个机构或组织。从我国现行劳动争议处理法规规定的内容来看，它主要有以下的性质。

（1）法定性。企业劳动争议调解委员会是企业设立的调解组织，其组成人员和组成办法是法定的。其人员构成的三方原则、当事人申请调解的程序、申请调解应遵循的回避原则及调解委员会的调解规则都是有法律规定的，受到国家法律的支持和保护，是企业内部民主法制建设的重要组成部分。

（2）独立性。企业调解委员会作为企业内部劳动关系的协调机构，有其相对独立的地位，主要表现在三个方面。①机构设置独立。劳动争议调解委员会是由劳资双方代表组成的机构，在用人单位中具有相对独立的地位，它不隶属于任何一个机构或组织，尤其是独立于单位行政和劳动者之外。调解委员会的办事机构设在企业工会委员会。②调解活动具有独立性。调解委员会在调解工作中，依照既定的调解程序进行，不受企业内外任何个人、国家行政机关、司法机关的干预。调解人员可以听取调解委员会以外的相关人的意见，并在调解建议中采纳。但是，意见采纳与否，取决于调解委员会，任何人均无权强迫采纳。劳动争议仲裁委员会与企业调解委员会只存在业务指导关系，不是领导与被领导关系。③调解依据具有独立性。调解委员会在调解工作中的依据是国家有关的劳动政策法规、有效劳动合同和其他法律文件、合法的劳动纪律和企业规章制度。来自局外人的议论或者企业领导人的意见均不能作为调解人员提出调解意见的依据。

（3）专一性。劳动争议调解委员会是一个调解组织，是专门做调解工作的，不是其他群众性组织。它的任务是调解企业和职工因实现劳动权利与履行劳动义务所发生的劳动争议，企业内部发生的其他民事、经济纠纷，以及生产经营中的问题，都不属于调解委员会的调解范围。因此，企业调解组织的职责范围具有专一性。

（四）劳动争议调解委员会的职责

1. 企业劳动争议调解委员会组织的职责

据《企业劳动争议协商调解规定》的第十六条："调解委员会履行下列职责：（一）宣传劳动保障法律、法规和政策。（二）对本企业发生的劳动争议进行调解。按照立法程序的原则和范围，调解处理本企业内企业行政与职工发生的劳动争议。这是调解委员会的最主要也是最基本的职责。劳动争议发生后，劳动争议调解委员会应依法及时介入，对双方当事人争议进行调解，以使争议得到及时解决。（三）监督和解协议、调解协议的履行；（四）聘任、解聘和管理调解员；（五）参与协调履行劳动合同、集体合同、执行企业劳动规章制度等方面出现的问题；（六）参与研究涉及劳动者切身利益的重大方案；（七）协助企业建立劳动争议预防预警机制。"

2. 企业劳动争议调解委员会主任和调解委员会委员的职责

调解委员会主任的职责有如下五项。

（1）对劳动争议调解委员会无法决定是否受理的调解申请，作出受理的决定与否。

（2）决定调解委员会委员的回避。

（3）及时指派调解委员调解简单劳动争议。

（4）主持调解委员会会议，以确定调解方案。

（5）召集由调解委员、劳动争议双方当事人参加的调解会议，依法主持调解。

据《企业劳动争议协商调解规定》的第十七条规定："调解员履行下列职责：（一）关注本企业劳动关系状况，及时向调解委员会报告；（二）接受调解委员会指派，调解劳动争议案件；（三）监督和解协议、调解协议的履行；（四）完成调解委员会交办的其他工作。"

3. 企业劳动争议调解委员会的工作制度

1）劳动争议调解登记制度

建立劳动争议调解登记制度是为了及时、全面地了解本单位发生的劳动争议及其处理情况。劳动争议调解会应印制《调解登记》，内容包括调解申请及调解情况两部分。调解申请部分应记述：申请日期、申请人和争议事由；调解情况部分应记述：是否结束调解申请、调解时间和调解结果。调解登记制度要求调解委员会委员对本单位申请调解的劳动争议情况及时登记，文字应当简明扼要。

2）劳动争议调解档案管理制度

劳动争议调解委员会档案管理工作主要包括两部分内容。一是建立劳动争议调解卷。应将调解申请书受理通知、调解取证材料、调解记录、调解协议书和调解意见书，以及善后工作记录归档。二是建立调解委员会工作卷。应将分析统计资料、调解委员会记录、调解委员会委员调整补充文件、上级工会劳动争议调解委员会的指导文件及信息资料归档管理。劳动争议调解委员会应参照档案法和有关档案管理的规定，结合劳动争议调解工作的实际，建立档案管理制度。

3）劳动争议案例分析统计制度

劳动争议调解委员会的统计分析通常包括以下内容。①统计数字，如设有分厂分店的企业所建劳动争议调解委员会的数量；调解委员会中职工代表、用人单位代表、工会代表人数；申请调解的劳动争议数量；不同的劳动争议分类数量，如劳动合同争议数、劳动报酬争议数、职工福利和保险待遇争议数、女工特殊保护争议数；经调解达成协议数、不服调解申请仲裁的争议数。②劳动争议调解情况分析，包括对劳动争议与本单位劳动关系状况的分析、对劳动争议产生原因和规律的分析、对调解工作的分析等，最后提出调解委员会的建议及对策。

4）劳动争议调解回避制度

根据《企业劳动争议调解委员会组织及工作规则》第十九条的规定，调解委员会成员有下列情形之一者，争议当事人有权以口头或书面形式提出申请，要求其回避：

（1）是劳动争议当事人或者当事人近亲属的；

（2）与劳动争议有利害关系的；

（3）与劳动争议当事人有其他关系，可能影响公正调解的。

5）调解委员会会议制度

调解委员会会议制度即调解委员会定期召开调解委员会会议的工作制度。调解委员会会议的内容包括：研究劳动争议情况及调解方案，研究解决劳动争议调解中的问题，研究劳动争议预防工作，组织劳动争议调解委员会学习有关政策法规、先进经验，不断提高劳动争议调解委员会的整体素质和水平。

二、依法设立的基层人民调解组织

为了加强调解的作用,解决企业劳动争议调解作用弱化的问题,一些地方探索将劳动争议调解纳入人民调解组织的职能范围,在基层人民调解组织的职能中增加劳动争议调解,发挥人民调解组织在调解劳动争议中的作用。为充分利用现有的资源,节约成本,《劳动争议调解仲裁法》根据实践的经验和需要,对基层人民调解组织在调解劳动争议中的作用从立法上加以肯定,规定发生劳动争议,当事人可以向基层人民调解组织申请调解。

基层人民调解组织就是指基层人民调解委员会,是我国解决民间纠纷的基层群众组织。人民调解是我国在解决民间纠纷上的优良传统。

（一）人民调解委员会的设立和组成

根据国务院 1989 年 6 月发布的《人民调解委员会组织条例》和司法部 2002 年 9 月发布的《人民调解工作若干规定》的规定,人民调解委员会是村民委员会和居民委员会下设的调解民间纠纷的群众性组织,在基层人民政府和基层人民法院指导下进行工作。人民调解委员会可以采用下列形式设立：①农村村民委员会、城市（社区）居民委员会设立的人民调解委员会；②乡镇、街道设立的人民调解委员会；③企业事业单位根据需要设立的人民调解委员会；④根据需要设立的区域性、行业性的人民调解委员会。村民委员会、居民委员会和企业事业单位的人民调解委员会根据需要,可以自然村、小区、车间等为单位,设立调解小组,聘任调解员。

人民调解委员会有委员三人,设主任一人,必要时可设副主任。乡镇、街道人民调解委员会由下列人员担任：①本乡镇、街道辖区内设立的村民委员会、居民委员会、企事业单位的人民调解委员会主任；②本乡镇、街道的司法助理员；③在本乡镇、街道辖区内居住的懂法律、有专长、热心人民调解工作的社会志愿人员。人民调解员除由村民委员会成员、居民委员会成员或者企事业单位有关负责人兼任的以外,一般有本村民区、居民区或者企业事业单位的群众选举产生,也可以有村民委员会、居民委员会或者企业事业单位聘任。乡镇、街道人民调解委员会委员由乡镇、街道司法所聘任。区域性、行业性的人民调解委员会,由设立该人民调解委员会的组织聘任。人民调解委员会任期三年,每三年改选或者聘任一次,可以连选连任或者续聘。人民调解员不能履行职务时,由原选举单位或者聘任单位补选、补聘。人民调解员严重失职或者违法乱纪的,由原选举单位或者聘任单位撤换。多民族聚居地区的人民调解委员会应当有人数较少的民族的成员。人民调解委员会中应有妇女委员。

（二）人民调解委员会的职责

根据《人民调解委员会组织条例》和《人民调解工作若干规定》和《劳动争议调解仲裁法》的规定,人民调解委员会的任务和职责是：①调解民间纠纷,防止民间纠纷激化；②调解本区域、本辖区、本单位、本行业的劳动争议,协调劳动关系；③通过调解工作宣传法律、法规、规章和政策,教育公民遵纪守法,尊重社会公德,预防民间纠纷发生；④向村民委员会、居民委员会、所在单位和基层人民政府反映民间纠纷和调解工作的情况。

三、在乡镇、街道设立的具有劳动争议调解职能的组织

乡镇、街道设立的劳动争议调解组织,是一些经济发达地区为了解决当地外资、私营企业

劳动争议的实际需要而设立的区域性劳动争议调解组织。区域性的劳动争议调解组织一般由地方政府部门或者地方工会参与。区域性劳动争议调解组织是企业外部的调解组织。与企业调解委员会相比，其地位超脱，调解员与企业没有利害关系。其调解更容易为当事人双方尤其是劳动者所接受，也更容易被履行。从实际效果看，区域性劳动争议调解组织作用发挥较好，成效明显。由于区域性劳动争议调解组织的设立只是实践中探索性的做法，没有明确的法律依据，各地组织形式不同。目前，在乡镇、街道设立的具有劳动争议调解职能的组织主要有两种模式：一种是依托于乡镇劳动服务站的调解组织；另一种是依托于地方工会的劳动争议调解组织。《劳动争议调解仲裁法》从立法上肯定了实践中存在的这些区域性劳动争议调解组织，一是鼓励现行的区域性劳动争议调解组织在调解劳动争议方面继续发挥作用，鼓励在其他地区加以推广；二是根据实践需要把现有的调解组织和资源进行整合，形成合力，发挥最大效用。

1. 依托于乡镇劳动服务站的调解组织

一些地方设立的乡镇、街道劳动服务近年来由于实践需要逐渐承担起劳动争议调解的任务，具有了劳动争议调解职能。例如，浙江省全省1500个乡镇，到2006年9月共建立乡镇劳动关系协调机构860家，有工作人员2132名。劳动关系协调处理机构隶属于当地乡镇政府，由副乡（镇）长任主任，参加部门有工会、劳动和社会保障服务站、商会等，具体工作由劳动和社会保障服务站承担，经费由乡镇政府解决。

2. 依托于地方工会的调解组织

近年来，一些地方在小型非公有制企业和外商投资企业比较集中的乡镇、街道、开发区或社区，由地方工会、政府和企业代表组织等组成区域性、行业性劳动争议调解组织，调解本区域重大疑难劳动争议、集体劳动争议及未建立劳动争议协调委员会而在企业发生的劳动争议。区域性、行业性劳动争议调解组织对解决劳动争议也发挥了积极作用。

第三节 劳动争议调解的程序

劳动争议的调解程序，是劳动争议调解委员会调解处理劳动争议的步骤和方式。劳动部1993年11月5日颁布的《企业劳动争议调解委员会组织及工作规则》（简称《工作规则》），是企业调解委员会进行调解工作的详细指导依据。2008年5月1日，《劳动争议调解仲裁法》正式实施，从构建和谐社会的目的出发，将调解作为劳动争议处理的基本原则和重要程序，拓展了调解组织的范围，强化了调解在争议处理过程中的地位和作用。2011年11月，人力资源和社会保障部颁布了《企业劳动争议协商调解规定》，对加强企业协商、调解制度作出明确规定。2012年1月1日，人力资源和社会保障部颁发的《企业劳动争议协商调解规定》正式实施，着力依法推动企业建立劳动争议调解委员会，建立劳资双方沟通对话机制等企业内部劳动争议协商解决机制，提升企业自主解决争议的能力。

一、劳动争议调解的申请和受理

（一）申请调解

当事人申请调解是调解程序开始的第一步。劳动争议调解申请是指劳动争议当事人以口头或书面的方式向企业的劳动争议调解委员会提出调解申请。据《劳动争议调解仲裁法》的第十二条规定："当事人申请劳动争议调解可以书面申请，也可以口头申请。口头申请的，调解组织应当当场记录申请人基本情况、申请调解的争议事项、理由和时间。"这种调解申请是自愿的。劳动争议发生后，如果当事人通过协商不能解决问题，或者不愿意通过协商解决，可以申请调解。劳动争议的调解申请是有时间限制的。其依据为《工作规则》第十四条规定："当事人申请调解，应当自知道或应当知道其权利被侵害之日起三十日内，以口头或书面形式向调解委员会提出，并填写《劳动争议申请调解书》。"

《劳动争议申请调解书》应当写明以下内容：①申请人的姓名、工作岗位和部门、工种或职务；②被申请人的姓名、工作岗位和部门、工种或职务；③调解请求，即通过调解，请求维护自己哪些权利，要求另一方履行哪些义务；④事实和理由，即自己请求调解所依据的事实和理由。这部分是调解申请书的重要所在，要求讲清争议的时间、地点、证据等，提供要求对方履行义务的依据，如法律规定、政策规定、双方有关劳动问题的劳动合同和其他法律文书。

争议的当事人因文化原因或其他原因无能力书面申请时，可以采取口头申请形式。无论是采取书面还是口头形式，当事人都应填写《劳动争议调解申请书》。发生争议的职工一方在三人以上的，并有共同的申诉理由的，应当推举代表参加调解活动。

调解的基本原则是双方当事人自愿，调解委员会在收到调解申请后，应当征询申请对方当事人的意见。如对方当事人不愿意调解，调解委员会在三日内要以书面形式通知申请人。

（二）受理

企业调解委员会接到当事人的申请后，应当对提请调解的事项进行调查分析，决定是否受理。据《企业劳动争议协商调解规定》的第二十二条规定："调解委员会接到调解申请后，对属于劳动争议受理范围且双方当事人同意调解的，应当在3个工作日内受理。对不属于劳动争议受理范围或者一方当事人不同意调解的，应当做好记录，并书面通知申请人。"调解委员会在受理审查中要审查的主要内容有五项。

（1）申请调解的事由是否属于劳动争议，即发生劳动争议的双方当事人是否一方是企业的职工，另一方是用人单位；争议的事项是否与劳动问题有关，即是否属于解除劳动关系、工资、保险、福利、培训、劳动保护、劳动合同的争议。至于其他发生在用人单位中的争议，如职工集资争议、对企业的发展方向及投资效益的争议则不是劳动争议的事由。

（2）调解申请人是否合格。调解申请人必须是与该劳动争议有直接利害关系，即与争议（有关劳动的权利和义务）有直接的关系。若出现申请人数过多的时候，应推举代表参加。据《劳动争议调解仲裁法》的第七条规定："发生劳动争议的劳动者一方在十人以上，并有共同请求的，可以推举代表参加调解、仲裁或者诉讼活动。"

（3）有明确的被申请人。被申请人是劳动争议调解活动中不可缺少的当事人，这要求申请人明确指出被申请人的姓名或名称、被申请人的基本情况，以便调解委员会在接受调解申请后及时征询被申请人的情况。

（4）有具体的调解请求和事实理由。申请人在申请时应明确提出具体的调解请求，即通过调解委员会调解保护自己哪些劳动权益，向被申请人提出何种权利上的请求。在劳动争议委员会的调解过程中，申请人也可以根据情况增加或变更调解请求，但在申请时必须是明确具体的。同时申请人还应提出调解请求所依据的事实和理由，事实包括：劳动关系建立、变化的时间、地点，发生劳动争议的原因、经过、结果等，理由主要是指提出请求的法律、政策依据和劳动合同的依据。

（5）符合法律规定的申请期限。根据《工作规则》第十四条规定："当事人申请调解，应当自知道或应当知道其权利被侵害之日起三十日内，以口头或书面形式向调解委员会提出。"超过三十日的，企业调解委员会可以不受理。对超过申请期限的，调解委员会应告知申请人在法定期限内向劳动争议仲裁委员会申请仲裁。

调解委员会应在三日内作出受理或不受理申请的决定。经审查，符合受理条件的劳动争议，调解委员会应当受理，并以书面方式通知双方当事人，要求作好参加调解活动的准备。不符合受理条件的，调解委员会应当以口头或书面方式说明不予受理的理由。对于一些重大、疑难和涉及人数较多的集体劳动争议案件，以及调解委员会不适宜处理的一些劳动争议案件，符合仲裁受理条件的，应及时动员当事人向劳动争议仲裁委员会申请仲裁。

二、劳动争议调解前的准备

在劳动争议调解委员会决定受理当事人的申请后，在调解工作正式开展前，为保证条件工作的顺利进行还需要做好一系列的准备工作。

（一）程序性的准备工作

（1）审查调解申请。劳动争议调解委员会对申请人的口头申请记录或调解申请书的内容进行审查，如发现内容上有欠缺的应及时通知申请人补充有关材料和证据。

（2）通知被申请人。劳动争议调解委员会在作出受理决定后，应及时通知被申请人准备答辩书和相关证据材料，并在指定的时间提交调解委员会。被申请人是用人单位的，用人单位应指定专人参加调解。

（3）告知与征询。调解委员会应在调解前告知双方当事人调解委员会的组成人员，当事人在调解中的权利与义务，征询双方当事人是否申请调解委员会成员回避。

（4）通知申请人补充有关材料。调解委员会在受理当事人申请后，如发现申请人的申请在内容上有欠缺的，应通知申请人及时补充有关材料和相关证据。

（二）实体性的准备工作

（1）调查情况。调解委员会在受理劳动争议案件后，应当及时向劳动争议当事人及有关人员了解情况，掌握劳动争议的基本事实，弄清双方当事人的矛盾和分歧。调查的对象可以是争议的双方当事人、知情人、证人、专业技术人员等。调查的内容一般包括劳动争议发生的时间、原因、经过，争执的焦点，对争议当事人起影响和制约作用的各种因素，双方当事人的意见和要求，以及群众对争议的基本看法等。既要查清争议的基本事实和主要情节，又要弄清影响争议的细枝末节。调查重点则应着重查明产生争议焦点的症结，抓住揭露事实真相的关键情节。每起争议都有其特点，都需要调解人员根据掌握的情况和争议的外在表现加以确定。调查的途径主要有如下几种。①调查准备。根据双方当事人所提供的争议的有关资料，分析双方当事人争议的焦点及关键问题，拟订调查提纲，以达到了解事实真相的目的。②事实调查。向双方当事人及有关人员进行调查，要全面地、客观地了解情况，不能先入为主，听信一面之词；更不能在全面调查和分析之前表示任何倾向性的看法。对当事人和有关人员的调查应制作调查笔录，并由调查人和被调查人签字或盖章。③鉴定调查。劳动争议调解委员会对职业病、工伤、劳动保护等专业问题，聘请专业人员进行分析鉴定，以科学的技术鉴定结论作为分析、判断劳动争议是非的依据。④现场调查。现场指劳动争议的发生地，现场调查是了解劳动争议事实真相的需要。对争议事项和涉及违反操作规程、破坏机器设备、工伤事故等问题，调查人员应及时进入现场调查和勘验，对发生争议的主要事实、产生过程及后果有一个清醒的认识和评估，以掌握能证实争议真相的第一手材料。

（2）分析调查情况和有关证据。在认定一些关键事实时，应当取得必要的证据。据《劳动争议调解仲裁法》的第六条规定："发生劳动争议，当事人对自己提出的主张，有责任提供证据。与争议事项有关的证据属于用人单位掌握管理的，用人单位应当提供；用人单位不提供的，应当承担不利后果。"故双方当事人有责任提供证据。在劳动争议案件中，企业和职工在提供证据方面具有相同的权利与义务，但提供证据的能力有显著的区别。根据调解工作的需要，调解委员会可自行收集和运用证据来证明案件的真实情况。在搜集证据时，应当注意收集一些特定形式的证据，如对没有签订劳动合同，但又事实上已形成劳动关系的劳动争议案件，那些能够证明双方存在劳动关系的工资单、职工上班的打卡登记证、职工的工作服等都可以成为有力的证据；在判定职工是否旷工的问题上，用人单位的原始考勤纪录是认定旷工的直接证据。调解委员会应对调查收集到的材料进行整理和总结，对当事人双方提出的证据材料要进行审查和判断，综合分析研究全部的材料和证据，以便去伪存真，反映案件的真实情况，为判断是非、分清责任打下基础。

（3）查阅相关法律、法规和政策的规定。调解委员会在客观调查的基础上，针对双方当事人争议的主要问题，认真查阅我国有关法律、法规和政策的规定，并结合双方当事人签订的劳动合同和用人单位合法的规章制度的规定，以这些规定为依据判断双方当事人应享有的权利和应承担的义务，分清责任。

（4）拟订调解方案。调解委员会在弄清事实和分清责任的基础上，根据法律、法规和政策的有关规定，拟订调解方案。

三、实施调解

实施调解是劳动争议调解的中心环节，直接关系到劳动争议调解的成效。因此，在实施调解前既要做好充分的调查和准备工作，又要在调解中灵活运用调解的方法和技巧，对当事人双方进行耐心细致的法律宣传和思想工作，以促使当事人双方自愿达成协议，使得劳动争议得到妥善处理。

（一）调解的方式和方法

由于劳动争议调解委员会是处理本单位劳动争议的群众性组织，为使双方顺利达成协议，解决劳动纠纷，调解委员会应根据劳动争议的不同情况和特点，选择适当的调解方法。根据《企业劳动争议调解委员会组织及工作规则》的规定和实践中调解委员会的做法，劳动争议调解方式主要包括两种。

（1）简易调解方式。对于简单劳动争议，即争议事实清楚、情节比较简单、双方分歧不是很大的劳动争议，可以适用简易调解方式。简易调解方式由劳动争议调解委员会指定 1~2 名调解委员主持调解，双方当事人共同参加，调解人员通过对双方面对面的摆事实、讲法律，使争议双方迅速消除分歧，化解矛盾。

（2）会议调解方式。除简单劳动争议外，其他劳动争议适用会议调解方式进行，一般由调解委员会主任主持召开，争议双方当事人参加，有关单位和个人也可以参加调解会议协助调解。对于案情复杂、影响大、涉及面广或者一方或双方有严重过错，对用人单位和劳动者有教育意义的劳动争议，可以有 2 名以上调解人员主持召开调解会议，双方当事人、委托代理人、证人、鉴定人或其他调解活动参加人到场。在有些情况下调解会议可以公开进行，允许一些群众旁听调解，必要时还可以聘请有关部门和人员参加会议协助调解。对于矛盾较深、双方对立情绪较重的劳动争议，在召开会议调解之前，应采取多种方式沟通双方的思想，消除对立情绪，使争议双方能心平气和地参加调解会议接受调解。

调解会议可以按照以下程序进行：①查明到会人员，并记录在案；②宣布调解的目的、意义和纪律；③听取双方当事人对争议事项的陈述；④调解人员宣布对争议事项调查核实情况，并提出调解意见；⑤双方当事人对公布的调查情况和提出的调解意见陈述各自的看法，并在此基础上进行协商，协商结果应记录在案。

经过上述形式，经调解达成协议的，应当制作调解协议书；调解不成的，调解委员会可以根据需要，制作调解意见书，提出对争议事项的处理意见。

劳动争议调解委员会的性质决定了劳动争议调解必须以当事人双方自愿为前提，如一方在调解中不愿再接受调解，调解便随即结束。为使调解能顺利进行，迅速恢复正常的劳动关系，劳动争议调解应采取民主说服的方法进行，而不能采用强制的方法迫使当事人接受调解。调解人员应首先与双方当事人进行沟通，让他们充分地发表自己的意见和想法，通过交流和沟通思想建立一个民主的气氛，从而取得他们的信任；在当事人充分陈述意见的基础上，调解人员依据事实和法律，对当事人双方进行耐心的说服教育，从法理和情理多方面引导他们正确认识劳动争议，促使双方互谅互让，通过民主协商的方式达成调解方案，从而解决劳动争议。

（二）调解的程序

劳动争议会议调解的程序如下。

（1）宣布调解会议开始。调解会议开始时，首先由调解会议主持人（一般由调解委员会主任担任）宣布开始，然后依次核对当事人，宣布申请人申请调解的争议事项，宣布调解委员会的组成人员，告知当事人在调解中的权利与义务，并询问当事人是否同意劳动争议调解，调解委员会委员回避情况。其法律依据为《企业劳动争议协商调解规定》的第二十三条："发生劳动争议，当事人没有提出调解申请，调解委员会可以在征得双方当事人同意后主动调解。"《企业劳动争议调解委员会组织及工作规则》第十九条规定，调解委员会成员是劳动争议当事人或者当事人近亲属的，或者与劳动争议有利害关系的，或者与劳动争议当事人有其他关

系，可能影响公正调解的，当事人有权要求该成员回避。申请人申请回避可以用口头方式提出，也可以用书面方式提出。调解委员会对回避申请应及时作出决定，并以口头或书面方式通知当事人。调解委员的回避由调解委员会主任决定；调解委员会主任的回避，由调解委员会集体研究决定。

（2）申请人陈述申请事项、理由和调解的请求，被申请人进行答辩。在这一阶段，双方当事人可以就争议事实提出自己的意见，出示自己掌握的证据和依据。调解委员会应注意引导当事人围绕争议事实展开陈述，明确双方的争议焦点。

（3）开展调解事项。主持人就双方争议的焦点出示调解委员会调查的结果和有关证据，向双方当事人宣讲有关法律、法规和政策的规定，明确双方在劳动关系中的权利和义务，并在明确是非的基础上进一步宣传建立稳定、协调的劳动关系的重要性，从而帮助双方当事人消除对立情绪，为双方互谅互让达成调解协议奠定基础。据《企业劳动争议协商调解规定》的第二十五条："调解委员会根据案件情况指定调解员或者调解小组进行调解，在征得当事人同意后，也可以邀请有关单位和个人协助调解。调解员应当全面听取双方当事人的陈述，采取灵活多样的方式方法，开展耐心、细致的说服疏导工作，帮助当事人自愿达成调解协议。"

（4）提出调解建议，征求双方当事人的意见。调解委员会在查明事实、明确是非的基础上，依照有关法律、法规和企业规章制度，以及双方当事人签订的劳动合同，公正地提出调解建议，供双方当事人在协商中参考。

（5）当事人协商。当事人对调解委员会提出的调解意见进行充分协商，也可以提出各自的调解意见进行协商。在协商过程中，调解委员会应积极创造条件，引导双方充分协商，做到不偏不倚、公正地维护双方当事人的合法权益，同时应贯彻自愿原则，不得将调解委员会的意见强加于当事人，对不愿意调解或调解不成的，要及时终止调解，防止久调不决。

（6）达成调解协议。在调解委员会的主持下，经过充分协商，双方在互谅互让的基础上达成调解协议。

（7）制作调解协议书。调解委员会对双方达成的调解协议进行审查，对符合法律规定的予以批准，并制作调解协议书，从而结束调解程序；对不符合法律规定的，应告知当事人重新进行协商，以达成合法的调解协议。

（三）调解程序中当事人的权利和义务

根据《劳动法》、《劳动争议调解仲裁法》、《企业劳动争议调解委员会组织及工作规则》、《企业劳动争议协商调解规定》的规定，劳动争议当事人在调解程序中享有以下权利。

（1）有申请调解、提出请求的权利。

（2）有同意或拒绝调解的权利；当一方当事人提出调解申请后，另一方当事人有权同意调解，也有权拒绝调解。

（3）有权不经过调解委员会的调解直接申请劳动争议仲裁委员会仲裁。

（4）有申请调解委员会成员回避的权利。

（5）有权参加调解会议，有权陈述自己的请求、理由，提供证据和辩论的权利。

（6）有权接受或拒绝调解意见。

（7）当事人双方有权自行和解，但应及时通知调解委员会以办理终结手续。
（8）对调解委员会不予受理调解申请的决定，有权要求调解委员说明理由。
当事人在调解程序中应当履行的义务如下。
（1）严格遵守调解纪律，按时参加调解活动，在调解中应尊重对方当事人的权利，保证调解的正常秩序，不得有激化矛盾的行为。
（2）如实陈述劳动争议事实，不得捏造事实、伪造证据。
（3）依法维护自己的权益，服从调解委员会的调度和安排，不得无理纠缠。

（四）调解的终结

经调解委员会的调解，调解有以下三种终结情况。

1. 达成调解协议而终结调解

经调解委员会调解，双方当事人自愿达成调解协议，由调解委员会制作调解协议书。协议书应写明双方当事人的姓名（单位、法定代表人）、职务、争议事项、调解结果及其他应当说明的事项，由调解委员会主任（简单劳动争议由调解委员）及双方当事人签字或盖章，并加盖调解委员会印章，调解协议书一式三份，一份留给调解委员会备案，交双方当事人各一份，抄送当地劳动争议仲裁委员会、上级工会各一份。据《企业劳动争议协商调解规定》的第二十六条："经调解达成调解协议的，由调解委员会制作调解协议书。调解协议书应当写明双方当事人基本情况、调解请求事项、调解的结果和协议履行期限、履行方式等。调解协议书由双方当事人签名或者盖章，经调解员签名并加盖调解委员会印章后生效。调解协议书一式三份，双方当事人和调解委员会各执一份。"

2. 因调解不成而终结调解程序

调解不成分以下几种情况。

（1）双方当事人对争议的事实、适用的法律及调解意见仍存在较大的分歧，无法达成调解协议而终结调解程序。这种情况下，调解不成的劳动争议双方当事人可以自调解协议生效之日起 15 日内共同向仲裁委员会提出仲裁审查申请。仲裁委员会受理后，应当对调解协议进行审查，并根据《劳动人事争议仲裁办案规则》第五十四条规定，对程序和内容合法有效的调解协议，出具调解书。随后，根据《企业劳动争议协商调解规定》的第二十八条规定："双方当事人未按前条规定提出仲裁审查申请，一方当事人在约定的期限内不履行调解协议的，另一方当事人可以依法申请仲裁。仲裁委员会受理仲裁申请后，应当对调解协议进行审查，调解协议合法有效且不损害公共利益或者第三人合法利益的，在没有新证据出现的情况下，仲裁委员会可以依据调解协议作出仲裁裁决。"

（2）调解期限已满，调解不成的，应终结调解程序。按照《企业劳动争议协商调解规定》的第二十九条："调解委员会调解劳动争议，应当自受理调解申请之日起 15 日内结束。但是，双方当事人同意延期的可以延长。在前款规定期限内未达成调解协议的，视为调解不成。"

3. 申请人撤回调解申请、当事人自行和解或拒绝调解而终结调解程序

劳动争议调解实行自愿原则，而且自愿原则贯穿于调解的全过程。因此在调解过程中，如果申请人撤回申请，选择劳动争议仲裁或其他途径解决争议，或者当事人自行和解不需要调解委员会调解，或者当事人不愿继续调解而拒绝调解，调解委员会应尊重当事人的意愿，不得强迫当事人调解，调解程序应予以终结。

（五）调解协议的效力

劳动争议调解的效力表现在三个方面。第一，劳动争议调解属于任意性的调解，必须建立在双方当事人自愿的基础上。劳动争议发生后，当事人可以向本单位的劳动争议调解委员会申请调解。当事人如不愿调解，也可以直接向劳动争议仲裁委员会申请仲裁。第二，调解协议不具有强制执行力。经调解达成一致的，双方当事人应当在调解委员会的主持下签订调解协议。根据《劳动争议调解仲裁法》的第十四条规定："调解协议书由双方当事人签名或者盖章，经调解员签名并加盖调解组织印章后生效，对双方当事人具有约束力，当事人应当履行。"由于企业劳动争议调解委员会只是一种非正式的争议处理机构，因此也不应当赋予其调解协议强制执行力。第三，调解可以中止仲裁时效。根据《劳动法》第八十二条的规定，仲裁的申请期限是 60 日，而劳动争议调解的最长期限为 15 日，如果调解不能产生中止的后果，则会给当事人以后申请仲裁造成障碍，从而影响当事人申请调解的积极性。因此，原劳动部《关于贯彻执行〈中华人民共和国劳动法〉若干问题的意见》第八十九条规定："劳动争议当事人向企业劳动争议调解委员会申请调解，从当事人提出申请之日起，仲裁申请时效中止，企业劳动争议调解委员会应当在 15 日内结束调解，即中止期间不得超过 15 日。结束调解之日起，当事人的申诉时效继续计算。调解超过 15 日，申诉时效从 15 日之后的第一天继续计算。"因此，一旦当事人提出调解申请，仲裁的时效即行中止，待调解结束后再继续计算。根据《企业劳动争议协商调解规定》的第三十一条："有下列情形之一的，按照《劳动人事争议仲裁办案规则》第十条的规定属于仲裁时效中断，从中断时起，仲裁时效期间重新计算：（一）一方当事人提出协商要求后，另一方当事人不同意协商或者在 5 日内不做出回应的；（二）在约定的协商期限内，一方或者双方当事人不同意继续协商的；（三）在约定的协商期限内未达成一致的；（四）达成和解协议后，一方或者双方当事人在约定的期限内不履行和解协议的；（五）一方当事人提出调解申请后，另一方当事人不同意调解的；（六）调解委员会受理调解申请后，在第二十九条规定的期限内一方或者双方当事人不同意调解的；（七）在第二十九条规定的期限内未达成调解协议的；（八）达成调解协议后，一方当事人在约定期限内不履行调解协议的。"

（六）调解协议的履行

据《劳动争议调解仲裁法》的第十四条规定："劳动争议经调解达成协议的，当事人应当履行。"调解协议书是在调解委员会主持下，由双方当事人经协商，按照自愿原则达成的，双方应自觉履行。依据《劳动争议调解仲裁法》的第十五条规定："达成调解协议后，一方当事人在协议约定期限内不履行调解协议的，另一方当事人可以依法申请仲裁。"

但是，由于劳动争议调解是以双方自愿为原则，这里的自愿既包括接受调解自愿、达成调解协议自愿，也包括履行协议自愿；此外，劳动争议调解委员会只是负责单位内部劳动争议调解的群众性组织，不具有行政机关和司法机关的权力，因此，调解协议书没有强制执行的法律效力。当一方当事人不履行调解协议，调解委员会不得强制其履行，另一方当事人也不能以此调解协议向人民法院申请强制执行。调解委员会有权对协议的执行情况进行定期的检查和回访，发现当事人有不履行协议的情况应及时做当事人的思想工作，督促他们认真履行调解协议。对当事人不履行调解协议的，调解委员会应认真分析原因。据《劳动争议协商调解规定》的第二十七条规定："生效的调解协议对双方当事人具有约束力，当事人应当履行。双方当事人可以自调解协议生效之日起15日内共同向仲裁委员会提出仲裁审查申请。仲裁委员会受理后，应当对调解协议进行审查，并根据《劳动人事争议仲裁办案规则》第五十四条规定，对程序和内容合法有效的调解协议，出具调解书。"如果属于调解协议确实存在问题的，应及时征求当事人双方的意见，愿意继续调解的，调解委员会应撤销调解协议，重新进行调解；不愿调解的，应告知当事人向当地劳动争议仲裁委员会申请仲裁。如果调解协议没有问题，当事人对达成的调解协议反悔而拒不履行的，调解委员会不能强迫当事人履行，应告知对方当事人及时向劳动争议仲裁委员会申请仲裁。

但是，在某些特殊情况下，劳动者可以持调解协议书依法向人民法院申请支付令。依据《劳动争议调解仲裁法》的第十六条规定："因支付拖欠劳动报酬、工伤医疗费、经济补偿或者赔偿金事项达成调解协议，用人单位在协议约定期限内不履行的，劳动者可以持调解协议书依法向人民法院申请支付令。人民法院应当依法发出支付令。"

支付令是人民法院根据债权人的申请，督促债务人履行债务的程序，是《民事诉讼法》规定的一种法律制度。在解决劳动争议中引入支付令制度，始于《劳动合同法》，该法第三十条第二款规定："用人单位拖欠或者未足额支付劳动报酬的，劳动者可以依法向当地人民法院申请支付令，人民法院应当依法发出支付令。"在劳动争议解决中引入支付令制度，如上所述，主要考虑有两个：一是为了尽快解决劳动争议，保护劳动者的合法权益；二是为了强化调解协议的效力，强化调解的作用。劳动者就调解协议向法院申请支付令，用人单位如果不支付又提不出抗辩事由的，人民法院就可以强制执行，这样就能使这类劳动争议可以通过调解最终得到解决。另外，2004年4月最高人民法院、司法部《关于进一步加强人民调解工作切实维护社会稳定的意见》规定，当事人持已经生效的人民调解协议向人民法院申请支付令的，只要符合民事诉讼法第十七章规定的条件，人民法院应当支持。

1. 适用支付令的范围

根据《劳动争议调解仲裁法》规定，只有因支付拖欠劳动报酬、工伤医疗费、经济补偿或赔偿金事项达成调解协议，用人单位在协议约定期限内不履行的，劳动者可以持调解协议书依法向人民法院申请支付令。因为这些事项关系劳动者的生存，对于劳动者来说都比较紧急。需要尽快解决，而且这些都是金钱给付事项，人民法院也可以强制执行。需要注意的是，申请的主体只能是劳动者，不包括用人单位（当然一般也只是用人单位向劳动者支付），另外，根据《劳动合同法》第三十条第二款的规定，用人单位拖欠或未足额支付劳动报酬的，劳动者可以依法向当地人民法院申请支付令，不一定需要事先达成调解协议。

2. 申请支付令的程序

《劳动争议调解仲裁法》没有规定申请支付令的程序，只规定人民法院应当依法发出支付令，因此，劳动者申请支付令应当适用民事诉讼法的规定。根据《民事诉讼法》的规定，申请支付令包括四个步骤。

（1）向人民法院提交申请书。根据《民事诉讼法》一百九十一条第二款的规定，劳动者向人民法院提交的申请书应当写明请求给付劳动报酬、工伤医疗费、经济补偿或者赔偿金的

数额和所根据的事实、证据。由于劳动者申请支付令的前提是达成调解协议，所以劳动者一般只需要提供劳动协议书就可以了。申请支付令的管辖法院的确定应当根据《民事诉讼法》相关规定。《民事诉讼法》第二十四条规定："因合同纠纷提起的诉讼，由被告或者合同履行地人民法院管辖。"调解协议具有合同的性质，因此，劳动者可以按照这一条确定申请支付令的管辖法院，选择用人单位所在地或者合同履行地基层人民法院管辖。如果两个以上人民法院都有管辖权的，根据《民事诉讼法》第三十五条的规定，劳动者可以向其中一个人民法院申请支付令，劳动者向两个以上有管辖权的法院申请支付令的，由最先受理的人民法院管辖。

（2）受理、审查和决定。《民事诉讼法》第一百九十二条规定："债权人提出申请后，人民法院应当在五日内通知债权人是否受理。"因此，劳动者提出申请后，人民法院应当在五日内日通知劳动者是否受理。《民事诉讼法》第一百九十三条第一款规定："人民法院受理申请后，经审查债权人提出的事实、证据，对债权债务关系明确、合法的，应当在受理之日起十五日内向债务人发出支付令；申请不成立的，裁定予以驳回。"在劳动争议中引入支付令制度，就是要简化程序，尽快解决劳动争议，实现劳动者的劳动债权。而且，劳动者申请支付令的依据是与用人单位达成的调解协议，双方权利义务关系比较明确，因此，法院只要审查调解协议是否合法就可以了，一般只进行书面审查，认为调解协议合法的，应当在十五日内向用人单位发出支付令；如果调解协议不合法的，就裁定予以驳回。比如调解协议违反国家法律、法规的强制性规定，属于无效的，就不能发出支付令，应当驳回。

（3）支付或者提出异议。《民事诉讼法》第一百九十三条第二款规定："债务人应当自收到支付令之日起十五日内清偿债务，或者向人民法院提出书面异议。"因此，支付令发出后，用人单位要么按照支付令的要求向劳动者支付拖欠的劳动报酬、工伤医疗费、经济补偿或者赔偿金，要么提出书面异议。由于发出支付令前，法院没有对事实进行全面的审查，也没有要求作为被申请人的用人单位提出答辩，为了被申请人的合法权益，《民事诉讼法》规定债务人可以提出书面异议，提出抗辩。因此，对于法院发出的支付令，用人单位可以提出书面异议。如果异议成立，法院就会裁定终结督促程序，支付令自行失效。

（4）申请执行。根据《民事诉讼法》第一百九十三条第二款规定，用人单位在收到人民法院发出的支付令之日起十五日内不提出书面异议，又不履行支付令的，劳动者可以向人民法院申请执行。人民法院应当按照《民事诉讼法》规定的执行程序强制执行。

3. 支付令失效后的处理

根据《民事诉讼法》第一百九十四条的规定，人民法院收到债务人提出的书面异议后，应当裁定终结督促程序，支付令自行失效，债权人可以起诉。《劳动争议调解仲裁法》维持了现行劳动争议处理体制中的仲裁前置制度，也就是说仲裁是劳动争议的必经程序。但是，按照《民事诉讼法》一百九十四条的规定，支付令失效后，劳动者可以向法院起诉，这就绕过了仲裁程序，与《劳动争议调解仲裁法》关于仲裁前置的制度不一致。我们认为，人民法院发出支付令，如果用人单位可以提出异议，支付令失效后，依照《民事诉讼法》的规定，劳动者可以直接向法院提出诉讼。当然，支付令失效后，劳动者也可以向劳动争议仲裁委员会申请仲裁。这样，就给了劳动者一个选择权，如果劳动者向法院申请支付令，当支付令失效后，劳动者选择向法院提起诉讼，那么也就放弃申请劳动争议仲裁的救济方式。

（七）调解仲裁

若调解不成的，当事人申请到仲裁机构申请仲裁，被仲裁机构受理的案件，仲裁庭在作出裁决前，应当先行调解。根据《劳动争议调解仲裁法》的第四十二条规定："仲裁庭在作出裁决前，应当先行调解。调解达成协议的，仲裁庭应当制作调解书。调解书应当写明仲裁请求和当事人协议的结果。调解书由仲裁员签名，加盖劳动争议仲裁委员会印章，送达双方当事人。调解书经双方当事人签收后，发生法律效力。调解不成或者调解书送达前，一方当事人反悔的，仲裁庭应当及时作出裁决。"调解仲裁的调解书具有法律效力，若一方当事人逾期不履行，可向人民法院申请执行。依据《劳动争议调解仲裁法》的第五十一条规定："当事人对发生法律效力的调解书、裁决书，应当依照规定的期限履行。一方当事人逾期不履行的，另一方当事人可以依照民事诉讼法的有关规定向人民法院申请执行。受理申请的人民法院应当依法执行。"

第四节　企业劳动争议的预防调解制度

一、预防调解制度概述

当前，企业劳动关系总体和谐稳定，但企业内部劳动争议协商解决机制不健全，劳动争议预防调解制度尚未全面建立，劳动争议仍易发、多发。对此，2012年颁发的《企业劳动争议协商调解规定》中详细指出，政府、工会、企业等主体应做好预防调解的工作。依据《企业劳动争议协商调解规定》第七条规定："人力资源和社会保障行政部门应当指导企业开展劳动争议预防调解工作，具体履行下列职责：（一）指导企业遵守劳动保障法律、法规和政策；（二）督促企业建立劳动争议预防预警机制；（三）协调工会、企业代表组织建立企业重大集体性劳动争议应急调解协调机制，共同推动企业劳动争议预防调解工作；（四）检查辖区内调解委员会的组织建设、制度建设和队伍建设情况。"

依据《企业劳动争议协商调解》规定的第十三条规定："大中型企业应当依法设立调解委员会，并配备专职或者兼职工作人员。有分公司、分店、分厂的企业，可以根据需要在分支机构设立调解委员会。总部调解委员会指导分支机构调解委员会开展劳动争议预防调解工作。"

二、预防调解工作的主要内容

为贯彻落实《中华人民共和国劳动争议调解仲裁法》及《企业劳动争议协商调解规定》，切实加强企业劳动争议预防调解工作，进一步促进劳动关系和谐，维护社会稳定，《人力资源和社会保障部　中华全国工商业联合会关于加强非公有制企业劳动争议预防调解工作的意见》成为目前我国企业实施预防调解工作的主要政策依据。

【知识链接】

《人力资源和社会保障部　中华全国工商业联合会关于加强非公有制企业劳动争议预防调解工作的意见》

（一）加强非公有制企业劳动争议预防调解工作的指导思想和目标任务

加强非公有制企业劳动争议预防调解工作要以邓小平理论、"三个代表"重要思想和科学发展观为指导，按照"预防为主、基层为主、调解为主"的工作方针，建立健全企业内部劳动争议协商调解机制，提升企业自主预防解决争议的能力，促进建立互利共赢、和谐稳定的劳动关系，推动企业健康持续发展。

加强非公有制企业劳动争议预防调解工作的目标任务是：在大中型企业普遍依法建立劳动争议调解委员会，在小型微型民营企业设立劳动争议调解员，在商会（协会）建立劳动争议调解组织，建立健全企业内部劳动争议协商解决机制，形成企业、商会（协会）、乡镇街道调解组织与仲裁机构协调配合的劳动争议预防调解工作网络，建设一支公道正派、热心调解、具有较高专业素质的调解员队伍，逐步实现非公有制企业劳动争议预防调解工作全覆盖，努力将劳动争议化解在萌芽状态、解决在基层。

（二）非公有制企业普遍建立劳动争议协商调解机制

指导推动大中型企业在总部设立劳动争议调解委员会，鼓励企业根据需要在分支机构设立劳动争议调解委员会，在车间、工段、班组设立调解小组，建立企业内部多层次的劳动争议调解组织，逐步形成劳动争议分类处理、分级负责、上下联动的工作机制。指导推动小型微型民营企业由劳动者与企业共同推举职工代表担任调解员，负责本企业劳动争议预防调解工作。

指导企业探索建立多种形式的劳动争议协商解决机制。充分发挥企业劳动争议调解委员会或调解员促进劳资双方沟通协商的作用，采取召开劳资恳谈会、劳资协商会以及设立意见箱、开展问卷调查等方式，就劳动条件、劳动报酬、职工福利等涉及劳动者切身利益的问题听取职工意见，及时了解掌握并认真研究解决职工的合理诉求。完善职代会、厂务公开等民主管理制度，依法保障职工的知情权、参与权、表达权、监督权。

（三）充分发挥商会（协会）预防调解劳动争议的作用

指导行业性、区域性商会（协会）建立劳动争议调解组织，当前要重点推进制造、餐饮、建筑、商贸服务和民营高科技等行业商会（协会）劳动争议调解组织建设。商会（协会）要依托劳动争议调解组织，切实加强对本行业、本区域内非公有制企业劳动争议预防调解工作的指导，积极开展劳动保障法律法规政策咨询服务和劳动争议调解工作，搞好企业劳动争议预防调解培训，协助企业与当地调解仲裁机构进行沟通。

（四）加强非公有制企业劳动争议调解与仲裁工作的衔接

各地劳动争议仲裁机构要大力开展非公有制企业、商会（协会）劳动争议调解组织调解协议的仲裁审查确认工作，对于争议双方当事人持生效的调解协议书向仲裁委员会提出的审查申请，要及时受理，快速立案，对程序和内容合法有效的调解协议依法出具调解书，不断提高企业、商会（协会）调解组织的社会公信力和调解协议的执行力。要积极开展劳动争议调解建议工作，对当事人未经调解直接申请仲裁的劳动争议案件，在征询双方当事人同意后，可向当事人发出调解建议书，引导其在企业、商会（协会）等劳动争议调解组织解决争议。要积极稳妥开展委托调解工作，研究制定委托调解的基本条件，完善委托程序，制定规范的委托调解文书，将适合调解的申请仲裁案件委托商会（协会）、乡镇街道劳动争议调解组织处理。

（五）加强非公有制企业劳动争议预防调解工作的组织实施

人力资源社会保障行政部门要发挥统筹协调作用，会同工商联组织制定工作计划，积极指导推动非公有制企业和商会（协会）加强劳动争议预防调解工作，建立健全集体性劳动争议协调处理机制。工商联组织要发挥职能优势，加强对非公有制企业经营者的培训，引导企业认真执行劳动保障法律法规及政策，搞好劳动争议协商调解工作，参与处理重大集体性劳动争议。

要建立非公有制企业劳动争议预防调解工作情况通报制度，及时沟通争议处理情况，共同研究解决工作中存在的困难和问题，不断完善预防调解政策措施。要建立集体性劳动争议预防预警制度，共同加强对非公有制企业劳动争议隐患的排查，对于已经发生的集体劳动争议，加强联调联控，积极稳妥处理。

第五节 劳动争议调解程序、仲裁程序和诉讼程序的比较

劳动争议调解与劳动争议仲裁、劳动争议诉讼虽然都是解决劳动争议的制度，但它们在主体、方式和程序等方面有很大的区别。

一、法律依据方面的比较

劳动争议调解程序依据的法律、法规、规章是《劳动法》、《企业劳动争议调解委员会组织及工作规则》、《劳动争议调解仲裁法》、《企业劳动争议协商调解规定》及全国总工会印发的《工会参与劳动争议处理试行办法》等有关劳动争议调解程序的规定。

劳动争议仲裁程序依据的法律、法规、规章除了《劳动法》、《劳动争议调解仲裁法》之外，还包括《劳动争议仲裁委员会组织规则》、《劳动争议仲裁委员会办案规则》及全国总工会印发的《工会参与劳动争议处理试行办法》等规定，其组织与工作程序比较规范、严密。

劳动争议诉讼程序依据的法律、法规、规章除了《劳动法》以外，还包括《民事诉讼法》等法律，《最高人民法院关于审理劳动争议案件适用法律若干问题的解释》也是人民法院处理劳动争议案件的主要依据。其程序规范而严密，其法律效力也是最高的。

二、申请与提起的条件比较

劳动争议调解不是解决劳动争议的法定必经程序，而劳动争议仲裁是通过诉讼解决劳动争议的法定必经程序。如果发生了劳动争议，当事人依法可以申请调解，也可以不经调解而直接申请仲裁。但是，在我国目前的劳动争议处理体制下，当事人不能就劳动争议问题直接向人民法院提起劳动争议诉讼。

三、受理的主体比较

根据《劳动争议调解仲裁法》的规定，劳动争议调解的受理主体有三：一是企业劳动争议调解委员会；二是依法设立的基层人民调解组织；三是乡镇、街道设立的具有劳动争议调解职能的组织。劳动争议仲裁的受理主体是劳动争议仲裁委员会。劳动仲裁委员会按照统筹规划、合理布局和适应实际需要的原则设立。省、自治区人民政府可以决定在市、县设立，直辖市人民政府可以决定在区、县设立。直辖市、设区的市也可以设立一个或者若干个劳动争议仲裁委员会。劳动争议仲裁委员会不按行政区划层层设立。劳动争议诉讼制度中，审理

劳动争议案件的主体是人民法院。

四、受理条件的比较

企业劳动争议调解委员会受理劳动争议案件，必须有争议双方当事人的自愿申请，只有一方申请，而另一方不愿调解的，劳动争议调解委员会不能受理。劳动争议仲裁委员会受理劳动争议案件则有所不同，只要当事人一方向仲裁委员会提出，仲裁委员会就可受理。而人民法院受理劳动争议案件，则必须以经过劳动争议仲裁为条件，即劳动争议仲裁是提起劳动争议诉讼的必经程序，未经劳动争议仲裁而向法院提起诉讼的，人民法院不予受理。

五、处理方式的比较

劳动争议调解是以调解为处理争议的方式，依法对当事人双方进行说服教育，劝导协商贯穿于整个处理过程，处理的结果是通过双方互谅互让达成一致以解决纠纷。劳动争议仲裁的处理方式是在查清劳动争议事实的基础上，对争议事实和双方的责任给予判断和确认，并依法作出裁决。虽然仲裁中也要进行调解，但调解只是处理方式之一，而且这种调解与调解委员会的调解在性质上和效力上有很大不同，如调解不成，仲裁委员会要以裁决结案。人民法院在处理劳动争议诉讼案件时，既可以通过调解的方式结案，也可以通过判决的方式结案。但人民法院的调解与判决具有同等的法律效力。

六、提起劳动争议的时效和解决劳动争议的时效的比较

（一）提起劳动争议的时效

《劳动争议调解仲裁法》第二十七条规定："劳动争议申请仲裁的时效时间为一年。仲裁时效期间从当事人知道或者应当知道其权利被侵害之日起计算。前款规定的仲裁时效，因当事人一方向对方当事人主张权利，或者向有关部门请求权利救济，或者对方当事人同意履行义务而中断。从中断时起，仲裁时效期间重新计算。因不可抗力或者其他正当理由，当事人不能在本文第一款规定的仲裁时效期间申请仲裁的，仲裁时效中止。从中止时效的原因消除之日起，仲裁时效期间继续计算。劳动关系存续期间因拖欠劳动报酬发生争议的，劳动者申请仲裁不受本条第一款规定的仲裁时效期间的限制；但是，劳动关系终止的，应当自劳动关系终止之日起一年内提出。"现行法将仲裁时效由原来的60日延长至1年，同时时效的起算日从当事人知道或者应当知道其权利被侵害之日起计算，而且该法在第二十七条第四款还特别规定了劳动关系存续期间因拖欠劳动报酬发生争议的，劳动者申请仲裁不受本条第一款规定的仲裁时效期间的限制。

根据《劳动争议调解仲裁法》的第十二条规定："当事人申请劳动争议调解可以书面申请，也可以口头申请。口头申请的，调解组织应当当场记录申请人基本情况、申请调解的争议事项、理由和时间。"这种调解申请是自愿的。劳动争议发生后，如果当事人通过协商不能解决问题，或者不愿意通过协商解决，可以申请调解。劳动争议的调解申请是有时间限制的。其依据为《工作规则》第十四条规定："当事人申请调解，应当自知道或应当知道其权利被侵害之日起三十日内，以口头或书面形式向调解委员会提出，并填写《劳动争议

申请调解书》"。

（二）解决劳动争议的时效

《劳动争议调解仲裁法》第四十三条规定："仲裁庭裁决劳动争议案件，应当自劳动争议仲裁委员会受理仲裁申请之日起 45 日内结束。案情复杂需要延期的，经劳动争议仲裁委员会主任批准，可以延期并书面通知当事人，但是延长期限不得超过十五日。逾期未作出仲裁裁决的，当事人可以就该劳动争议事项向人民法院提起诉讼。仲裁庭裁决劳动争议案件时，其中一部分事实已经清楚，可以就该部分先行裁决。"同时，《劳动人事争议仲裁办案规则》第四十五条规定，仲裁期限按照特殊规定计算的情形有："（一）申请人需要补正材料的，仲裁委员会收到仲裁申请的时间从材料补正之日起计算；（二）增加、变更仲裁申请的，仲裁期限从受理增加、变更仲裁申请之日起重新计算；（三）仲裁申请和反申请合并处理的，仲裁期限从受理反申请之日起重新计算；（四）案件移送管辖的，仲裁期限从接受移送之日起计算；（五）中止审理期间不计入仲裁期限内；（六）有法律、法规规定应当另行计算的其他情形的。劳动争议仲裁裁决一般应当在收到裁决申请的 60 天内作出。"

当事人向人民法院提起劳动争议诉讼，应当自收到仲裁裁决书之日起 15 日内向人民法院起诉。人民法院审理劳动争议案件依照审结期限规定审结。一审普通程序审理期限是 6 个月，二审程序的审理期限为 3 个月。

《劳动争议调解仲裁法》第十四条规定：经调解达成协议的，应当制作调解协议书。调解协议书由双方当事人签名或盖章，经调解员签名并加盖调解组织印章后生效，对双方当事人具有约束力，当事人应当履行。

自劳动争议调解组织收到调解申请之日起 15 日内未达成调解协议的，当事人可以依法申请仲裁。

七、处理结果的效力比较

据《劳动争议调解仲裁法》第十四条规定："生效的调解协议对双方当事人具有约束力，当事人应当履行。"双方当事人可以自调解协议生效之日起 15 日内共同向仲裁委员会提出仲裁审查申请。仲裁委员会受理后，应当对调解协议进行审查，并根据《劳动人事争议仲裁办案规则》第五十四条规定，对程序和内容合法有效的调解协议，出具调解书。劳动争议仲裁无论是调解结案，还是裁决结案，其调解书和裁决书在生效后，均具有法律效力，对双方当事人都具有约束力，如当事人不履行，另一方可申请人民法院强制执行。如果在收到仲裁裁决的 15 日内，当事人不服仲裁裁决而向人民法院提起劳动争议诉讼，仲裁裁决就不再发生法律效力。人民法院就劳动争议所作的一审判决送达后，当事人在法定期限内不提起上诉，即发生法律效力。人民法院就劳动争议所作的调解书及终审判决书送达当事人后即发生法律效力。

【本章思考题】

一、名词解释

劳动争议调解　支付令

二、问答题

1. 简述劳动争议调解的原则。
2. 简述劳动争议调解的程序。
3. 简述劳动争议当事人在调解过程中的权利与义务。
4. 简述调解的终结方式及调解协议的效力。
5. 简述当事人向人民法院申请支付令的条件和程序。
6. 如何理解劳动争议预防调解机制？
7. 试比较劳动争议调解程序与仲裁程序的区别。

三、拓展案例

1. 自2011年6月起，潘某在重庆某实业公司工作，双方未签订劳动合同。2012年11月6日，该实业公司向潘某发出签订劳动合同通知。当月8日，潘某回复要求在签订劳动合同前，解决双方原未签订书面劳动合同而应支付双倍工资的事项，并要求在合同中注明全额工资及以此作为缴纳社会保险费的基数，双方协商未果。2012年12月，实业公司向潘某提出解除劳动关系，并补偿9000元以了结双方权利和义务，潘某未予同意。

2012年12月17日，潘某向重庆市江北区劳动人事争议仲裁委员会申请仲裁，要求实业公司支付双倍工资、未休年假工资和经济补偿金。因仲裁超期未予受理，故潘某向法院起诉，要求实业公司支付按月工资3000元计算的两个月经济补偿金6000元。

第一次庭审中，实业公司承认潘某的诉讼请求，而在第二次庭审中撤回承认。其撤回承认的理由是，若原告仅要求被告支付经济补偿金，则予认可，否则不予认可（此案中，原告一并起诉有要求被告支付双倍工资、未休年假工资的其他案件，与此案合并审理）。同时辩称，潘某系因实业公司要求双方续签劳动合同，但不愿意续签而主动离职，故不应支付经济补偿金。

法院审理认为，《民事诉讼法》第十三条规定，民事诉讼应当遵循诚实信用原则。当事人有权在法律规定的范围内处分自己的民事权利和诉讼权利。实业公司在诉讼中享有认可或否认对方诉讼请求的处分权，该公司已在第一次合并审理的庭审中承认原告的诉讼请求，此后虽然撤回承认，但未举示证据证明其作出承认潘某诉讼请求的意思表示是受胁迫或存在重大误解的情形，且潘某不同意实业公司撤回承认，故实业公司的撤回行为有违法律所规定的诚实信用原则，法院不予准许，从而对潘某的诉讼请求予以支持。

阐述你对诚实信用原则在劳动争议调解仲裁中的应用。

[资料来源：http://www.lawtime.cn/info/laodong/ldzyal/20130507139315.html]

2. 南海本田劳动争议调解

2010年5月17日，南海本田部分工人由于工资待遇过低等原因停工，其中员工提出三点诉求：提高工资至2500元/月，改善公司薪酬机制，变革公司管理制度。公司承诺一周后回复。5月21日，公司到湛江招新员工，且不会调薪。此消息一放出，导致800名员工再次停工。5月23日，有两名停工员工辞职，但员工误认为是公司辞退两名带头停工的员工，导致停工员工聚集于公司门口。5月24日，资方第一次宣布工资调整方案，每月生活补助上升155

元。5月25日，资方表示歉意，并积极协商，在次日提出第二次调薪，但是员工不接受，继续停工，由于停工造成供应等问题，本田在华的两大车厂宣布停产，并放假三天。5月29~30日，党委政府、广州本田总经理与日方本田高层展开调解，最后达成协议：提薪366元，如期复工，不追究责任。5月31日，本田公布第三次工资方案，大部分员工情绪稳定，中途出现"推搡事件"，导致工厂基本停工，经政府工会劝导，事情平息下来。6月1日，在政府有效的处置下，总经理与员工代表积极协商，员工情绪恢复稳定，并全面复工。6月3日，员工内部选出30名员工代表于6月4日参与集体协商调解。其间，中国人民大学常凯教授介入正式谈判。最终，达成一致的意见，并签订调解协议书。

运用本章的内容，反思南海本田劳动争议案件调解的意义。

HAPTER 5

第五章　劳动争议仲裁制度概述

[本章提要]

1. 劳动争议仲裁的概念
2. 劳动争议仲裁的原则
3. 劳动争议仲裁委员会
4. 劳动争议仲裁当事人

[引导案例]

王某为上海某机械制造厂职工，与公司签订的是无固定期限劳动合同。由于工厂效益不佳，加之王某身体不好，于2002年12月18日与工厂签订长期待岗协议书，协议期限自2002年12月18日始至王某劳动合同终止。在协议期间，王某享受长期待岗待遇，上海某机械制造厂每月支付王某300元生活费，并为其缴纳社会保险费。

2005年7月10日，王某到物业公司处从事消防监控工作，2006年11月25日，双方签订劳动合同，约定劳动合同期限为1年。双方执行标准工时制度，每日工作时间8小时，每周工作40小时，月工资800元，伙食补助50元，双方就其他权利义务亦进行了约定。在实际工作中，王某与某物业公司执行的是工作24小时，休息48小时的工作制度。2007年8月底至10月10日期间，王某以生病为由未到岗工作。10月13日，王某向某物业公司提出书面申请称："本人的用工合同即将到期，因多种原因不再续签用工合同。根据合同甲、乙双方约定，故提前通知甲方（物业管理中心）以便找人接替本人工作岗位。在此期间，本人继续在岗工作至管理中心通知，并结清本人工资。"王某在某物业公司工作至 2007 年 10 月 16 日，该公司支付赵某工资至 10 月底。

由于长期加班，离开物业公司时仅领到工资，故王某向劳动仲裁委员会提交仲裁申请，要求该物业公司支付加班费 20 800 元、经济补偿金 5200 元。

问题：劳动争议仲裁委员会是否受理本案？王某能否得到加班费及相应经济补偿金，理由是什么？

第一节　劳动争议仲裁的概念

劳动争议仲裁作为处理劳动争议最基本的法律制度，在各市场经济国家已普遍建立。在我国的劳动争议处理体制中，劳动争议仲裁作为诉讼前的法定必经程序，是处理劳动争议的一种主要方式，在实践中发挥着重要的作用。

一、劳动争议仲裁的概念

仲裁作为解决争议或纠纷的重要程序制度，已经为多数国家所采用。中文的"仲裁"名词，来源于近邻日本，日文汉字"仲裁"，有"居中裁断"之意。汉字"仲"就是居中的意思，"裁"就是衡量、裁判的意思。《现代汉语词典》对"仲裁"的定义是"争执双方同意的第三者对争执事项作出决定"；《辞海》中也有仲裁的记载；《牛津现代高级英汉双解词典》中 arbitration 的意思是 settlement of a dispute by the decision of a persons chosen and accepted as judges or umpires，其意义大致与《现代汉语词典》的解释基本相同。《中国大百科全书——法学卷》（1984 年版）对仲裁的定义是"解决民事争议的方式之一。民事争议通常可以采取向法院提起民事诉讼和申请仲裁机构审理两种方法。仲裁指争议双方在争议发生前或争议发生后达成协议，自愿将争议提交第三方作出裁决，双方有义务解决争议的方法"。所以，仲裁作为一种法律程序，通常是指发生纠纷的双方当事人自愿把争议提交非司法机构的第三者处理，并作出对争议各方均有拘束力裁决的一种解决纠纷的制度和方法。仲裁作为解决纠纷的一种方式，有悠久的历史，并被广泛运用于很多领域中，如经济纠纷仲裁、海事仲裁、国际争端仲裁等。最早对此进行规制的国家是英国，其早在 1924 年就制定了有关劳动争议调解和仲裁的专门法规。我国的劳动争议仲裁，萌芽于 1933 年的《中华苏维埃共和国劳动法》，其相关条文规定，对于用人单位与被雇人之间，"因为各种劳动条件问题发生争执和冲突时，各级劳动部在得到当事人双方同意时，得进行调解及仲裁"（参见 1933 年《中华苏维埃共和国劳动法》第一百二十条）。可见，当时的劳动部有权对劳动争议案件采用仲裁的方式解决。新中国成立初期，全国总工会于 1949 年 11 月制定了《关于劳资关系暂行处理办法》和《劳资争议处理程序》；1950 年 6 月和 10 月，劳动部又先后颁布了《市劳动争议仲裁委员会组织工作规则》和《关于劳动争议解决程序的办法》两个法规，根据上述法规，我国初步建立起了劳动争议仲裁制度。1955 年 7 月以后，由于劳动争议处理工作由信访部门承担，劳动争议处理机构陆续被撤销，劳动争议仲裁制度中断。直到 1978 年 7 月，国务院颁发了《国营企业劳动争

议处理暂行规定》，标志着中断 30 年的劳动争议仲裁制度得以恢复。

近年来，劳动争议处理立法取得了一些进展，国家相继颁布了一些法律、法规和规章制度。第十届全国人民代表大会常务委员会第三十一次会议于 2007 年 12 月 29 日通过、2008 年 5 月 1 日正式施行的《劳动争议调解仲裁法》及后续颁布的几个司法解释，奠定了我国劳动争议仲裁的基本制度。此外还有一些法律法规，如 1994 年 7 月颁布的《劳动法》即对劳动争议的处理作了专章规定，劳动部于 1993 年制定了《劳动争议仲裁委员会组织规则》、《劳动争议仲裁委员会办案规则》等。此外，劳动部还于 1995 年制定了《关于贯彻执行〈劳动法〉若干问题的意见》（以下简称《意见》），最高人民法院近些年陆续颁布了四个《关于审理劳动争议案件适用法律若干问题的解释》（以下简称《解释》）。这些相关规定，为我国劳动争议仲裁制度的建立和发展，提供了法律依据和处理规则。上述《劳动争议调解仲裁法》、《劳动法》、《条例》、《意见》及《解释》，为我国现阶段处理劳动争议采用仲裁方式，界定了受案范围，规定了仲裁程序、仲裁原则、仲裁组织规则和办案规则等。

二、劳动争议仲裁的特征

劳动争议仲裁，作为解决劳动争议的一项最基本的法律制度，被广泛运用于世界各个国家。在市场经济高度发达、司法制度高度完善的今天，仲裁制度仍具有旺盛的生命力，这就在于它适应市场经济关系的需要而产生和发展，形成了自身的特征。特征是事物的本质反映，是一事物与其他事物的区别所在，分析劳动争议仲裁的特征，有助于理解其深刻含义。我国劳动争议仲裁特征体现在以下几个方面。

（一）实行独特的三方原则

劳动争议仲裁实行三方原则，是由劳动关系和劳动争议主体的特征及长期的劳工运动实践所决定的。在不少实行市场经济体制的国家，劳动争议处理机构一般是由政府、工会和雇主组织三方代表组成的。我国的劳动争议仲裁委员会是在计划经济体制下建立起来的，因我国当时的经济形态是国有经济形式为主，多种经济形式并存，真正的市场主体（产权清晰、权责明确、自主经营、自负盈亏的经济主体）还处于缺位的状态，政企尚未完全分开，所以劳动争议仲裁委员会的三方代表分别是由劳动行政部门、工会和经济综合管理部门派出。与国际上不同的是，由政府的经济综合管理部门（即各级经贸委或经委或计经委）代表企业一方的利益。这样三方代表实际上有两个方面的代表是行政机构的代表。这一做法是由我国的国情所决定的。随着社会主义市场经济的发展，以及我国加入 WTO，我国社会的经济发展融入全球化的进程不断加快，独立代表企业的组织会进一步发展和健全，目前贸易部下设的"中国企业家协会"是官方指定的雇主组织的代表。

（二）劳动争议仲裁属于强制仲裁。

劳动仲裁不需要双方签订仲裁协议，法律强制规定劳动争议应当通过劳动争议一方向劳动争议仲裁委员会提起仲裁申请，另外一方不能以无仲裁协议为由进行抗辩。强制劳动争议仲裁源于 1890 年的新西兰，现在澳大利亚、加拿大和我国都采用强制仲裁。但美国、德国、英国只是部分地采用强制仲裁制度，仍以自愿仲裁为主。在我国，一般民事仲裁属于自愿仲裁。

（三）劳动仲裁具有很强的行政性，但不属于行政仲裁

行政仲裁是由行政机构充当仲裁人居中进行裁决的行为。行政机关上下级之间的制约是有明文规定的。劳动争议仲裁不属于行政仲裁。《劳动争议调解仲裁法》规定：劳动争议仲裁委员会由劳动行政部门代表、工会代表和企业方面代表组成。劳动争议仲裁委员会组成人员应当是单数。仲裁委员会虽可以按行政区划和不同级别设立，但仲裁委员会之间没有行政隶属关系和业务指导关系，仲裁委员会审理案件的程序按照类似民商事仲裁的准司法程序进行。我国劳动争议仲裁具有很强的行政性是与我国劳动行政部门在其中发挥主导作用分不开的。政府在劳动争议处理机构中发挥主导作用，这是许多国家的共同特点之一。但我国的劳动行政部门在劳动争议仲裁委员会及其工作中的主导作用是独具特色的。仲裁委员会的主任由劳动行政部门的负责人担任；仲裁委员会的办事机构由劳动行政部门劳动争议处理机构充当；在实际工作中，劳动行政部门承担着主要的工作量。这一状况主要是由政府的特殊地位所决定的；同时，与当前的工会体制和经济管理体制不能充分发挥工会和经济综合管理部门在劳动争议仲裁工作中的作用也是分不开的。

（四）劳动争议仲裁是劳动争议诉讼程序的前置程序

劳动争议发生后，当事人首先应寻求仲裁手段救济其权利，不经过仲裁处理，争议当事人就无权向人民法院提起劳动争议诉讼。劳动争议仲裁属于劳动争议诉讼的前置程序。但是，劳动争议诉讼程序却对劳动争议仲裁裁决不予审理。根据最高人民法院的司法解释，人民法院的判决、裁定和调解即使与仲裁裁决不一致，也不是对仲裁裁决本身的否定。

（五）劳动争议仲裁一次裁决但不终局，部分案件实行有条件的一裁终局制

《劳动争议调解仲裁法》实行有限的一裁终局制。按照该法的规定，对追索劳动报酬、工伤医疗费等案件，在仲裁裁决作出后，只有劳动者可以因不服裁决而提出诉讼，而用人单位则不能，这就意味着就这些案件而言，对用人单位实行一裁终局制。此法定范围以外的案件，任何一方当事人在不服仲裁裁决时，均可以重新提起诉讼。

根据劳动争议的不同类型，《劳动争议调解仲裁法》对劳动争议仲裁裁决作出了不同的规定。①对于劳动者而言。劳动争议仲裁裁决作出后，并非完全没有法律效力，而是其效力处于待定状态。对于任何劳动争议，劳动者对仲裁裁决不服，可以自收到仲裁裁决书之日起十五日内向人民法院提起诉讼；期满不起诉的，裁决书发生法律效力。②对于用人单位而言。法律对用人单位起诉的权利进行了一定的限制。对于一般的劳动争议案件，用人单位对仲裁裁决不服的，可以向人民法院起诉。但是对于两类案件，用人单位不得向人民法院起诉，该仲裁裁决属于终局裁决，一旦作出即发生法律效力。此两类裁决如下。

（1）小额仲裁案件。小额仲裁案件是指不超过当地月最低工资标准12个月金额的仲裁案件。具体来说，小额仲裁案件包括四种：①追索劳动报酬的案件；②追索工伤医疗费的案件；

③追索经济补偿的案件；④追索赔偿金的案件。

（2）劳动标准明确的仲裁案件。国家劳动标准包括劳动时间、休息休假、社会保险等方面。我国历来重视劳动标准的设立，在这些方面，已经形成了有比较明确尺度的劳动标准。因此对于发生的争议，案件实质争议较小，适用法律较为简单，因此可以适用仲裁终局制度。

此两类案件的共同特点是事实清楚或者争议较小。需要注意的是，虽然法律规定了该仲裁裁决是终局裁决，但这也只是对用人单位而言。因为，如果劳动者对此类仲裁裁决有异议的，可以自收到仲裁裁决书之日起十五日内向人民法院提起诉讼。法律对此两类案件针对用人单位和劳动者作出不同规定，一方面是要保证劳动者及时解决纠纷的愿望得以实现；另一方面是为了使纠纷能够得到公正合理的解决。

（六）处理结果具有法律效力

这是我国劳动争议仲裁与企业劳动争议调解的重要区别，也是劳动争议仲裁制度被称为劳动法律制度的重要标志。劳动争议仲裁委员会的仲裁调解书和仲裁裁决书对双方当事人，都具有法律约束力，一旦生效，当事人必须执行。如果当事人在法定期限内，既不起诉又不执行仲裁裁决，另一方当事人可以申请人民法院强制执行。这是劳动争议仲裁严肃性和权威性的法律保证。劳动争议仲裁的法律约束力还体现在其他单位和个人非经法定程序不得变更处理决定，这其中也包括劳动争议仲裁机构本身。

三、劳动争议仲裁制度与其他仲裁制度的区别

其他仲裁制度，如合同纠纷仲裁、海事仲裁等，被广泛运用于经济领域中以解决经济纠纷。劳动争议仲裁与其他仲裁制度的区别体现在以下几个方面。

（一）仲裁主体不同

其他仲裁制度与劳动争议仲裁虽然都是由第三者充当仲裁主体，但在具体仲裁组织上有所不同。劳动争议仲裁组织是由政府代表、工会代表和用人单位代表三方组成，这一组织上的特点是其他仲裁制度所不具备的。根据《中华人民共和国仲裁法》第十条的规定，仲裁委员会可以在直辖市和省、自治区政府所在的市设立，也可以根据需要在其他设区的市设立，不按行政区划层层设置。仲裁委员会的组成人员既有专职仲裁员也有兼职仲裁员。仲裁委员会是一个特殊的事业单位法人。

（二）申请程序不同

一般经济纠纷的仲裁，要求双方当事人在事先或事后达成仲裁协议，然后才可据此向仲裁机构提出仲裁申请。而劳动争议仲裁，则不要求双方当事人在事先或事后达成仲裁协议，只要当事人一方提出申请，有关的仲裁机构就可以受理。

（三）仲裁争议的范围不同

根据《仲裁法》第二条、第三条的规定，仲裁机构受理平等主体的公民之间、法人和其他组织之间发生的合同纠纷和其他财产权益纠纷之间的经济纠纷。而劳动争议仲裁处理的是用人单位与劳动者之间的劳动权利和义务纠纷，并且用人单位与劳动者之间存在着隶属关系。

（四）仲裁的地位不同

在其他仲裁制度中，是否先经过仲裁处理，由双方当事人约定，当事人可以选择经过仲裁处理，也可以不经仲裁直接向人民法院起诉；而劳动争议仲裁则是解决劳动争议的必经程序，当事人只有先经过劳动争议仲裁，才能向人民法院起诉，否则，人民法院不予受理。

四、劳动争议仲裁制度的意义和作用

随着社会主义市场经济体制逐步建立和政府职能的转变，劳动争议仲裁制度已作为劳动力市场服务体系中的重要环节，成为国家宏观调控和协调劳动关系的重要手段。具体表现在以下三个方面。

（一）保护劳动争议当事人双方的合法权益

劳动争议仲裁是我国处理劳动争议的一个基本形式和法律制度，其根本目的是通过解决劳动争议，依法维护劳动关系双方的合法权益，从而保证劳动关系在法制的轨道上协调发展。为此，劳动争议仲裁制度规定了较宽的受案范围，在基层普遍设立仲裁机构，以方便当事人申请仲裁；仲裁机构的人员由具有劳动法律知识和实际经验的三方代表组成，由他们来处理劳动争议，可以形成专业化优势，其裁决具有一定的权威性、公正性，易于使当事人信服、接受。仲裁机构在对争议事实进行调查核实后，依法对事实予以确认并对双方的责任进行裁决，并且所作裁决具有法律约束力，使裁决确定的劳动争议当事人的合法权益能得到法律强制力的保障。

（二）及时迅速地解决劳动争议，维护正常的生产经营秩序，维系和谐的劳动关系

随着我国企业改革的不断深入，社会主义市场经济体制的逐步建立和完善，经济全球化、国际化步伐的加快，各种所有制经济特别是股份制、股份合作制、非公有制经济的迅速发展，以及新旧体制的摩擦，利益格局的调整，法律法规不健全和体制上的不完善等问题还没有完全解决，当前劳动关系呈现出复杂化、多样化的特征。劳动争议案件正逐年增加。如果劳动争议久拖不决，劳动关系经常处在矛盾和不稳定的状态，势必造成企业和职工的关系紧张，甚至使矛盾激化，破坏企业正常的生产经营秩序，因此，劳动争议需尽快解决。仲裁期限相对诉讼期限为短，可以减少解决争议时间。《劳动争议仲裁调解法》第四十三条规定："仲裁庭裁决劳动争议案件，应当自劳动争议仲裁委员会受理仲裁申请之日起四十五日内结束。案件复杂需要延期的，经向劳动争议仲裁委员会主任批准，可以延期并书面通知当事人，但是延长期限不得超过十五日。逾期未作出仲裁裁决的，当事人可以就该劳动争议事项向人民法院提起诉讼。仲裁庭裁决劳动争议案件时，其中一部分事实已经清楚，可以就该部分先行裁决。"相比较一审诉讼一般要求在 6 个月内审理完毕为短，这样可以加快解决争议进度，缩短解决争议所需时间，使当事人的合法权益早日得到保护，迅速恢复正常的劳动关系，以维护正常的生产经营秩序，促进经济的发展。

（三）降低交易费用，减轻人民法院的负担

根据我国现行的劳动争议处理体制，其中调解并不是解决劳动争议的必经程序，而仲裁

处理却是提起诉讼的前置程序,即不经仲裁直接起诉的,人民法院不予受理。当事人对劳动争议仲裁委员会的裁决不服,可在收到裁决书15日内向人民法院起诉。这就要求劳动争议仲裁机构在当好企业调解委员会后盾的同时,尽最大努力用仲裁调解的方式将最大数量的劳动争议处理结案,发挥仲裁委员会专业人员的职业素养,降低仲裁裁决案件向法院起诉的比例,以减轻人民法院的压力和当事人的负担,降低交易成本,节约司法资源。

第二节 劳动争议仲裁的原则

劳动争议仲裁原则,是指贯穿于劳动争议仲裁过程始终,劳动争议仲裁活动中仲裁机关、仲裁参加人和参与人都必须遵循的行为准则。它是劳动争议仲裁制度的本质和内在要求,通过一定规则和程序表现出来,指导劳动争议仲裁工作。

由于劳动争议仲裁与其他制度相比有着不同的特点,所以劳动争议仲裁除以了上述原则为基本原则外,还应遵循其特有的原则。

(一) 三方原则

在劳动争议仲裁领域中实行三方原则,已成为国际惯例。在国际劳工组织中,三方原则又称为"三方性原则",指各成员方代表团由政府代表两人,劳工、雇主代表各一人组成,政府、劳工和雇主三方都参加会议,劳工和雇主代表可以自由讨论,独立发言。劳动争议仲裁的三方原则,主要体现在劳动争议仲裁组织的构成中。仲裁能否公正,决定于仲裁组织的组成是否公正。《劳动争议调解仲裁法》第十九条规定,劳动争议仲裁委员会由劳动行政部门代表、工会代表和企业方面代表组成。劳动争议仲裁委员会组成人员应当是单数。目前中国企业家协会是雇主组织代表。由三方代表组成仲裁委员会,是由于三方面的代表来自不同的组织,能代表不同方面的利益要求,而且各自又具有劳动关系方面的专业知识,能从不同的角度对劳动争议的处理提出意见。因此由其组成的劳动争议仲裁委员会在人员组成上保证了其具有公平性,有利于取得当事人的信任,更有利于争议的及时、公正解决。

2002年8月,劳动和社会保障部、中华全国总工会、中国企业家联合会、中国企业家协会颁布了《关于建立健全劳动关系三方协调机制的指导意见》,该意见提出:劳动关系三方协调机制是我国劳动关系调整机制的重要组成部分,是社会主义市场经济条件下协调劳动关系的有效途径。我国已有20多个省(自治区、直辖市)建立了劳动关系三方协调机制。

(二) 强制原则

强制原则是我国劳动争议仲裁制度中的一项重要原则。主要表现在以下几个方面:仲裁的提出无须双方当事人的协商一致,只要有一方申请,仲裁委员会即可受理;仲裁庭在调解无效时,依法行使裁决权,直接对劳动争议作出裁决;对发生法律效力的仲裁调解书和仲裁裁决书,当事人不履行的,劳动争议仲裁机关可申请人民法院强制执行。劳动争议仲裁实行强制原则,是由我国目前劳动争议的特殊性和我国的国情决定的。劳动关系主体双方利益差异的显现化、当事人法律意识的淡薄、用人单位经营观念和道德水平的低下、企业人力资源管理和开发水平有待提高、企业劳动关系自我协调机制的缺乏、劳动力市场的供过于求及劳动法律体系建设尚不完善等原因，导致劳动争议大幅度增加且处理难度增大，这是目前以及今后一定时期内我国劳动争议的特点。劳动争议如果只通过诉讼程序解决，必将造成案件的大量积压，这不仅增加了法院的负担，而且很容易使矛盾因得不到及时解决而激化，影响社会的稳定。而由劳动争议仲裁机关对劳动争议进行先行处理，对仲裁裁决不服的，再向法院起诉，就可以使大量劳动争议通过效率较高的仲裁程序得到及时处理。

（三）独立仲裁原则

独立仲裁是指劳动争议仲裁机关依法独立对劳动争议案件行使仲裁权，不受其他任何组织和个人的干涉。《劳动争议仲裁委员会组织规则》第二条明确规定："仲裁委员会是国家授权，依法独立处理劳动争议案件的专门机构。"劳动争议仲裁机关独立行使仲裁权原则主要包括以下内容。

（1）劳动争议仲裁权统一由劳动争议仲裁机构行使。劳动争议仲裁权是法定国家机构根据当事人的申请，并在双方当事人的参加下，依照法律的规定居中裁判劳动争议的权力，它是国家权力的一部分，具有统一性和完整性。根据这一原则，外国籍和无国籍劳动者在中国境内就业发生劳动争议（法律、法规另有规定除外），依法接受中国劳动争议仲裁机构裁决。

（2）劳动争议仲裁机关行使仲裁权，不受其他组织和个人的干涉。由于劳动行政部门的劳动争议处理机构为仲裁委员会的办事机构，与同一级仲裁委员会合署办公，仲裁委员会主任又由劳动行政主管部门的负责人担任，所以与劳动行政部门有较密切的关系。但是劳动行政部门对其只是工作原则方针的指导，不能对具体争议案件进行干预。

（3）劳动争议仲裁相对于人民法院来说也具有独立性。劳动争议仲裁裁决不受法院的司法审查，即人民法院对仲裁裁决不得进行实体审理。

（四）一次裁决原则

根据《劳动争议调解仲裁法》的规定，我国劳动争议仲裁实行一次裁决制，即当事人向仲裁委员会提出申请在仲裁委员会作出仲裁调解书或仲裁裁决书后，仲裁程序即告结束。当事人如果对裁决结果不服，不能再向上一级劳动争议仲裁委员会申请仲裁，而只能在法定期限内向人民法院起诉，从而进入司法审理程序。如果设置程序过于繁杂，审级过多，不仅耗时过长，劳动争议难以得到及时解决，同时也增加了当事人的负担，不利于切实保障当事人的合法权益。

（五）区分举证责任原则

举证责任是指在争议处理中当事人提出证据的责任，它是法律假定的一种后果，即承担举证责任的当事人应当举出证据证明自己的主张，否则将承担败诉的法律后果。一般情况下，举证责任包含两方面的含义：一是指由谁负责举证证明案件事实，也即举证责任的承担，又称行为意义上的举证责任；二是指不能证明自己的主张时应承担什么样的后果，也称结果意义上的举证责任。当事人举证的法律责任是当事人对自己所提出的主张因主客观原因不能举证，经劳动争议处理机构依职权调查也无法收集到审理案件所需要的证据时，由该当事人承担不利的法律后果。

（1）举证不实的法律责任。当事人所举证据必须真实、客观、合法，不得伪造、隐匿、毁灭证据，不得指使、贿买他人作伪证。否则，除承担不利的后果外，还应承担提供伪证的法律责任。

（2）不举证的法律责任。当事人由于主观原因没有收集到证据，或者持有证据而故意不在劳动争议处理机构指定的期限内提供证据，应承担败诉的后果。

（3）举证不能的法律责任。对于当事人因客观原因不能收集的证据，应向劳动争议处理机构说明不能的原因并提出所要收集的证据及线索，在劳动争议处理机构依职权调查收集不到证据时，应承担败诉的后果。

（4）举证不全的法律责任。当事人提供的证据不全面，不具有证明其主张的充分性，其主张因证据不足不能成立，应承担败诉的后果。

（5）举证超期的法律责任。劳动争议处理机构对当事人一时不能提交证据的，可根据具体情况，指定其在合理期限内提交。当事人在指定期限内未能提供证据的，应承担不利的后果。

《民事诉讼法》第六十四条规定"当事人对自己提出的主张，有责任提供证据"，这表明我国民事诉讼程序中一般适用的是"谁主张、谁举证"的原则。而《行政诉讼法》第三十二条规定："被告对作出的具体行政行为负有举证责任。"由于行政诉讼主体的特定性，我国行政诉讼程序中适用的是"举证责任倒置"的原则。《劳动争议调解仲裁法》总则第六条明确表明："发生劳动争议，当事人对自己提出的主张，有责任提供证据。与争议事项有关的证据属于用人单位掌管的，用人单位应当提供；用人单位不提供的，应当承担不利后果。"因此，如何确定我国劳动争议案件的举证责任原则，是处理劳动争议案件必须加以明确的问题。

举证责任的确定与法律关系的性质有直接的关系。根据劳动争议的性质适用不同的举证责任原则，对双方由平等关系引起的劳动争议，适用"谁主张、谁举证"原则；而对由双方隶属关系引起的劳动争议，则适用"举证责任倒置"的原则。这是因为：劳动关系是一种特殊的社会关系，是劳动者运用自己的劳动能力，在实现劳动过程中与用人单位之间所产生的社会关系，它具有两个特征：一是参与劳动关系的双方主体是特定的，即劳动者和用人单位；二是劳动关系除了一般民事法律关系所具有的平等性外，还具有隶属性、财产性、人身依附性的特征。在劳动关系中，用人单位一方是管理者，劳动者一方是被管理者，用人单位一方是行为的主动实施者，劳动者是行为的承担者，两者之间的地位是不平等的。涉及隶属关系的劳动争议中大量的主要证据，如用人单位制定的规章制度、职工的档案材料、考勤记录、工资发放记录、缴纳社会保险记录、福利设施和待遇发放记录、劳动安全设施材料等都掌握在用人单位一方，而作为被管理者或行为承受者的劳动者对这些证据是不可能具有举证能力的。如果一律规定劳动争议当事人特别是劳动者一方适用"谁主张、谁举证"原则，有失偏颇。处理劳动争议案件的实践表明，在大量的侵犯劳动者合法权益的争议中，让劳动者负举证责任是不公平、不合理的。因此，人民法院和劳动争议仲裁委员会在审理具有隶属关系的劳动争议案件时，应按照劳动争议的性质确定相应的举证责任原则。另外，当穷尽证据手段，但争议事实仍然真伪不明时，由争议处理的主持者综合考虑各种因素后，决定由劳动者或者用人单位承担不利的后果，即在"真伪不明"的情况下，劳动者和用人单位都可能成为举证责任的最终承担者。

《劳动争议调解仲裁法》第三十九条对第六条的规定作了较为详细的介绍和阐释："当事人提供的证据经查证属实的，仲裁庭应当将其作为认定事实的根据。劳动者无法提供由用人单位掌握管理的与仲裁请求有关的证据，仲裁庭可以要求用人单位在指定期限内提供。用人单位在指定期限内不提供的，应当承担不利后果。"另外，在《最高人民法院关于审理劳动争议案件适用法律若干问题的解释》第十三条中明确了用人单位应负举证责任的情形："因用人单位作出的开除、除名、辞退、解除劳动合同、减少劳动报酬、计算劳动者工作年限等决定而发生的劳动争议。用人单位负举证责任。"《最高人民法院关于审理劳动争议案件适用法律若干问题的解释（三）》第九条中又作了具体补充："劳动者主张加班费的，应当就加班事实的存在承担举证责任。但劳动者有证据证明用人单位掌握加班事实存在的证据，用人单位不提供的，由用人单位承担不利后果。"另外，《最高人民法院关于民事诉讼证据的若干规定》第七条阐释了法律未具体规定及司法解释无法确定举证责任的情形，指出人民法院可以根据公平原则和诚实信用原则，综合当事人举证能力等因素确定举证责任的承担。

具体地讲，下列情况可以确定当事人的举证责任。

（1）因履行劳动合同和职工辞职、自动离职发生的争议，是一种平等主体之间的争议，应适用"谁主张、谁举证"的原则，由主张权利的一方负举证责任。

（2）因企业开除、除名、辞退职工、解除劳动合同发生的争议，是一种隶属关系的争议，应适用"举证责任倒置"的原则，由作出决定的用人单位负举证责任，要求其举证证明其作出的行为是合法的。

（3）因用人单位减少劳动报酬、计算劳动者工作年限等决定而发生的劳动争议，用人单位负举证责任。

（4）因用人单位拖欠职工工资、职工福利待遇，拒为职工提供劳动安全条件和防护用品等发生的争议，是一种由人身依附关系引起的争议，也应适用"举证责任倒置"的原则，由用人单位负举证责任，要求其举证证明其没有拖欠工资、福利待遇或依法提供了劳动安全条件和防护用品。

（5）劳动者主张加班费的，应当就加班事实的存在承担举证责任。但劳动者有证据证明用人单位掌握加班事实存在的证据，则由用人单位负举证责任。

我国《民事诉讼法》第六十四条规定："当事人及其诉讼代理人因客观原因不能自行收集证据或者人民法院认为审理案件需要的证据，人民法院应当调查取证。"《劳动争议仲裁委员会组织规则》第十九条规定的仲裁员职责之一为"进行调查取证，有权向当事人及有关单位、人员进行调阅文件、档案、询问证人、现场勘察、技术鉴定等与争议事实有关的调查"。上述规定表明了人民法院和劳动争议仲裁委员会在处理劳动争议案件时负有调查取证的职责。参照《关于试用〈中华人民共和国民事诉讼法〉若干问题的意见》第七十三条规定，劳动争议处理机构在审理劳动争议案件时应负责收集的证据如下：①当事人及其代理人因客观原因不能自行收集的；②当事人提供的证据互相矛盾，无法认定的；③按照法律法规和政策的规定需由有关部门鉴定或认定的；④劳动争议处理机构认为应当由自己收集的其他证据。

（六）合议原则

《劳动争议调解仲裁法》第四十五条规定："裁决应当按照多数仲裁员的意见作出，少数

仲裁员不同意见应当记入笔录，仲裁庭不能形成多数意见时，裁决应当按照首席仲裁员的意见作出。"合议原则是民主集中制在仲裁工作中的具体体现，案件经过充分研究讨论，可以防止主观臆断，保证案件得到正确处理。

（七）程序简便、不收费、为当事人保密原则

劳动争议仲裁特定为某一专业领域，由专业人员充任仲裁员，可以根据案情的复杂程序较灵活地确定处理程序，力争程序简化，为当事人节省办案时间。与一般仲裁不同的是，《劳动争议调解仲裁法》第二十六条规定："劳动争议仲裁公开进行，但当事人协议不公开进行或者涉及国家秘密、商业秘密和个人隐私的除外。"根据规定，劳动争议仲裁原则上应该公开进行，但是如果当事人之间事先或者事后达成了不公开进行的协议，或者案件的内容涉及国家秘密、商业秘密及个人隐私的则可以不公开进行仲裁。坚持公开仲裁可以强化各种社会力量对劳动争议仲裁进行监督。

《劳动争议调解仲裁法》第五十三条规定："劳动争议仲裁不收费。劳动争议仲裁委员会的经费由财政予以保障。" 在以往的劳动立法中，劳动争议发生后，当事人向仲裁委员会申请仲裁要缴纳案件受理费和处理费。一件劳动争议案件至少要交纳几百元的费用。数百元的费用对于处于弱势群体的劳动者来说，应该是一个不小的负担。实践中有些劳动者因为不愿意提交仲裁费而不主张权利，这不仅不利于维护劳动者的合法权益，而且对劳动争议仲裁委员会的社会形象的树立也是不利的。

《劳动争议调解仲裁法》中明确规定劳动争议仲裁免费，这一举措意义重大。

第一，劳动争议仲裁不收费对劳动者维权意义重大。劳动争议当事人的劳动者一方相对于用人单位来说处于弱势地位，尤其是在经济地位上其弱势地位尤其明显。而劳动争议的发生其中最为重要的原因就是涉及诸如工资、补偿等经济方面的原因，作为权益受到侵害的劳动者如果提起劳动争议仲裁还要交纳一定数量的受理费和处理费，许多劳动者要么选择忍气吞声，要么选择其他非正常途径来解决纠纷。这对于劳动争议的解决和劳动关系、社会关系的稳定都是极为不利的。《劳动争议调解仲裁法》明确规定仲裁不收费，可以免除很多劳动者的后顾之忧，使得他们能够没有任何顾虑地来维护自己的合法权益。

第二，有利于建立稳定和谐的劳动关系，促进社会主义和谐社会的建设。劳动争议仲裁不收费体现了国家执政理念的转变，是以人为本的科学发展观的根本体现。劳动争议仲裁免费后，劳动者能够及时地向用人单位主张权利、向劳动争议仲裁机构申请仲裁，从而能够促使劳动争议得到及时、有效、公正的解决，消除劳资矛盾，减少劳资对抗，促进劳资关系的和谐发展，促进社会主义和谐社会的建设。

第三节　劳动争议仲裁委员会

一、劳动争议仲裁委员会的产生

根据《劳动争议调解仲裁法》第十七条的规定，劳动争议仲裁委员会按照统筹规划、合理布局和适应实际需要的原则设立。省、自治区人民政府可以决定在市、县设立；直辖市人

民政府可以决定在区、县设立。直辖市、设区的市也可以设立一个或者若干个劳动争议仲裁委员会。劳动争议仲裁委员会不按行政区域层层设立。

二、劳动争议仲裁委员会的组成

由来自政府、工会及用人单位的三方代表组成仲裁委员会处理劳动争议，是国际上通行的做法。我国劳动争议仲裁委员会也是依照三方原则组成的，这也是它区别于其他劳动争议处理机构的显著特点。在国际劳工组织中，"三方原则"又称为"三方性原则"，指各成员方代表团由政府代表两人，劳工、雇主代表各一人组成，政府、劳工和雇主三方都参加会议，劳工和雇主代表可以自由讨论，独立发言。其产生可以追溯到1919年国际劳工组织创建之时。1919年6月28日，《凡尔赛和约》第八部分规定了创立国际劳工组织的宗旨和目的，成员方代表团的组成、组织机构、工作程序等，其中关于参加国际劳工大会的成员方代表团，规定"由每一个成员方的四个代表组成，其中两人为政府代表，另两人分别代表每一成员方的雇主和劳动者"，每一代表有权对大会审议的所有问题以个人资格投票。后来"三方原则"不仅贯彻到国际劳工组织的各种会议和各个机构，而且在制定国际劳工标准的各个阶段也实行这个原则。

参照"三方原则"组成的仲裁委员会的优点：一是给劳动争议当事人以公平感和可靠感，从而赢得其信任；二是三方成员具有各自的劳动关系方面的专门知识，能够代表和反映不同方面的利益要求，在处理劳动争议过程中，可以把不同方面的认识相互交流，有利于争议及时、全面、公正地解决；三是处理劳动争议过程中的一些不同意见或不易形成定论的问题和认识，可以由三方代表通过各自的渠道反馈至有关部门，有利于决策和立法机关在日后工作中充分考虑、协调各方的利益，使政策制定和劳动立法更加全面、切实可行；四是当出现集体劳动争议，以及罢工、集体上访等突发性事件或对社会有重大影响的劳动争议时，可以及时介入，运用各方面的力量加以妥善处理，从而保证劳动关系的和谐发展。

如上所述，狭义劳动仲裁委员会指的是由若干个委员组成的机关。由于狭义的仲裁委员会在劳动争议案件的处理中享有非常大的职权，所以合理地组建劳动仲裁委员会具有非常重要的意义。根据本条第一款的规定，狭义的劳动争议仲裁委员会的设立应该遵循以下原则。

（1）劳动争议仲裁委员会应该由劳动行政部门代表、工会代表和企业方面代表组成。根据本款的规定，作为劳动争议仲裁委员会的委员必须是而且只能是行政部门的代表、工会的代表和企业方面的代表。但是该款只是一个原则性的规定。因为根据本条，既没法确定有关"行政部门的代表、工会的代表和企业方面"是哪一级别的，也没法确定谁是"行政部门的代表、工会的代表和企业方面的代表。"事实上等于是由决定设立劳动争议仲裁委员会的机关来决定具体的劳动争议仲裁委员会委员的人选，因此应该通过国务院劳动行政机关制定的仲裁规则来进一步明确该条的内容。

（2）劳动争议仲裁委员会组成人员应当是单数。尽管《劳动争议调解仲裁法》没有规定劳动争议仲裁委员会的议事规则，但是根据一般的理论和实践，以委员会形态工作的机构的议事规则一般是表决和少数服从多数。因此，为了预防劳动争议仲裁委员会在表决时无法形成简单多数，陷入决策僵局，本条规定，劳动争议仲裁委员会的委员人数应当是单数。但是，本款规定没有明确劳动争议仲裁委员会的委员数量范围，也没有规定"行政部门的代表、工

会的代表和企业方面的代表"各自具体的比例。因此,该款规定同样需要国务院劳动行政机关指定的仲裁规则来进一步明确。

另外,对劳动争议仲裁委员会的构成还应特别注意两点。第一,在劳动争议仲裁委员会中,劳动行政部门的负责人为主任,这是一种责任制,而不是选举制或聘任制。作出这种规定的理由,是因为劳动行政部门代表政府,在调整劳动关系工作中处于居中地位;可以充分发挥其熟悉劳动法律、法规、政策和劳动业务知识的优势,提高办案效率。第二,劳动争议仲裁委员会的组成人员数必须是单数,即不论三方代表各出多少人,劳动争议仲裁委员会总的人数必须是单数。这样的人员组成,主要是为了在仲裁工作中贯彻合议和少数服从多数的组织原则。

三、劳动争议仲裁委员会的职责

《劳动争议调解仲裁法》第十六条明确规定了劳动争议仲裁委员会的职责:
（1）聘任、解聘专职或者兼职仲裁员;
（2）受理劳动争议案件;
（3）讨论重大或者疑难的劳动争议案件;
（4）对仲裁活动进行监督。劳动争议仲裁委员会下设办事机构,负责办理劳动争议仲裁委员会的日常工作。

四、劳动争议仲裁员

劳动争议仲裁员,是指具有特定的资格,并经过规定程序由劳动争议仲裁委员会聘任的、专门从事劳动争议案件仲裁工作的专门人员,亦称劳动仲裁员。劳动争议仲裁员是处理劳动争议案件的责任者,而劳动争议案件与各种民事案件有很大的区别,在处理方法手段上也不能等同于司法或行政,有其独特的规则和运作规律。劳动争议仲裁是通过劳动争议仲裁员具体进行的,国家的法律、法规和政策需要劳动争议仲裁员在办案过程中予以贯彻和执行,当事人的合法权益是否能得到妥善保护也依赖劳动争议仲裁员的公正决断。仲裁员的素质决定着国家的劳动法律、法规及相关政策是否能在劳动争议仲裁中得以贯彻执行,决定着争议当事人的合法权益能否得到有效的维护。仲裁员既要富有正义感,又要具备一定的处理劳动争议的专业资历和经验。同时在知识经济时代,又需要不断地更新自己的知识结构,努力学习和善于学习新知识。国家和政府通过制定劳动争议仲裁员资格标准,保证其基本素质及对劳动争议案件的处理质量。劳动争议仲裁员由专职仲裁员和兼职仲裁员两部分组成。他们是由劳动争议仲裁委员会从具备仲裁员资格的人员中,通过规定程序进行聘任,专门从事劳动争议仲裁工作的人员。

（一）仲裁员应具备的条件

《劳动争议仲裁调解法》第二十条规定了劳资争议仲裁员应至少具备以下条件之一:
（1）曾任审判员的;
（2）从事法律研究、教学工作并具有中级以上职务的;
（3）具有法律知识、从事人力资源管理或者工会等专业工作满五年的;

（4）律师执业满三年的。

在上述4项基本条件的基础上，各级劳动争议仲裁委员会在选聘仲裁员时，可以根据本地区劳动争议处理工作的实际情况制定相应的细化条件。

（二）职责

根据《劳动争议仲裁委员会组织规则》的规定，仲裁员的职责如下。

（1）接受仲裁委员会办事机构交办的劳资争议案件，参加仲裁庭；

（2）进行调查取证，向当事人及有关单位、人员进行调阅文件、档案，询问证人，现场勘察，技术鉴定等与争议事实有关的调查；

（3）根据国家的有关法律、法规、规章及政策提出解决方案；

（4）对争议双方当事人进行调解工作，促使当事人达成和解协议；

（5）审查申诉人的撤诉请求；

（6）参加仲裁庭合议，对案件提出裁决意见；

（7）案件处理终结时，填报《结案审批表》；

（8）及时做好调解、仲裁文书工作及案卷的整理归档工作；

（9）宣传劳动法律、法规、规章、政策；

（10）对案件涉及的秘密和个人隐私应当保密。

第四节　劳动争议仲裁参加人

劳动争议仲裁程序相当于准司法程序，具有缜密的程序，在执行过程中有其专有的术语、制度和规定。为了清楚地了解整套程序，首先必须了解相关的规定，下面我们按照劳动争议仲裁程序的先后顺序，介绍相关的术语、制度和规定。

一、劳动争议仲裁的当事人

（一）仲裁案件的当事人及其特征

《劳动争议调解仲裁法》第二十二条第一款规定："发生劳动争议的劳动者和用人单位为劳动争议仲裁案件的双方当事人。"我们也可以将劳动争议仲裁当事人定义为，因劳动权益纠纷，以自己的名义参与劳动争议仲裁活动，请求保护自己的合法权益，同时接受劳动争议仲裁委员会的裁决约束的直接利害关系人。

劳动争议仲裁当事人分为申诉人和被申诉人。申诉人，是指以自己的名义向劳动争议仲裁委员会申请仲裁，引起劳动争议仲裁程序发生的人。被申诉人，是指被申诉人提起仲裁，由劳动争议仲裁委员会通知其应诉的人。当事人又有广义和狭义之分。狭义的当事人仅指申诉人和被申诉人，包括共同申诉人和共同被申诉人；广义的当事人除了申诉人和被申诉人之外，还包括第三人。这里采用的是广义的当事人。申诉人和被诉人在劳动争议仲裁活动中法律地位平等，它们与劳动争议案件的处理有直接利害关系，受劳动争议仲裁委员会决定或裁决的约束。

劳动争议仲裁当事人，在劳动争议仲裁程序的不同阶段有不同的称谓。在审理程序，称申诉人、被申诉人；在执行程序，称申请执行人（申请人）、被申请执行人（被执行人）。它们在仲裁程序的不同阶段，有不同的仲裁地位，因而享有不同的权利并履行不同的义务。

劳动争议仲裁当事人具有如下特征。

（1）劳动争议仲裁当事人是发生争议的劳动关系主体。劳动争议发生在具有劳动关系的主体之间，劳动争议仲裁当事人必须由具有劳动关系的用人单位和其职工构成。用人单位作为当事人，应由其法定代表人或负责人代表企业或其他组织参加仲裁。职工包括在各类企业中与企业形成劳动关系的劳动者，以及与国家机关、事业单位和社会团体建立劳动合同关系的劳动者。

（2）以自己的名义参加劳动争议仲裁活动。以自己的名义参加仲裁是当事人最重要的特征之一。申诉人要以自己的名义提起仲裁，被申诉人和第三人则分别以自己的名义参加仲裁。以自己的名义，就是按照自己的意愿，为维护自己的利益而参加仲裁。用人单位的法定代表人或者负责人参加仲裁时，并非以个人的名义，而是以用人单位的名义。凡不以自己的名义而以他人名义参加劳动争议仲裁活动的人，不能称为申诉人和被诉人。代理人是受被代理人（委托人）的委托参加仲裁活动，不是以自己的名义参加仲裁活动，因而不是劳动争议仲裁当事人。因此，以自己的名义参加劳动争议仲裁活动，是区分仲裁当事人与仲裁代理人的重要标志。

（3）与劳动争议案件有直接的利害关系。所谓利害关系，是指对当事人权利义务的得失和变更。劳动争议仲裁当事人之所以参加劳动争议仲裁活动，或者是因为自己的劳动权利已被侵害，或者是为了确认自己的合法劳动权益而发生争议。申诉人和被诉人在劳动争议案件中是相互对立的双方，因而与案件的处理结果有直接利害关系。凡与案件没有直接利害关系的人，不能称为申诉人和被诉人。这是区分申诉人、被申诉人与证人、鉴定人、勘验人、翻译人员的重要标志。

（4）受仲裁机构调解或裁决的约束。劳动争议仲裁委员会的仲裁调解或裁决，是针对当事人的争议依法作出的，是处理劳动争议案件的结果。裁决生效后即发生法律效力，对双方当事人均具有拘束力，当事人必须服从，否则仲裁机构有权申请人民法院强制执行。代理人、证人、鉴定人、勘验人、翻译人员虽然参加仲裁活动，但不受仲裁调解或裁决的约束。

根据上述定义及特点，当事人只能是发生劳动争议的劳动者和用人单位。用人单位是法人的，由法定代表人参加仲裁活动；用人单位是非法人组织的，由主要负责人参加仲裁活动。劳动争议仲裁当事人是仲裁活动的主体，劳动权利义务存在于劳动争议仲裁当事人之间。确定劳动争议仲裁当事人的意义在于劳动争议仲裁委员会对劳动争议仲裁当事人之间的劳动权利、义务之争进行调解或作出裁决，在审理中保护劳动争议仲裁当事人在仲裁程序中的权利，以及保证劳动争议仲裁委员会的裁决对双方当事人均具有法律效力。

（二）劳动争议当事人的仲裁权利能力和行为能力

劳动争议仲裁当事人的仲裁权利能力，是指劳动争议仲裁当事人享有劳动争议仲裁法律规定的权利和履行劳动争议仲裁法律规定的义务，能以自己的名义申诉或应诉的法律资格。

《劳动争议调解仲裁法》第四条规定：发生劳动争议，劳动者可以与用人单位协商，也可以请工会或者第三方共同与用人单位协商，达成和解协议。第五条规定：发生劳动争议，当事人不愿协商、协商不成或者达成和解协议后不履行的，可以向调解组织申请调解；不愿调解、调解不成或者达成调解协议后不履行的，可以向劳动争议仲裁委员会申请仲裁；对仲裁裁决不服的，除本法另有规定的外，可以向人民法院提起诉讼。具体来讲：就是不论职工个人或企业单位，当他们的劳动权益受到侵犯而发生争议时，有权向劳动争议仲裁机构申请仲裁。劳动争议仲裁机构依法受理后，他们就取得了申诉人的资格。同样，由申诉人的行为引起了劳动争议仲裁程序发生，而由劳动争议仲裁机构通知有义务应诉、参加劳动争议仲裁活动的人，即具有被诉人的资格。仲裁行为能力是指当事人以自己的行为行使劳动争议仲裁法规赋予的权利和履行劳动争议仲裁法规规定的义务的能力，也就是以自己的行为亲自参加劳动争议仲裁活动，具有独立行使仲裁权利和履行仲裁义务的资格。用人单位作为当事人参加仲裁，其行为能力自成立时产生，至合法解散时终止。其权利能力和行为能力是一致的。但劳动者的行为能力始于《劳动法》规定的 16 周岁，达到法定就业年龄且智力正常。劳动者作为劳动争议仲裁当事人，其在仲裁活动中的权利能力和行为能力有时二者兼有，有时就只有权利能力而无行为能力。例如，精神病职工，无法表达自己的真实意愿，属于有权利能力没有行为能力者。对劳动争议仲裁活动中无行为能力和限制行为能力的职工，法律法规为维护他们的主体权利，仍赋予当事人的资格，但是申诉、应诉都由其法定代理人代理。所以，劳动争议仲裁活动中只具有权利能力的人，也可以作为劳动争议仲裁的当事人。

需要注意的是，我国新的《集体合同规定》第五十五条规定，因履行集体合同发生的争议，当事人协商解决不成的，可以依法向劳动争议仲裁委员会申请仲裁。申请仲裁的申诉人是用人单位的工会组织。因为，集体合同是用人单位工会作为合同一方代表劳动者与用人单位签订的保护劳动者集体劳动权益的协议，争议的发生是由于用人单位不履行集体合同中规定的义务。而工会是具有独立社团法人资格的组织，具有仲裁的权利能力和行为能力，其申请仲裁也是工会基本职责的必然要求。因履行集体合同发生的争议，工会应当首先与用人单位协商，协商不成的，工会可以作为申诉人向劳动争议仲裁委员会申请仲裁，对仲裁裁决不服的，可以向人民法院提起诉讼。

（三）劳动争议仲裁当事人的权利和义务

劳动争议仲裁当事人的权利和义务，是公民基本权利和义务的宪法原则在劳动争议仲裁活动中的具体体现。劳动争议仲裁当事人的权利，是指法律赋予当事人在劳动争议仲裁活动中作出或不作出一定行为，以及要求他人作出一定行为的资格。劳动争议仲裁当事人的义务，是指法律规定当事人在劳动争议仲裁活动中应当作出或不作出一定行为的责任。劳动争议当事人通过行使劳动争议仲裁法律法规赋予的权利，使自己的实体权利得以维护；通过履行劳动争议仲裁法律法规规定的应尽的义务，维护劳动争议仲裁活动的秩序，保证劳动争议仲裁活动的顺利进行。当事人的仲裁权利和义务是相互依存和统一而不可分割的。当事人在劳动争议仲裁程序的各个阶段，都应该依法行使自己的权利和履行自己的义务。

1. 劳动争议仲裁当事人的权利

根据有关劳动争议仲裁的法律、法规和规章的规定，当事人在劳动争议仲裁中的权利主要如下。

1）当事人享有的与实体权益直接相关的仲裁权利

（1）当事人有向劳动争议仲裁机构提起仲裁申请，要求劳动争议仲裁机构调解或裁决的权利。

（2）申诉人有放弃、变更和撤销仲裁请求的权利，被申诉人有承认、反驳及提起反诉的权利。

（3）当事人有请求调解和自行和解的权利。这是当事人处分其在劳动争议仲裁活动中的一种权利。在劳动争议案件裁决以前的任何仲裁程序阶段，当事人一方或双方都有权请求以调解的方式结案。当事人请求调解不但无任何限制，而且劳动争议仲裁机构应努力保证实现当事人的权利。自行和解是指当事人在劳动争议案件裁决以前，自行协商，达成协议，终结案件。这是当事人对他们实体劳动权利的处分，只要不违反国家法律、法规，劳动争议仲裁机构都应批准；申诉人应向劳动争议仲裁机构申请撤诉，仲裁机构应制发仲裁决定书，准予撤诉。

（4）当事人有提起诉讼的权利。当事人一方或双方对仲裁裁决不服的，可在法定的期限内向人民法院起诉。对发生法律效力的调解书和裁决书，一方当事人逾期不履行的，另一方当事人可以申请人民法院强制执行。

2）当事人享有的程序方面的仲裁权利

（1）当事人有权委托代理人参加仲裁的权利。委托代理人是保障当事人在劳动争议仲裁活动中合法权益的一种权利。当事人不能亲自参加仲裁活动，或者虽能参加但需他人协助参加仲裁活动的，有权依法委托代理人。当事人可以委托一至二名律师或其他人代理参加仲裁活动。委托他人参加仲裁活动，必须向仲裁委员会提交有委托人签名或盖章的授权委托书，委托书应当明确委托事项和权限。

（2）当事人申请回避的权利。在劳动争议仲裁活动中，当事人认为本案的承办和其他工作人员，包括仲裁委员会成员、仲裁员和书记员、鉴定人、勘验人及翻译人员等，与对方当事人有关系或与劳动争议有利害关系，可能影响公正仲裁的，有权申请回避，以保证劳动争议案件得到公正处理。

（3）当事人有收集和提供证据、查阅或复制与本案有关材料和法律文书的权利。在劳动争议仲裁活动中，当事人为了维护自己的实体权利，有权向劳动争议仲裁委员会提供证据，证明自己陈述的事实或者反驳对方陈述的事实，维护自己的申诉请求或反驳对方的申诉请求。

（4）当事人有辩论的权利。为了维护自己的申诉请求和反驳对方的申诉请求，当事人双方均有权采取书面或口述方式对劳动争议事实和矛盾焦点，通过摆事实、讲道理、提依据、论法理，充分发表自己的意见和主张，从事实上、理论上、法律上论证、确立自己的观点，从而驳倒对方的主张。

（5）当事人有申请人民法院强制执行的权利。对已发生法律效力的劳动争议仲裁调解书或裁决书，一方当事人逾期不履行或拒绝履行的，另一方当事人有权请求法院采取司法强制手段，使劳动争议仲裁调解书或裁决书的内容和要求得以实现。申请执行是当事人在执行程序中的主要权利。

2. 劳动争议仲裁当事人应履行的义务

（1）在依法行使自己的仲裁权利的同时，尊重其他当事人的权利。只有依法行使自己的权利，尊重对方的权利，才能使自己的权利得到保障。例如，申诉人在行使自己的申诉权时，应该尊重对方的答辩权或反驳权，这样才有利于劳动争议仲裁机构了解案情，解决争议，使申诉人的合法权益及时得到保护。

（2）有遵守仲裁秩序的义务。仲裁秩序，是指劳动争议仲裁参加人必须共同遵守的仲裁规则和程序。它是保障劳动争议仲裁活动顺利进行的必要条件。劳动争议仲裁当事人在整个仲裁过程中，必须服从审理，按照仲裁程序规定正确地行使权利并履行相应的义务，不得滥用法律赋予的权利，侵犯对方当事人的权利，不得干扰仲裁活动、影响仲裁秩序。

（3）有提供证据的义务。证据，是指证明案件真实情况的客观事实。它是正确处理劳动争议案件的基础和根本保证。劳动争议当事人双方均有向劳动争议仲裁委员会提供证据的义务，不得提供伪证；特别是用人单位作为被诉人时负有举证的责任，不得拒绝提供有关文件、资料和其他证明材料。

（4）有履行发生法律效力的仲裁文书的义务。劳动争议仲裁委员会作出的发生法律效力的调解书和裁决书，对申诉人、被诉人均具有法律约束力，当事人必须自动履行。一方不履行的，另一方可在法定期限内向人民法院申请强制执行。

二、劳动争议仲裁共同当事人

劳动争议仲裁共同当事人是与民事诉讼中的共同诉讼人相对应的概念。共同诉讼，是指当事人一方或双方为两人以上的诉讼。进行共同诉讼的人，称为共同诉讼人。原告为两人以上的，称为共同原告；被告为两人以上的，称为共同被告。共同诉讼属于诉讼主体的合并，与诉讼客体的合并不同。诉讼客体的合并，是指同一原告向同一被告提出几个诉讼请求，人民法院将几个诉讼请求合并审理。共同诉讼，是为避免人民法院判决的矛盾，节省当事人的人力、物力和时间。

（一）劳动争议仲裁共同当事人的概念和构成条件

当事人一方或双方是两人以上的劳动争议仲裁，为共同劳动争议仲裁。在劳动争议仲裁活动中，无论是申诉人还是被诉人，人数在两人以上，具有共同的争议标的，属于同一个劳动争议仲裁机构管辖并由其合并处理的，就形成了共同当事人。两人以上的申诉人就为共同申诉人，两人以上的被诉人就为共同被诉人。

共同仲裁与共同当事人的规定，是为了提高仲裁效率，减少不必要的成本，节省当事人及仲裁机构的时间和费用，避免仲裁机构在同一问题上出现不同的仲裁结果，有利于仲裁工作正确、及时地进行，维护当事人的合法权益。《劳动争议调解仲裁法》第二十二条规定：劳务派遣单位或者用工单位与劳动者发生劳动争议的，劳务派遣单位和用工单位为共同当事人。

构成共同当事人，必须具备一定的条件。

（1）当事人一方或双方为两人以上。这是共同当事人的基本条件。

（2）劳动争议事项和理由是共同的；或者是由于同一事实上或法律上的原因产生的；或者属于同一种类，劳动争议仲裁机构认为可以合并处理的。第一种情况是指当事人对劳动争

议的事项具有共同的权利或义务。例如,某企业拖欠本企业所有工人工资、奖金,该企业全体工人为讨回自己的工资奖金等问题而与企业发生争议,该企业工人就有了共同的权利。第二种情况是当事人本身并无共同的权利、义务,只是由于同一事实上或法律上的原因而成为共同当事人,如数名不同的改制企业的工人因追偿养老金而与原用人单位发生劳动争议仲裁。这些工人分属于不同的企业,他们本身没有共同的权利与义务,但是因企业未发给职工养老金这一事实而使不同改制企业的工人成为共同当事人。第三种情况是当事人之间无共同权利义务,也不是基于同一事实上或法律上的原因,只是同属一种类型,如一个企业几名职工向该企业追索工伤赔偿金,几个职工受伤的时间、场所和伤势轻重均不同,索要的赔偿数额也不等,争议不是由同一事实引起,但属同一种类,劳动争议仲裁机关可以合并处理。

(3) 属同一个劳动争议仲裁机构管理。仲裁的目的是为简化程序,节省时间,但如果多个当事人不在一地,不属同一个仲裁机构管辖时,不能构成共同当事人。例如,职工虽属于同一个单位,但工资关系有的在本地区,有的在外地区,不是由同一个劳动争议仲裁机构管辖的,就不能作为共同当事人。

(二) 共同当事人的种类

根据劳动仲裁标的不同,共同当事人可以分为必要的共同当事人和普通共同当事人。

1. 必要共同当事人

当事人为两人以上,其劳动争议标的是相同的,并向同一个争议仲裁机构申诉,劳动争议仲裁机构认为必须合并处理(包含合并裁决)的,称为必要共同当事人。

必要共同当事人的特征是标的不可分性,即当事人的争议是基于同一事实或原因发生的,具有同一个争议标的,共同当事人之间在劳动权利和义务上具有共同的利害关系,因此它是不可分之仲裁,因而必须实行仲裁主体的合并,一并处理。在这种必要共同仲裁活动中,必要共同当事人除了与对方当事人的关系外,如对劳动争议标的的权利义务关系,如放弃、变更申诉请求,承认申诉请求。还存在内部相互之间的关系,即一人的仲裁行为是否对其他人发生法律效力?对此,外国民事诉讼法多采用"有利说",即共同诉讼人中一人的诉讼行为,有利于全体的,对全体发生法律效力;不利于全体的,对全体不发生效力。而我国民事诉讼法采用"承认说",根据《民事诉讼法》第五十三条第二款的规定,必要共同诉讼中一人的诉讼行为,经其他共同诉讼人承认的,对其他共同诉讼人发生效力;未经承认的,不发生法律效力。

由于仲裁标的具有不可分性,争议的处理结果与每一个当事人都有着直接的利害关系,为避免共同当事人的意见分歧而延误仲裁时间,采取以共同当事人协商一致的原则,视共同当事人为一个整体,其中一人的行为或接受对方所为的行为,经全体共同当事人承认后,才对全体发生法律效力。《劳动争议调解仲裁法》第七条规定:发生劳动争议的劳动者一方在十人以上,并有共同请求的,可以推举代表参加调解、仲裁或者诉讼活动。这种情况属必要共同当事人的一种。推举的代表由全体共同当事人选出,其行为经全体共同当事人的授权后,对全体共同当事人发生法律效力。否则,对于其他共同当事人不发生法律效力。

2. 普通共同当事人

当事人为两人以上,其劳动争议标的是同一种类,劳动争议仲裁机构合并处理但不包含合并裁决的，称为普通共同当事人。

普通共同当事人的特征是仲裁标的是同一种类的，劳动争议并不是由同一事实或原因引起，共同当事人对争议的标的也没有共同的权利义务，没有共同的利害关系，因此此种争议案件既可以合并由劳动争议仲裁机构处理，也可以分别处理，也就是说，普通共同当事人争议的标的是可分的，是否合并处理，由劳动争议仲裁机构根据需要作出决定。由劳动争议仲裁机关决定对同类的劳动争议进行合并处理，是为减少仲裁成本，提高工作效率。普通共同当事人因其争议的独立性，即使他们参加共同仲裁，他们之间并不形成法律关系，当事人各自对其行为负责，一人的行为对他人不发生法律效力。

现阶段的申请人一般为劳动者，被申请人一般为用人单位，在认定被申请人的资格时，需要注意以下几个问题。

（1）劳务派遣单位或者用工单位与劳动者发生劳动争议的，劳务派遣单位和用工单位为共同当事人，即此时劳动者应该将劳务派遣单位、用工单位列为被申请人。

（2）用人单位发生变更的，应以变更后的用人单位为被申请人，用人单位发生合并的，以合并后的用人单位为被申请人；用人单位发生分立的，分立后承受其劳动权利和义务的实际用人单位为被申请人。

（3）用人单位终止的，根据实际情况，用人单位的主管部门、开办单位或者依法成立的清算单位为被申请人。

（4）劳动者在其用人单位与其他平等主体之间的承包经营期间，与发包方和承包方双方或者一方发生劳动争议的，发包方和承包方为共同被申请人。

三、仲裁案件的第三人

第三人是民事诉讼中的一个概念。民事诉讼通常是在有民事利益冲突的当事人之间进行的。由于民事关系的复杂性，在原被告已经开始的诉讼中，常常会涉及第三人的利益。对于该第三人与原被告的争议，虽然可以通过另案加以处理，但这样可能导致前后判决的矛盾，或使前一诉讼在未有权利人参加的情况下造成错误的判决，或者使争议的处理受到延误。第三人，是指对他人之间的诉讼标的有独立的请求权，或者虽无独立的请求权，但案件的处理结果与他有法律上的利害关系，因而参加到他人之间正在进行的诉讼中的人。

劳动争议仲裁案件中的第三人是指与劳动争议案件的处理结果有法律上的利害关系，仲裁程序开始后参与到仲裁活动中要求维护自己的合法权益的人。根据《劳动争议调解仲裁法》第二十三条规定："与劳动争议案件的处理结果有利害关系的第三人，可以申请参加仲裁活动或者由劳动争议仲裁委员会通知其参加仲裁活动"。在实际情况中，如借用职工在借用单位发生工伤事故致残或死亡，涉及原工作单位和借用单位对职工工伤待遇给付的问题，这时原单位可为第三人。第三人参加仲裁活动有利于查明事实，及时公正处理案件。

（一）劳动争议仲裁中的第三人的特征

（1）第三人参加仲裁的依据是其与劳动争议案件的处理结果具有利害关系。与劳动争议案件的利害关系是第三人参加仲裁的根据。此处的利害关系主要指的是法律所承认的利害关系。这种法律上的利害关系需要仲裁委员会根据具体案件来具体地认定。但是一般的标准应该是第三人与申请人或者被申请人之间存在某一法律关系，根据这一法律关系，如果一方当事人的主张没有得到支持，他就应当承担一定的责任。需要注意的是，不能把任何事实上的利害关系都认为是法律上的利害关系。

（2）第三人参加的劳动争议仲裁是已经开始尚未结束的仲裁。只有已经开始尚未结束的劳动争议仲裁第三人才有参加的可能性，如果程序没有开始或已经结束，第三人根本就没有参加的可能。也只有已经开始尚未结束的仲裁第三人才有参加的必要性。如果程序没有开始，特别是程序已经结束，仲裁委员会已经作出了仲裁裁决，第三人根本不必要再去通过参加仲裁来维护自己的权益。

（3）第三人参加仲裁的方式是自己申请参加或者仲裁委员会通知其参加。第三人可以通过两种方式参加仲裁程序。其一，自己申请参加，但是并不意味着其只要申请就肯定能够参加，是否能参加有赖于仲裁委员会的批准。其二，仲裁委员会通知其参加。如果仲裁委员会认为有必要让相关人员作为第三人参加到仲裁程序中，它有权通知相关人员参加。被通知的人员不参加不影响正在进行的仲裁程序的继续进行。

（4）第三人参加仲裁的目的是维护自身的权益。第三人参加仲裁的基本目的在于通过支持和自己有法律上利害关系的当事人，反对另一方当事人的主张，维护自身权利。

第三人在仲裁程序中享有特殊的法律地位。它既不是申请人也不是被申请人。他的特殊法律地位主要体现在其所享有的权利上，第三人原则上享有当事人的一切权利。但是他不能对案件的管辖提出异议；不能放弃、变更或撤回仲裁的请求；只有仲裁裁决判令其承担责任时，他才可以根据法律的规定提起诉讼。

（二）劳动争议案件出现第三人的主要情况

在劳动争议的仲裁实践中，以下情况出现劳动争议案件的第三人。

（1）企业主管部门越权作出不适当决定，企业与劳动者发生劳动争议，企业主管部门被列为第三人。例如，企业主管部门调动下属企业职工变更劳动合同不与企业或职工协商，或者不通过企业直接处分职工的。

（2）合作、联营企业或企业集团主要负责人承担不了责任，应由合作联营各方分担的，合作联营各方成为第三人。

（3）劳动者尚未与原用人单位解除劳动合同而跳槽，新用人单位使用之，新用人单位因承担相应的连带责任而成为本案的第三人。

（4）甲厂的职工在履行与乙厂签订的民事合同时，由于乙厂的原因使甲厂职工发生伤、残、亡的，乙厂被列为第三人。

（5）建筑安装施工单位给建筑发包方承揽工程施工时，因安全措施不利给建筑发包方正在履行职务的职工造成伤、残、亡的，建筑安装施工单位列为第三人。

（6）因履行职务受到他人伤害的，加害人可成为第三人。

（7）职工在上下班的交通路上因交通肇事被确定为工伤的，交通肇事者可成为本案的第三人。

（8）因多重劳动关系而产生的劳动争议，与劳动者有经济关系的用人单位成为第三人。主要包括：劳动者被其他单位借用、聘用与原单位仍然保持劳动关系的；本单位放假、托管暂时到其他单位工作没有与原单位解除劳动关系的；退养、停薪留职的工人，从事第二职业的；为了解决和保留职工身份或所有制问题，职工在一个企业工作，名额挂靠在另一个企业的；部分合资、合作企业的职工没有与原企业解除劳动合同，甚至仍保持劳动权利义务关系的；企业被租赁或承包，在此期间内形成原单位与租赁或承包者的劳动关系等。

四、委托代理、法定代理和指定代理

《劳动争议调解仲裁法》第二十四条规定："当事人可以委托代理人参加仲裁活动。委托人参加仲裁活动，应当向仲裁委员会提交由委托人签名或盖章的授权委托书，委托书应当载明委托事项和权限。"第二十五条规定："丧失或者部分丧失民事行为能力的劳动者，由其法定代理人代为参加仲裁活动；无法定代理人的，有劳动争议仲裁委员会为其指定代理人。劳动者死亡的，由其近亲属或者代理人参加仲裁活动。"劳动争议仲裁代理人是指根据法律的规定、仲裁委员会的指定或者当事人的委托以被代理人的名义，为维护被代理人的利益而参加到仲裁程序中，代替或者帮助被代理人实施仲裁行为的人。劳动争议仲裁代理人的价值体现在：①有利于维护当事人的权利，弥补当事人法律知识的不足；②有利于保证无法参加仲裁者权利的实现；③有利于推动仲裁程序的顺利进行。

（一）劳动争议仲裁活动代理人的特征

（1）劳动仲裁代理人的劳动仲裁代理权的产生基于法律规定、当事人委托和仲裁委员会指定。因劳动仲裁代理权产生的方式不同，劳动仲裁代理权可分为法定代理权、委托代理权和指定代理权。

（2）劳动仲裁代理人只能以仲裁当事人的名义进行仲裁活动，维护被代理人的合法权益。这是代理人的最基本特征，这一特征决定了代理人的地位与当事人的地位相似，因此属于仲裁参加人，而不属于仲裁参与人。

（3）劳动仲裁代理人必须在法律规定、当事人委托和仲裁委员会指定的代理权限范围内从事劳动争议仲裁活动，其法律后果由被代理人承担。如果劳动仲裁代理人的劳动仲裁活动超出委托代理权限范围，被代理人不予承认的，被代理人不承担责任。

（4）劳动仲裁代理人只能代理同一劳动仲裁活动的一方当事人，不能同时代理同一劳动仲裁活动的双方当事人。否则，劳动仲裁代理人无法行使劳动仲裁代理权；即使行使了劳动仲裁代理权，也势必会损害一方当事人的权益。

《劳动争议调解仲裁法》确立了劳动争议仲裁中的三种代理人，分别是委托代理人、法定代理人和指定代理人。

（二）代理种类

1. 委托代理

委托代理，是指基于被代理人的委托授权而发生的代理。仲裁代理是指根据法律规定或者当事人的委托，代理人以被代理人的名义参加仲裁活动。根据有关法律规定，当事人、共同当事人、法定代理人、法定代表人或仲裁活动中的第三人都可以委托 1~2 人代为参加劳动争议仲裁活动。与法定代理人和法定代表人相比，可作为委托代理人的人选范围如下：第一，律师；第二，当事人的近亲属；第三，社会团体和当事人所在单位推荐的人，如受法定代表人委托的本企业职工；第四，其他经劳动争议仲裁委员会许可的公民。

委托代理具有三个特征。

（1）代理权的产生是基于当事人的真实意思表示，即代理权是基于被代理人的授权而非法律规定或者仲裁委员会的指定。这是委托代理最本质的特征。委托代理人受他人委托而从事代理行为，其中有行为能力的当事人可以自行委托代理人，没有行为能力的当事人应由其法定代理人为其委托代理人。由于代理人的代理权限来自于委托，所以如果被代理人撤销授权或者代理人辞去委托后，代理权限消灭。

（2）代理权限由代理人与被代理人协商决定，而非法律规定，代理人必须在当事人或者其法定代理人的授权权限内从事代理行为。由于代理人的代理权限来自于被代理人或者其法定代理人的授权，所以代理人必须在授权范围内从事仲裁行为。超出代理权限的行为，除非被代理人或其法定代理人追认，应该认定为无效。

（3）当事人委托他人参加仲裁活动，应向劳动争议仲裁委员会提交委托书。为了防止代理人越权代理或者无权代理，代理人在从事代理行为时必须向劳动争议仲裁委员会提交由被代理人签章的委托书。委托书中应该明确载明委托的范围和权限。《劳动争议调解仲裁法》第二十四条规定："当事人可以委托代理人参加仲裁活动。委托人参加仲裁活动，应当向仲裁委员会提交由委托人签名或盖章的授权委托书，委托书应当载明委托事项和权限。"一般来说，代理权限可以分为一般委托代理和特别委托代理。一般委托代理，即授权代理人进行一般的仲裁行为：如调查证据、参与开庭审理等，但不能处分实体权利。特别委托代理，除授权代理人代为一般的仲裁行为外，并在授权中赋予代理人有代为承认、放弃或变更仲裁请求，转委托，进行和解，提起反诉或起诉的权利。委托代理书由劳动争议仲裁机构统一印制，格式相对固定，内容由代理人和被代理人双方协商确定。一般应写明代理人和被代理人的姓名、性别、年龄、住址、工作单位和职务。如被代理的是企业一方当事人，应写明企业名称和地址、委托事项、代理权限等。授权委托书是委托代理人取得代为参加劳动争议仲裁活动资格的证明文书，具有法律效力。

（4）委托代理中，被代理人有权变更或解除代理权，代理人也有权辞去委托，但应书面报告劳动争议仲裁机构，并及时通知有关当事人。委托代理人的代理权，在劳动争议仲裁程序终结，或者当事人解除委托，以及代理人辞却、丧失代理能力及死亡时消亡。

2. 法定代理

法定代理是指被代理人基于法律的直接规定而发生的代理，主要适用于被代理人为限制行为能力或无民事行为能力人的情况。根据我国法律规定：18 周岁以上的公民是成年人，具有完全民事行为能力，可以独立进行民事活动；16 周岁以上不满 18 周岁的公民，以自己的劳动收入为主要活动来源的，视为完全民事行为能力人；10 周岁以上的未成年人是限制民事行为能力人，可以进行与他的年龄、智力相适应的民事活动；不满 10 周岁的未成年人是无民事行为能力人；不能辨认自己行为的精神病人是无民事行为能力人；不能完全辨认自己行为的精神病人是限制民事行为能力人，可以进行与他的精神健康状况相适应的民事活动。法定代理人制度确保了这些主体参与法律生活的可能性。

关于我国法律规定的法定代理人范围，我国《民法通则》第十四条、第十六条和第十七条对此作了明确规定。根据该法规定，无民事行为能力人、限制民事行为能力人的监护人是他的法定代理人。根据法律规定，未成年人的父母是未成年人的监护人。未成年人父母已死亡或者没有监护能力的，有下列人员中有监护能力的人担任监护人：①祖父母、外祖父母；②兄、姐；③关系密切的其他亲属、朋友愿意承担监护责任，经未成年人的父母的所在单位或者未成年人住所地的居民委员会、村民委员会同意的。没有上述监护人的，由未成年人的父母的所在单位或者未成年人住所地的居民委员会、村民委员会或者民政部门担任监护人。无民事行为能力或者限制民事行为能力的精神病人，由下列人员担任监护：①配偶；②父母；③成年子女；④其他近亲属；⑤关系密切的其他亲属、朋友愿意承担监护责任，经精神病人的所在单位或未成年人住所地的居民委员会、村民委员会同意的。没有上述监护人的，由精神病人的所在单位或者未成年人住所地的居民委员会、村民委员会或者民政部门担任监护人。《劳动争议调解仲裁法》第二十五条规定："丧失或者部分丧失民事行为能力的劳动者，由其法定代理人代为参加仲裁活动；无法定代理人的，有劳动争议仲裁委员会为其指定代理人。劳动者死亡的，由其近亲属或者代理人参加仲裁活动。"

法定代理人的特征主要有四点。

（1）法定代理人的代理权由法律直接规定，法定代理人的代理权，既不是由代理人的意志决定的，也不是由被代理人的意志决定的，而是由法律直接规定的。因为无民事行为能力和限制行为能力的职工或者死亡的职工，不能正确表达或根本无法表达自己的意思，没有能力委托代理人。作为法定代理人，对无民事行为能力和限制行为能力的职工或者死亡的职工负有义不容辞的代理义务，不以个人意志为转移。法定代理人必须对被代理人、劳动仲裁委员会和社会负责。如遇两个以上法定代理人彼此推诿、拒绝代理，劳动争议仲裁委员会有权指定其中一人代理，被指定的法定代理人必须履行代理义务，代理其参加劳动争议仲裁活动。

（2）法定代理人在劳动争议仲裁活动中处于被代理的当事人同一法律地位，具有全权代理的资格。由于无民事行为能力和限制行为能力的职工或者死亡的职工，不能正确表达或根本无法表达自己的意思，没有能力委托代理人，法定代理人的意志就是被代理人的意志，他们处于同等的仲裁地位，被代理人的权利由法定代理人行使，被代理人的义务由法定代理人承担。法定代理人参加劳动争议仲裁活动的行为，对被代理人直接发生法律效力，产生法律后果。

（3）法定代理人无须办理代理手续。法定代理人是基于亲权关系而产生的，近亲属、监护人经仲裁机构验明身份后即可直接获得代理人的地位，无须另行办理手续。如遇被代理人的亲属死亡时，由未成年人父母所在单位或未成年人和精神病人住所地的居民委员会、村民委员会作为法定代理人。

（4）法定代理人不享有或承担任何实体劳动权利或义务，当事人才是劳动争议仲裁机构裁定的实体劳动权利或义务的享有者或承担者。在劳动争议仲裁活动中，法定代理人如突然丧失代理能力或死亡，虽然可能引起劳动争议仲裁活动的中止，但并不产生劳动争议仲裁活动的终止或终结。法定代理人的代理权，随着被代理人解除监护或者代理人丧失代理能力、死亡而消灭。

3. 指定代理

指定代理是指在丧失或者部分丧失行为能力的劳动者没有法定代理人时，由劳动争议仲裁委员会指定的代理劳动者从事仲裁行为的代理人，是基于仲裁机构或者有关机关的指定行为而发生的代理。

指定代理人有如下特点。

（1）指定代理人是由仲裁委员会直接为劳动者指定的。

（2）仲裁委员会为劳动者指定代理人的前提是其丧失了或者部分丧失了行为能力但是又没有法定代理人。事实上，在劳动仲裁实践中，有时也会出现法定代理人互相推诿、不愿意履行代理人义务的情况。这种情况下，也应该由仲裁委员会为劳动者指定法定代理人中的指定代理人。

（3）指定代理人随着特殊情况的消除而脱离劳动争议仲裁活动。指定代理人是在特别情况下选任的，如果情况有变化，这种代理人亦可脱离劳动争议仲裁活动。如法定代理人或本人可以为仲裁中的行为，设立指定代理的原因消除时，这种代理就无必要，指定代理权亦归于消灭。

【本章思考题】

一、名词解释

劳动争议仲裁　举证责任　劳动争议仲裁共同当事人　劳动争议仲裁第三人
劳动争议仲裁代理人

二、问答题

1. 劳动争议仲裁的特征是什么？
2. 劳动争议仲裁的原则是什么？
3. 劳动争议仲裁委员会的构成及其职责是什么？
4. 法律明确的用人单位应承担举证责任的情形有哪些？
5. 劳动争议仲裁当事人的特征。
6. 劳动争议仲裁当事人的权利与义务。
7. 劳动争议仲裁代理的法律特征以及代理的种类。

三、拓展案例

1. 张川于 2009 年 11 月 11 日入职某化工厂，双方劳动合同约定：张川每日工作 8 小时，每周工作 5 天半，工资为 1500 元/月，其中正常工作时间工资 900 元，加班工资 500 元，补贴 100 元。申请人张川最后工作至 2010 年 3 月 30 日。后双方因工作任务分配不当产生纠纷。张川请求解除合同并要求化工厂支付其加班费。

张川主张 2010 年 3 月延时加班 20 小时、休息日加班（不包含周六上午）18 小时，被申请人仅支付加班工资 500 元，要求被申请人支付 2010 年 3 月加班工资差额。被申请人未提供相关考勤记录，认可申请人有加班，但不确认具体加班情况，主张无法安排调休的已支付了加班工资500元。

请问：该案的举证责任应如何确定？张川的主张能否得到支持？为什么？

2. 张某与某研究所签订劳动合同，期限自2009年1月1日至2011年12月31日。2010年7月26日，张某向研究所递交申请书，要求提前解除劳动合同。2010年8月1日，双方签订解除劳动合同协议书。根据协议，研究所为张某出具解除劳动关系证明并支付张某15 000元补助费。2010年9月，张某申请仲裁，称解除劳动合同协议系受研究所胁迫而签订，要求研究所支付解除劳动合同经济补偿15 000元。

请问：该案的举证责任用应如何确定？为什么？

CHAPTER 6
第六章　劳动争议仲裁程序

[本章提要]

1. 仲裁程序相关规定
2. 申请与受理
3. 劳动争议仲裁调解
4. 开庭审理程序和裁决

[引导案例]

2010年1月~2014年1月，王先生在广东省某市某电子器材销售公司工作，任销售业务员。后来由于经济形势的变化，公司经营不善，进行了经济性裁员，并向被裁减的员工发放一次性经济补偿金。王先生属于被裁员工之列，无奈之下离开了公司，并与公司依法解除了劳动合同。2014年3月，王先生到了湖南找到一份新的工作，在一家电子器材任销售业务员，并签订了劳动合同。王先生在新公司上班后才发现，原来的公司3年多没有向自己支付加班费，于是找到原公司要求补发拖欠的加班费。原公司以经营不善、无力支付为由，拒绝支付。王先生找到了广东省某劳动争议仲裁委员会，要求维权，但被告知，其劳动关系已经转到湖南，不能申请仲裁。接着，王先生又回到湖南找到某劳动仲裁委员会，同样被告知，他要申请仲裁的公司不在该省，不能申请仲裁。王先生陷入了两头犯难的境地。

问题：王先生应该在哪申请仲裁呢？为什么？

劳动争议仲裁程序，是指由劳动争议仲裁法律、法规、规章和政策等规定的，劳动争议仲裁机构及劳动争议仲裁当事人、第三人等为解决劳动争议纠纷而必须遵守的一系列活动规则。国家劳动争议处理立法对处理劳动争议案件的活动过程、方式和手续，分阶段按次序加以规定。劳动争议的仲裁必须按照法定的程序进行，只有在完成前一程序之后，才能进入下一程序。根据《劳动争议调解仲裁法》的规定及劳动争议仲裁实践，劳动争议仲裁程序主要包括申请与受理、仲裁准备、开庭和裁决、裁决执行四个阶段。在各个阶段中，又包括一系列的步骤。

第一节 劳动仲裁相关制度

一、仲裁时效

时效是指一定的事实状态经过一定的时期之后即发生相应的法律后果的一种法律制度。仲裁时效是指权利人在法定的期间内不行使请求劳动争议仲裁机构保护其民事权利请求权，就丧失该权利的法律制度。仲裁时效本身就是一种法律事实，能引起一定的法律后果。第一，仲裁的法定期限由国家颁布的劳动法律、法规明确规定。第二，具有时效期限届满以前当事人未行使其权利的法律事实。第三，超过法定期限的请求权，劳动争议仲裁机关一般不予受理。劳动争议仲裁机关受理的案件，都是用人单位与劳动者个人在劳动过程中发生的争议。这些争议如不能及时解决，将影响到劳动者的切身利益，影响到用人单位的正常的工作秩序和生产秩序。例如，有的证人因搬迁而难以找到，有的证人因时间太长而记忆模糊，有些证据因时间过长而消失。当出现了上述情况时，劳动争议的仲裁机关就很难作出符合客观情况的裁决，或者造成人力、物力、时间上的浪费。因此，当事人申请仲裁就必须有一个时效期限。规定申请仲裁时效，其目的是避免因时间过长，难以收集证据，从而有利于及时查清事实真相，解决劳动争议。超过这一期限，当事人就会失去申诉权，劳动争议仲裁机关可以不予受理。

（一）《劳动争议调解仲裁法》实施前的劳动仲裁时效演变

《企业劳动争议处理条例》首次使用了"申请仲裁时效"这个法律术语，其中第二十三条规定："当事人应当从知道或者应当知道其权利被侵害之日起六个月内，以书面形式向仲裁委员会申请仲裁。当事人因不可抗力或者有其他正当理由超过前款规定的申请仲裁时效的，仲裁委员会应当受理。"而《劳动法》第八十二条则以法律形式规定了劳动争议仲裁申请期间，该款明确规定："提出仲裁要求的一方应当自劳动争议发生之日起六十日内向劳动争议仲裁委员会提出书面申请，仲裁裁决一般应在收到仲裁申请的六十日内作出。对仲裁裁决无异议的，当事人必须履行。"

关于仲裁时效的起算问题，《劳动法》规定，应当从劳动争议发生之日起算。而原劳动部《关于贯彻执行〈中华人民共和国劳动法〉若干问题的意见》第八十五条将"劳动争议发生之日"进一步拓展，解释为"当事人知道或应当知道其权利被侵害之日"，《最高人民法院关于审理劳动争议案件适用法律若干问题的解释（二）》第一条规定了可视为"劳动争议发生之日"的情形:"人民法院审理劳动争议案件,对下列情形,视为劳动法第八十二条规定的'劳动争议发生之日':(一)在劳动关系存续期间产生的支付工资争议,用人单位能够证明已经书面通知劳动者拒付工资的,书面通知送达之日为劳动争议发生之日。用单位不能证明的,劳动者主张权利之日为劳动争议发生之日。(二)因解除或者终止劳动关系产生的争议,用人单位不能证明劳动者受到解除或者终止劳动关系书面通知时间的,劳动者主张权利之日为劳动争议发生之日。(三)劳动关系解除或者终止后产生的支付工资、经济补偿金、福利待遇等争议,劳动者能够证明用人单位承诺付出的时间为解除或者终止劳动关系后的具体日期的,用人单位承诺支付之日为劳动争议发生之日。劳动者不能证明的,解除或者终止劳动关系之日为劳动争议发生之日。"

关于仲裁时效中止、中断的问题,《劳动法》并没有作出任何规定。《最高人民法院关于审理劳动争议案件适用法律若干问题的解释(二)》第十二条规定:"当事人能够证明在申请仲裁期间因不可抗力或者其他客观原因无法申请仲裁的,人民法院应当认定申请仲裁期间中止,从终止的原因消灭之次日起,申请仲裁期间连续计算。"而本解释第十三条规定了仲裁中断的情形:"事人能够证明在申请仲裁期间内具有下列情形之一的,人民法院应当认定申请仲裁期间中断:(一)向对方当事人主张权利;(二)向有关部门请求权利救济;(三)对方当事人同意履行义务。申请仲裁期间中断的,从对方当事人明确拒绝履行义务,或者有关部门作出处理决定或明确表示不予处理时起,申请仲裁期间重新计算。"

(二)现行劳动仲裁时效的规定

1. 劳动仲裁时效的起算与期限

《劳动争议调解仲裁法》规定申诉时效为1年,即当事人从知道或者应当知道其权利被侵害之日起1年内,以书面形式向仲裁委员会申请仲裁。当事人知道或者应当知道其权利被侵害,是当事人请求劳动争议仲裁委员会保护其权利的基础,从这一时间点开始计算仲裁时效期间,符合仲裁时效是当事人请求仲裁委员会保护权利的法定期间。

《劳动法》第八十二条规定:"提出仲裁申请要求一方应当自劳动争议发生之日起60日内向劳动争议仲裁委员会提出书面申请"。"劳动争议发生之日",按照原劳动部《关于贯彻〈中华人民共和国劳动法〉若干意见》第八十五条的解释为"当事人知道或者应当知道其权利被侵害之日"。而《最高人民法院关于审理劳动争议案件适用法律若干问题的解释(二)》第一条中对于劳动法规定的"劳动争议发生之日"诉讼时效起算点及举证责任进一步明确:在劳动关系存续期间,因工资支付发生争议,争议发生日的举证责任由单位承担,如单位不能证明,则按劳动者主张权利的时间为争议发生日,实际上是把劳动争议发生日的时效起算,由劳动者自己主张。这样避免有些用人单位采取各种措施故意拖欠员工工资,员工因与单位存在劳动关系,担心被解除或遭报复而不敢及时主张权利错过仲裁时效,丧失受法律保护的机会。而《劳动争议调解仲裁法》进一步统一和明确了劳动争议仲裁时效的起算,即以当事人知道且应当知道其权利被侵害之日起计算。

知道权利被侵害,指当事人现实地于主观上已明了自己权利被侵害事实的发生;应当知道其权利被侵害,指当事人尽管于主观上不明了其权利已被侵害的事实,但他对权利被侵害的不知情,是出于对自己的权利未尽必要注意的情况。也就是说,当事人之所以不知道权利被侵害不是出于客观原因，而是自己主观的懈怠、疏忽等原因所致。

另外值得注意的是，关于劳动争议仲裁时效的特殊起算主要是针对拖欠劳动报酬的劳动争议纠纷而言的。如果在双方劳动关系存续期间发生拖欠劳动报酬，产生争议，不受劳动争议仲裁时效的限制。也就是说，在劳动关系存续期间，即使拖欠劳动报酬已经超过了一年，也不影响当事人向劳动争议仲裁委员会申请仲裁的权利。但是，如果双方的劳动关系终止，因拖欠劳动报酬而产生争议的劳动争议案件的仲裁时效期间从劳动关系终止之日起开始计算，时效期间是一年。

《劳动法》规定，提出仲裁申请要求一方应当自劳动争议发生之日起60日内向劳动争议仲裁委员会提出书面申请。而《劳动争议调解仲裁法》规定申请时效为1年，因此根据新法优于旧法的法律效力原则，申诉时效为1年。在实际操作中，有些劳动争议案件案情复杂，劳动者难以在60日内申请仲裁，因此往往会出现超过了仲裁时效而得不到保护的情况。在当前的劳动市场，一些"弱势群体"，如刚毕业的大学生或者农民工因为缺乏相关经验或者法律知识，不会在劳动争议发生的初期就去申请仲裁，而是等到迫不得已才主张权利，这时候往往已经超过60日的仲裁时效期间。因此，在制定该法的时候，参照了《民法通则》关于特殊民事权利的诉讼时效的规定，结合实际情况，将劳动争议仲裁的时效期间定为一年。

2. 劳动仲裁时效的中止和中断

根据《劳动争议调解仲裁法》的第二十七条第二、第三、第四款之规定，关于仲裁时效的规定有三种例外情况：仲裁时效中断、仲裁时效中止和特殊仲裁时效起算。特殊仲裁时效起算于上文已详细描述，故不再赘述。

仲裁时效中断是指，在仲裁时效进行期间，因发生法定事由，使得已经经过的仲裁时效期间归于无效，待中断事由消除后，重新开始计算时效期间。根据《劳动争议调解仲裁法》第二十七条第二款规定，仲裁时效中断的法定事由包括三个。①向对方当事人主张权利。当事人主张权利是其行使权利的行为，因而诉讼时效期间中断，如劳动者向用人单位请求支付经济补偿金。②向有关部门请求权利救济，如向企业劳动争议调解委员会等劳动争议调解组织请求调解或者向有关的劳动行政部门进行投诉，要求解决等都可以构成仲裁时效的中断。③对方当事人同意履行义务，即当事人对权利人表示承认其权利的存在，愿意履行义务，如以口头或者书面方式对权利人或其代理人作出通知、请求延期给付、清偿部分债务等行为都可以构成当事人同意履行义务。

仲裁时效期间中断后，已经经过的时效期间全部作废。待中断事由消除后，时效期间重新计算。

劳动争议仲裁时效的中止，是指在仲裁时效期间进行中，因发生一定的法定事由使权利人不能行使请求权，暂时停止计算仲裁时效期间，待阻碍时效期间进行的法定事由消除后，继续进行仲裁时效期间的计算。根据《劳动争议调解仲裁法》第二十七条第三款规定，劳动争议仲裁时效中止的法定事由包括不可抗力或者其他正当理由。不可抗力是指不能预见、不能避免和不能克服的客观情况。发生不可抗力时，权利人主观上要求行使权利，但客观上无法行使，法律予之以中止的救济手段。其他正当理由为概括性的规定，根据学说解释，主要概括为以下情况：阻碍权利人行使权利的客观事实；无法克服的客观障碍，如自然灾害、权利人无民事行为能力法定代理人死亡等；用人单位被解散、撤销、兼并等而未确定权利义务承受人的；其他构成行使权力之障碍的事由，由法官以自由裁量权决定。

仲裁时效期间中止后，中止的期间不计入时效期间内。待中止事由消除后，时效期间继续进行，与中止前已经过的时效期间合并计入总的时效期间。

应该注意的是，仲裁时效中断和仲裁时效中止之间具有一些重要的区别。①发生的事由不同。时效中止的法定事由出于当事人的主观意志不能决定的事实；而中断的法定事由为当事人的主观意志所能左右的事实。②法律效果不同。时效中止的法律效果为不将终止事由发生的时间计入时效时间，中止事由发生前后经过的时效期间合并计算为总的时效时间；而中断的法律效果为于中断事由发生后，已经经过的时效期间全部作废，重新开始计算时效期间。

二、仲裁管辖

劳动争议仲裁管辖，是指确定劳动争议仲裁机构受理劳动争议案件的权限和范围，即各级或同级劳动争议仲裁机构受理劳动争议案件在职权范围上的具体分工。劳动争议仲裁机构对劳动争议案件进行受理和处理的权限，就是劳动争议仲裁管辖权。

《劳动争议调解仲裁法》第二十一条规定，劳动争议仲裁委员会管辖本区域内发生的劳动争议。劳动争议由劳动合同履行地或者用人单位所在地的劳动争议仲裁委员会管辖。双方当事人分别向劳动合同履行地和用人单位所在地的劳动争议仲裁委员会申请仲裁的，由劳动合同履行地的劳动争议仲裁委员会管辖。这一规定，一改以往《企业劳动争议处理条例》繁杂的规定，充分考虑现实情况赋予了劳动仲裁当事人更多选择权，既可以选择用人单位所在地也可以选择劳动合同履行地申请仲裁，不仅有利于劳动争议当事人权益的维护，也便于查清案件事实，有利于仲裁的审理。对于上述关于仲裁管辖的规定，我们可以分成以下几个方面理解。

1. 不采取级别管辖

根据《劳动争议调解仲裁法》规定，劳动争议仲裁委员会按照统筹规划、合理布局和适应实际需要的原则设立。省、自治区人民政府可以决定在市、县设立；直辖市人民政府可以决定在区、县设立。直辖市、设区的市也可以设立一个或者若干个劳动争议仲裁委员会。由于劳动争议仲裁委员会不按行政区域层层设立，因而其地域管辖也不按行政区域划分。原《企业劳动争议处理条例》中所坚持的级别管辖原则在新法中已不再采用。这样能够方便为当事人申请仲裁提供便利，同时也能节约仲裁资源和降低成本，降低当事人的维权成本。

2. 一般地域管辖

《劳动争议调解仲裁法》规定劳动争议由劳动合同履行地或者用人单位所在地的劳动争议仲裁委员会管辖。劳动争议仲裁委员会负责管辖本区域内发生的劳动争议。这是明确劳动争议仲裁管辖的地域管辖。也就是说，发生劳动争议，申请人可以选择向劳动合同履行地或者用人单位所在地的劳动争议仲裁委员会中的任何一个劳动争议仲裁委员会提起仲裁申请。值得注意的是，《劳动人事争议仲裁办案规则》中规定："劳动合同履行地为劳动者实际工作场所地，用人单位所在地为用人单位注册、登记地。用人单位未经注册、登记的，其出资人、开办单位或主管部门所在地为用人单位所在地。案件受理后，劳动合同履行地与用人单位所在地发生变化的，不改变争议仲裁的管辖。多个仲裁委员会都有管辖权的，由先受理的仲裁委员会管辖。"规定中的用人单位所在地是指用人单位的注册、登记地，劳动合同履行地必须是劳动者实际工作的场所地。选择劳动合同履行地的劳动争议仲裁委员会进行劳动争议仲裁，既方便劳动者和用人单位参加仲裁活动，也方便劳动仲裁委员会对仲裁案件的审理活动；且一旦仲裁裁决发生法律效力，当事人向人民法院申请强制执行时，还便于人民法院进行强制执行。

3. 特殊地域管辖

《劳动争议调解仲裁法》规定，如果劳动合同的履行地和用人单位的所在地分属不同的劳动争议仲裁委员会，双方当事人分别向劳动合同履行地和用人单位所在地的劳动争议仲裁委员会申请仲裁的，由劳动合同履行地的劳动争议仲裁委员会管辖。也就是出现围绕同一争议双方当事人互为申请人和被申请人的两个争议案件时，由劳动合同履行地的劳动争议仲裁委员会管辖。这主要是为了解决当事人就劳动争议仲裁委员会的管辖权发生争议时，如何确定劳动争议仲裁管辖的问题。这一规定较以往的立法有较大的变化。根据《企业劳动争议处理条例》第十八条的规定，发生劳动争议的企业与职工不在同一个仲裁委员会管辖地区的，由职工当事人工资关系所在地的仲裁委员会审理劳动争议案件，可能导致当事人申请仲裁和应诉极不方便的状况出现，而且也不利于仲裁机关调查取证和公正裁决。从法条上讲，《劳动争议调解仲裁法》关于特殊地域管辖的规定排除了双方当事人约定管辖权。但从某种意义上来说，本着简便处理的原则，如果企业和员工都选择在企业所在地管辖，法律也不加以干涉。

4. 移送管辖和指定管辖

移送管辖即劳动争议仲裁委员会将已经受理的无管辖权的劳动争议案件移送给有管辖权的劳动争议仲裁委员会。劳动争议仲裁委员会发现受理的劳动争议案件不属于本委员会管辖时，应当移送有管辖权的劳动争议仲裁委员会。《劳动人事争议仲裁办案规则》第十三条规定："仲裁委员会发现已受理的案件不属于其管辖范围的，应当移送至有管辖权的仲裁委员会，并书面通知当事人。对上述移送案件，受移送的仲裁委员会应依法受理。 受移送的仲裁委员会认为受移送的案件依照规定不属于本仲裁委员会管辖，或仲裁委员会之间因管辖争议协商不成的，应当报请共同的上一级仲裁委员会主管部门指定管辖。

另外，对管辖问题还值得注意的一点是：在2013年2月1日起实施的《最高法院关于审理劳动争议案件适用法律若干问题的解释（四）》第一条规定，劳动人事争议仲裁委员会以无管辖权为由对劳动争议案件不予受理，当事人提起诉讼的，人民法院按照以下情形分别处理：①经审查认为该劳动人事争议仲裁委员会对案件确无管辖权的，应当告知当事人向有管辖权的劳动人事争议仲裁委员会申请仲裁；②经审查认为该劳动人事争议仲裁委员会有管辖权的，应当告知当事人申请仲裁，并将审查意见书面通知该劳动人事争议仲裁委员会，劳动人事争议仲裁委员会仍不受理，当事人就该劳动争议事项提起诉讼的，应予受理。这是在遭到劳动争议仲裁委员以管辖为理由不予受理情况时的处理方式。

5. 不采取协定管辖

协定管辖是民商事仲裁中坚持的一项基本原则，即允许当事人协议选择仲裁委员会进行仲裁，而劳动争议仲裁中不允许双方当事人协议选择劳动合同履行地或用人单位所在地以外的其他劳动争议仲裁委员会进行管辖。这对于劳动争议仲裁机关独立公正的审理劳动争议案

件意义重大。

三、仲裁回避制度

在劳动争议的仲裁活动中，为确保仲裁工作的公正性，《劳动争议调解仲裁法》建立了回避制度。仲裁委员会组成人员或者仲裁员有下列情况之一的，当事人有权以口头或者书面方式申请其回避。

（1）是案件当事人或者当事人、代理人的近亲属的。

（2）与案件有利害关系的。

（3）与案件当事人、代理人有其他关系，可能影响公正裁决的。

（4）私自会见当事人、代理人，或者接受当事人、代理人的请客送礼的。

仲裁员回避主要有两种方式：一是"自行回避"；二是"当事人提出回避"。"自行回避"是指仲裁员知道自己具有应当回避的情形，自己向劳动仲裁争议委员会提出回避的申请，不参加案件的审理。"当事人提出回避"是指仲裁员没有自行回避，双方当事人和他们的法定代理人有权向仲裁委员会提出申请，要求其回避。申请回避是当事人及其法定代理人的一项基本权利，任何人不能剥夺。劳动仲裁委员会对于回避申请应当及时作出决定，并以口头或者书面方式通知当事人。

当事人提出回避申请，应当说明理由，在案件开始审理时提出；回避事由在案件开始审理后知道的，也可以在庭审辩论终结前提出；当事人在庭审辩论终结后提出的，不影响仲裁程序的进行，当事人因此对仲裁裁决不服的，可以依法向人民法院起诉或者申请撤销。被申请回避的人员在仲裁委员会作出是否回避的决定前，应当暂停参与本案的处理，但因案件需要采取紧急措施的除外。

对于仲裁委员会主任的回避，由仲裁委员会决定；仲裁委员会其他成员、仲裁员和其他人员的回避由仲裁委员会主任决定。

此外，参照《民事诉讼法》、《仲裁法》等法律有关回避的规定，回避不仅适用于组成该案件仲裁庭的仲裁员，适用对象还应包括劳动仲裁委员会的委员、书记员、鉴定人、勘验人及翻译人员。

四、撤诉

劳动争议仲裁中的撤诉，是指仲裁委员会受理劳动争议案件后至宣告裁决前，申请人主动要求撤回申诉或放弃申诉请求的行为。撤诉是当事人行使自己诉权的一种方式。

申请人撤诉后，仲裁委员会终止对案件的审理。撤诉有两种情况。

（1）申请人申请撤诉。仲裁庭作出裁决前，对申请人申请撤诉的，由仲裁庭进行审查，主要审查撤诉的申请人是否由申请人及其法定代理人或经申请人特别授权的委托代理人提出；撤诉是否是申请人自愿提出；撤诉是否违反法律的规定等。仲裁庭经审查后决定其撤诉是否成立。是否准许的决定须在申诉人申请之日起 7 日内作出。

（2）视为撤诉。视为撤诉也称为推定撤诉或按撤诉处理。《劳动争议调解仲裁法》第三十六条规定，申请人收到书面通知，无正当理由拒不到庭或者未经仲裁庭同意中途退庭的，可以视为撤回仲裁申请。

撤诉后再申请的处理。申诉人撤诉或仲裁委员会按撤诉处理的劳动争议案件，如果申诉人就同一仲裁请求再次申请仲裁，只要符合受理条件，劳动争议仲裁委员会应当再次立案审理，以充分保护当事人的合法权益。申请仲裁时效期间从撤诉之日起重新开始计算。

五、证据

（一）证据的概念及特征

证据是指能证明主体提供的用来证明案件事实的材料。证据经过查证属实的，才能作为认定事实的依据。所谓查证属实是指证据在仲裁庭的主持下，经过当事人出示、对方质证和仲裁庭认证三个程序，认定出示的证据可作为案件的依据。

证据作为证明事实的材料，具有以下三个特征。①客观性。证据是客观存在的材料，而不是任何人主观臆造的。因此其必须是真实可靠的，否则以它为根据认定的案件事实不可能是客观真实的。②关联性。关联性又称作相关性，是指当事人出示的证据必须与所需要证明的案件事实存在一定的客观联系。如果与案件事实无关，即便是客观事实，也不能作为认定事实的证据。③合法性。合法性是指证据必须按照法定程序收集和提供，必须符合法律规定的条件，合法性包括两层含义，一是指证据的调查、收集、审查、认定必须符合法定程序；二是指证据的形式应当合法。

（二）劳动争议仲裁涉及的证据种类

1. 理论上的分类

第一，仲裁诉讼证据按照其来源，分为原始证据和传来证据。

原始证据，是指直接在案件事实的作用或影响下所形成的证据，也就是通常所说的来自第一手的证据。例如，亲眼看到的有关劳动争议案件活动的证人证言，被诉方对争议问题的陈述，能够反映争议事实的文件原本和原始物件（劳动合同、工资统计表等）。

传来证据，是指从原始证据中派生出来的证据，或者说是来自第二手的证据。例如，证人陈述的别人看到或听到的事实，有关案件事实的文件的副本或复印件，物证的复制品等。

因为原始证据最接近案件事实，而传来证据是经过转手了的证据。所以，原始证据比传来证据要可靠得多。在劳动争议的仲裁中应尽可能地收集和使用原始证据。但是由于劳动争议案件非常复杂，争议的问题又常常涉及劳动关系双方当事人的切身利益。因此，原始证据往往在收集中有一定的困难。当不能得到原始证据或原始证据难以判断时，应注意收集传来证据。通过传来证据，仲裁人员可能会发现新的原始证据，或对原始证据加以核实。

第二，按照证据对案件主要事实的证明关系，又可以分为直接证据和间接证据。

直接证据，是指能直接证明案件主要事实的证据。这种证据与案件主要事实之间存在着直接联系，能够证明案件主要事实的存在或者不存在的结论。例如，如果举出当事人间订立的书面劳动合同就可以直接证明当事人之间的劳动法律关系是否成立，当事人是否违反劳动合同所定的义务；证人提供直接看到被诉人违反劳动政策，打击报复申诉人的证言；被诉人违反劳动法规、对申诉人打击报复的供认；申诉人指认被诉人违反劳动法律关于对申诉人的劳动安全卫生保护，以致造成工伤事故的发生等。当直接证据经查证属实。就能够直接证明被诉人的行为是否违法。

间接证据，是指不能单独地直接证明案件主要事实，而必须同其他证据联系起来才能证明案件主要事实的证据。间接证据，是指与案件主要事实有间接联系的材料，也就是常常说的旁证材料。例如，证人证明当事人之间在发生争议前已经有矛盾，或者证明某人曾在发生争议前到过劳动争议的现场。在间接证据查实之后，并不能单独地直接地证明案件的主要事实，而只能证明与案件有关的部分情节。只有把它与其他证据相联系，才能推论出案件主要事实的结论。直接证据在收集中通常会有一定的困难，在不能得到原始证据或原始证据难以判断时，应注意收集间接证据。劳动争议仲裁机关处理劳动争议案件中，对收集到的间接证据，应综合、全面、慎重地对待。首先，必须审查每一间接证据的来源，搞清它们之间的相互联系和彼此有无矛盾与抵触；其次，要审查各种间接证据和案件主要事实之间的关系以决定是否可以作为认定案件事实的根据。通过间接证据，仲裁人员可能会发现新的直接证据，或对直接证据加以核实。

2. 法律上的分类

1）书证

凡是用文字记载人的思想或行为，以及用符号、图画表达人的思想，其内容对案件的真实情况具有证明作用的物品，称为书证。作为劳动争议案件的书证，指对案件的真实情况有证明作用的文件或其他书面材料，如劳动合同、违纪处分通知书、辞退证明、工资单、病假条、医院诊断证明、考勤记录等。由于劳动争议的双方当事人在确定劳动关系的时候，常常通过书面形式规定权利和义务。所以，书证在争议仲裁活动中使用相当广泛。

仲裁人员在审查书证时，应注意以下几点：①书证是由谁，在什么情况下，什么时间内完成的。②书证是否经过变造或者伪造。③书证的内容是否与争议案件有关。

2）物证

能够用以查明案件真实情况的所有物品和痕迹，称为物证。在劳动争议中，造成伤亡事故的设备、职工损坏的工具、工作时间内打架斗殴使用的器械等均可作为物证。物证是一种客观存在的具体物品和痕迹，具有较强的客观真实性。比较容易查实，不易受主观因素的影响。因此，物证除了能够证明案件事实外，还可以用来验证其他证据的真伪。

仲裁人员在审查物证时，应注意以下几点。①物证的来源，即物证是在何处，通过什么方式提取的。②物证的真实程度，是否伪造。③物证的特征是否因时间、环境的改变而发生了变化。④物证与争议案件是否有关。

3）证人证言

证人就其了解的案件情况，向仲裁人员所作的陈述，称为证言。劳动争议仲裁中的证人证言，是指当事人以外的知情人以书面形式或口头形式陈述的有关争议的情况。法律只要求证人陈述与争议有关的事实，而不要求其对这些事实加以判断。与争议案件无关的事实，或者证人的估计、猜测等，不能作为证言的内容。证人陈述的情况，可以是亲自听到或者看到的，也可以是别人转告的。证人对别人转告的情况，必须说明来源。

仲裁人员在审查证人证言时，应注意以下几点。①证人证言是否与其他证据相一致。②证人证言的来源。③证人提供证言时，是否受到外界环境的影响。④证人与争议的处理结果是否有利害关系。⑤证人与争议的当事人是否有某种特殊的关系。

4）争议当事人陈述

争议当事人陈述，即劳动争议当事人和第三人以书面或者口头形式陈述的有关争议的事实。当事人陈述既包括对己有利的事实，也包括对与己不利的事实的承认。所谓当事人的承认，就是当事人就对方所陈述的不利于己的案件事实，承认其真实性。承认必须是有明确的语言文字表示。在劳动争议的仲裁活动中，询问当事人是获得当事人陈述的一种主要方式。询问当事人应当制作笔录，并交给当事人阅后签名或盖章。

仲裁人员在审查争议当事人陈述时，应注意以下几点。①当事人对同一事实的陈述在不同的时间、地点是否一致。②不同的当事人对同一事实的陈述是否一致。③陈述与其他的证据是否相符。

5）勘验笔录

勘验笔录是劳动争议仲裁人员对争议的事实发生地及争议的物证进行现场检验、分析观察时所作的笔录。在处理职工因违纪辞退的争议中，有时需要对违纪现场进行勘验、检查，以确定职工行为的严重程度和后果。勘验、检查的情况应当制作笔录，如实记录整个活动的过程，由参加勘验、检查的人员和见证人签名或者盖章。

仲裁人员在审查勘验笔录时，应注意以下几点。①笔录是否合乎法律的要求，如勘验、检查人员有无勘验、检查权力，有无见证人在场。②笔录记载的内容是否全面、准确。③笔录中所载的证据是否与其他途径收集来的证据相符。

6）鉴定结论

鉴定结论是仲裁机关邀请有专业知识和专业技能的人员进行判断和鉴定后出具的结论。在劳动争议的处理中，鉴定包括精神鉴定、伤势鉴定、文字鉴定、技术鉴定、会计鉴定等。鉴定人在鉴定完成后，要作出鉴定结论，并按照规定制作鉴定书。

仲裁人员在审查鉴定结论时，应注意以下几点。①鉴定所依据的材料是否可靠和充分。②鉴定人是否具备完成鉴定所需的专业知识和经验。③鉴定人在进行鉴定活动时的环境，即是否受到外界的干扰。④鉴定结论的论据是否充分，推论是否合理，论据与结论之间是否矛盾。

7）视听资料

视听资料是采用录音、录像、拍照、计算机等手段记录下的，能够证明劳动争议事实的材料。另外，根据《最高人民法院关于适用〈中华人民共和国民事诉讼法〉的解释》规定，视听资料包括录音资料和影像资料。电子数据是指通过电子邮件、电子数据交换、网上聊天记录、博客、微博客、手机短信、电子签名、域名等形成或者存储在电子介质中的信息。存储在电子介质中的录音资料和影像资料，适用电子数据的规定。视听资料证据在两个阶段形成。一是在劳动争议的发生过程中；二是在劳动争议的仲裁机关的调查取证过程中。

仲裁人员在审查视听资料时，应注意以下几点。①资料的来源。②资料产生的时间与环境。③资料是否伪造、变造。④资料与其他证据是否相符。

8）数据电文

数据电文与现代通信技术相联系，包括电报、电传、传真、电子数据交换和电子邮件等。这是适应信息时代要求而出现的一种新的证据形式。电子数据交换（electronic data interchange，EDI）是一种由电子计算机及其通信网络处理业务文件的技术，作为一种新的电子化贸易工具，又称为电子合同。用有形载体固定或者表现的电子数据交换、电子邮件等电脑储存资料的复印件，其制作应经公证或者经对方当事人确认后，才具有同等的证明力。

第二节　申请和受理

一、劳动争议案件的仲裁申请

劳动争议案件的仲裁申请是指劳动争议当事人在自己的合法权益受到侵害时，向劳动争议仲裁机构提出申请，要求依法保护自己权益的行为。仲裁申请是启动劳动争议仲裁程序的第一个步骤。劳动争议仲裁机关受理劳动争议案件，与人民法院受理民事案件一样，实行"不告不理"的原则。当事人的申请是仲裁机构行使仲裁职权的前提条件。没有当事人的仲裁申请，劳动争议仲裁机构无权对劳动争议进行主动干预和处理。

（一）申请条件

根据我国有关法律规定，劳动争议仲裁机构收到当事人申请仲裁的书面材料后，必须进行审查。对于符合国家有关受理案件的规定的应当受理；不符合规定的，应当告知当事人不予受理并说明理由。根据《劳动争议调解仲裁法》的规定，当事人向劳动争议仲裁机关申请仲裁时，必须递交请求仲裁的申请书，并按照被申请人的人数提交副本，以此作为向劳动争议仲裁机关申诉的依据。如果当事人委托代理人参加仲裁的，必须同时递交授权委托书，并在委托书中明确委托事项和权限。根据《劳动争议调解仲裁法》和《劳动法》的相关规定，申请人向劳动争议仲裁机构申请仲裁，必须具备以下条件。

（1）申请人必须是与劳动争议案件有直接利害关系的劳动者或企业、事业单位、机关、团体等法人和非法人。所谓"与本劳动争议案件有直接的利害关系"，是指必须是劳动权利享有者或劳动义务履行者。由于申诉人是与本案件有直接利害的关系人，因而他提起申请的目的是保护自己的合法权益。提出申请的申请人必须符合当事人的特征。

（2）申请仲裁的争议必须是劳动争议，即具有劳动关系的用人单位与其职工之间因劳动权利和义务发生的争议。

（3）申请仲裁的劳动争议必须是属于劳动争议仲裁委员会的受理范围的劳动争议。根据《劳动争议调解仲裁法》的规定，在中华人民共和国境内发生的劳动者与用人单位发生的适用上述法律的劳动争议包括：①因确认劳动关系发生的争议；②因订立、履行、变更、解除和终止劳动合同发生的争议；③因除名、辞退和辞职、离职发生的争议；④因工作时间、休息休假、社会保险、福利、培训及劳动保护发生的争议；⑤因劳动报酬、工伤医疗费、经济补偿或者赔偿金等发生的争议；⑥法律、法规规定的其他劳动争议。值得注意的是，根据《最高人民法院关于审理劳动争议案件适用法律若干问题的解释（二）》的规定，下列纠纷不属于劳动争议：①劳动者请求社会保险经办机构发放社会保险金的纠纷；②劳动者与用人单位因住房制度改革产生的公有住房转让纠纷；③劳动者对劳动能力鉴定委员会的伤残等级鉴定结论或者对职业病诊断鉴定委员会的职业病诊断鉴定结论的异议纠纷；④家庭或者个人与家政服务人员之间的纠纷；⑤个体工匠与帮工、学徒之间的纠纷；⑥农村承包经营户与受雇人之间的纠纷。在进行劳动争议仲裁申请的时候，上述纠纷是不能按照劳动争议进行处理的，需要采取其他方法解决。

（4）申诉人必须向有管辖权的劳动争议仲裁委员会提出仲裁申请。《劳动争议调解仲裁法》第二十一条规定："劳动争议仲裁委员会负责管辖本区域内发生的劳动争议。劳动争议由劳动合同履行地或者用人单位所在地的劳动争议仲裁委员会管辖。双方当事人分别向劳动合同履行地和用人单位所在地的劳动争议仲裁委员会申请仲裁的，由劳动合同履行地的劳动争议仲裁委员会管辖。"根据该法的规定，劳动争议仲裁委员会按照统筹规划、合理布局和适应实际需要的原则设立。省、自治区的人民政府可以决定在市、县设立仲裁委员会；直辖市人民政府可以在区、县一级设立。劳动争议仲裁委员会不按照行政区层层设立。这就会出现劳动争议的管辖区域与各级行政区划分不一致的情况，这就需要省级人民政府在设立委员会的同时划定该委员会的管辖区域。在这一前提下，根据该条第二款的规定，劳动争议由劳动合同履行地或者用人单位所在地的劳动仲裁委员会管辖，按此理解，只要发生争议的当事人一方的用人单位所在地或者发生争议的当事人之间的劳动合同履行地是在同一个劳动争议仲裁委员会的管辖范围内，则该委员会就具有管辖权。当事人必须到有管辖权的委员会申请仲裁。

（5）仲裁申请必须在法定的申诉时效内提出。关于时效问题已在第二节阐述，此处不再赘述。

（6）必须有明确的被申请人和具体的仲裁请求及事实依据。被申请人是劳动争议仲裁活动中不可缺少的当事人。只有在被诉方明确的情况下，争议的事实方能查清，申请人的请求才能有人承受，仲裁活动才能开展。同时，申请人还必须提出明确的仲裁请求，即要求仲裁机关通过其仲裁工作使被诉人履行何种义务。仲裁请求应尽可能详细、具体。在请求明确的同时，申请人还应能够提供与请求相联系的事实根据。通常这些事实根据应包括争议发生的时间、地点、周围环境、争议经过、仲裁请求依据的有关法律文书（如劳动合同、规章制度）。申请书及有关材料必须齐备，并符合要求。

（二）申请方式与申请书的内容

仲裁申请包括书面申请和口头申请两种方式，以书面申请为原则，口头申请为例外。《劳动争议调解仲裁法》第二十八条第一款规定："申请人申请仲裁应当提交书面仲裁申请，并按照被申请人人数提交副本。"以书面形式申请仲裁，可以让申请人明确地表达仲裁请求，以及事实和理由，同时也利于仲裁委员会进行审查并决定是否受理，方便被申请人行使答辩的权利，有助于仲裁活动的顺利进行。根据该条第三款规定，书写仲裁申请的确有困难的，可以口头申请，由仲裁委员会记入笔录，并告知对方当事人，笔录由申请人签名或盖章，与书面申请具有同等效力。这里所指的"书写仲裁申请确有困难"，是指申请人文化水平低或法律知识欠缺，使得自行书写仲裁申请确有困难的情形。

仲裁申请书是申请人向劳动争议仲裁委员会提出要求对争议事项进行仲裁的书面申请，是重要的仲裁文书。《劳动争议调解仲裁法》对申请书的内容进行了规范，这既有利于申请人写清楚事实，以及所依据的事实和理由，也有利于被申请人提前知晓仲裁的内容，方便接下来的仲裁程序的展开。

根据《劳动争议调解仲裁法》第二十八条的规定，仲裁申请书应当载明下列事项。

（1）劳动者的姓名、性别、年龄、职业、工作单位和住所，用人单位的名称、住所和法定代表人或者主要负责人的姓名、职务。

（2）仲裁请求和所根据的事实、理由。

（3）证据和证据来源、证人姓名和住所。

二、劳动争议仲裁申请的受理

（一）劳动争议仲裁受理的管辖

具体内容见本章第二节规定。

（二）对仲裁申请的审查

仲裁申请是劳动争议仲裁案件开始的前提，而受理是劳动争议仲裁程序的正式开始，因此受理在劳动争议案件的仲裁中处于重要的地位。仲裁委员会的办事机构负责劳动争议案件受理的日常工作。审查仲裁申请具体由办事机构工作人员进行，审查主要从程序上进行。

审查的主要内容包括：①申诉人是否与本案有直接利害关系；②申请仲裁的争议是否属于劳动争议；③申请仲裁的劳动争议是否属于仲裁委员会的受理范围；④该劳动争议是否属于本仲裁委员会管辖；⑤申请书及有关材料是否齐备并符合要求；⑥申诉时间是否符合申请仲裁的时效规定。

劳动争议仲裁委员会的办事机构负责劳动争议案件受理的日常工作，在仲裁申请的受理被接受后，经过审查后，要做以下几个方面的工作。

（1）经过审查核实，研究讨论，初步决定是否受理。主要是根据前面已详细叙述的申请仲裁的条件，对劳动争议及其当事人进行审查，决定是否填写《立案审批表》。

（2）进行立案工作。对于确认符合以上受理条件的申请，办事机构工作人员应填写《立案审批表》，及时报仲裁委员会或其办事机构负责人审批。《立案审批表》应包括三方面的内容：一是申请人和被申请人的基本情况，如姓名、性别、籍贯、职务、年龄、家庭住址等；二是案情摘要，简要地介绍基本案情；三是承办人的意见。《立案审批表》填好后，应连同仲裁申请书、证明材料一起呈报劳动争议仲裁委员会或其办事机构负责人。需注意的一点是，如果承办人初步认为该劳动争议不符合受理条件，而当事人执意要求申请，承办人应允许申请并负责填写《立案审批表》报批。在"承办人意见"一栏中，可将不符合受理条件的理由写明，供领导审批时参考。劳动争议仲裁委员会或其办事机构负责人对《立案审批表》应自填表之日起5日内作出是否予以立案的决定。决定不予立案的，在收到申请书5日内制作《不予受理通知书》，送达申请人；决定立案的，应自收到申请书5日内向申请人出具《受理通知书》。

（3）对申诉材料不齐备的或有关情况不明确的仲裁申请，应告知并指导申诉人予以补充。

三、仲裁前的准备工作

（一）组成仲裁庭

组成仲裁庭是仲裁活动中的重要阶段。依据《劳动争议调解仲裁法》的规定，劳动争议仲裁委员会处理劳动争议，应当由仲裁员组成的仲裁庭来进行。根据人力资源和社会保障部2009年公布的《劳动人事争议仲裁办案规则》第三十六条规定，仲裁委员会应当在受理仲裁申请之日起五日内组成仲裁庭并将仲裁庭的组成情况书面通知当事人。

（二）决定仲裁庭组成人员是否回避

关于回避问题已在第二节说明，此处不再赘述。

（三）将申请书副本送达被申诉人

仲裁委员受理仲裁申请后，应在受理之日起5日内将申请书的副本送达被申请人，并通知其应自收到申请书副本之日起10日内提交答辩书。仲裁委员会收到答辩书后，应当在5日内将答辩书副本送达申请人。被申请人逾期未提交答辩书的，不影响仲裁程序的进行。

第三节　劳动争议仲裁调解

劳动争议的仲裁调解，是指争议双方当事人在仲裁员的主持下，在查明事实的基础上，通过自愿协商、互谅互让达成一致协议，从而解决劳动争议。协议的内容不得违反法律、法规。以调解的方式解决劳动争议有积极的意义，《劳动争议调解仲裁法》、《劳动法》等一系列法律法规和规章都对调解处理劳动争议作了规定。

一、仲裁调解的原则

《劳动争议调解仲裁法》第四十二条第一款规定："仲裁庭在作出裁决前，应当先行调解。"因此，劳动争议仲裁调解，是裁决作出以前的必经程序。我们认为劳动争议仲裁调解应当遵循以下原则。

（一）当事人双方自愿原则

调解所要达到的结果是双方经协商对各自的权利作出处分，从而互谅互让达成调解协议，调解协议生效后就具有法律效力。因此，双方当事人是否愿意接受调解，以及能否达成调解协议，都要根据双方当事人的自愿，仲裁员或任何一方都不得强迫另一方。所谓自愿，是指在仲裁活动中，是否进行调解，调解之后是否能够达成协议，完全由当事人的意志决定。在仲裁庭没有作出裁决之前，劳动争议当事人任何一方，都有权利要求调解，也有权利接受或者拒绝仲裁机关或者对方当事人提出的调解。在调解的过程中，当事人一方在不愿意继续调解，或者认为无法达成调解协议时，都有权要求结束调解。劳动争议仲裁机关无权限制、强迫或者变相强迫调解。

（二）依据事实进行调解原则

仲裁委员会在受理劳动争议之后，必须对争议事实进行调查，分清当事人之间的是非曲直。在事实清楚的基础上，依法律、政策、劳动合同及其他法律文书确定当事人的责任。在事实清楚、责任分明的前提下，对当事人进行宣传、教育，促进当事人互相谅解，达成协议。因此，调解绝非无原则的"调和"。

（三）合法原则

仲裁庭在调解中，各项调解活动必须符合法定的程序，调解协议的内容必须符合劳动法律法规。即使是当事人完全自愿协商达成的协议，也要经过劳动争议仲裁委员会审查，符合劳动法律、法规和政策规定，才能予以认可，不符合劳动法律、法规和政策规定，损害了国家、集体或者一方当事人权利和合法权益的，劳动争议仲裁委员会则不予认可，对调解不成的争议，仲裁庭应及时仲裁。对有调解成功可能的争议，也不能为了促成调解而背离法律的要求，草率结案。应该认识到，违反法律的调解协议肯定要损害到一方当事人的合法权益，从这一点看，这类协议就不是在当事人自愿的基础上达成的。

二、仲裁调解的程序

劳动争议仲裁调解的程序是指劳动争议仲裁委员会调解的步骤或操作规程。根据法律规定和仲裁实践经验，仲裁调解大致包括四个阶段：准备调解阶段、进行调解阶段、结束调解阶段和制作调解书阶段。

（一）准备调解阶段

劳动争议仲裁委员会调解的开始基于当事人的完全自愿和劳动争议仲裁委员会依职权主动进行的调解。在准备调解阶段，劳动争议仲裁委员会应做好两项准备工作。

（1）查明案件事实，分清是非，摸准争议的焦点，分析和研究当事人的心理状况等。

（2）了解双方当事人是否愿意接受调解，如果一方愿意，另一方不同意，则不能强行调解。

（二）进行调解阶段

调解在仲裁员或仲裁庭的主持下进行，由仲裁员在查明事实和分清责任的基础上依法对双方当事人进行说服教育工作，促使当事人自愿达成协议。在调解过程中，当事人可提出调解方案，也可进行辩论，仲裁员也可以提出调解意见供双方参考。同时，仲裁委员会可邀请工会组织等进行调解。对职工一方人数在30人以上的集体劳动争议，仲裁庭可以促使职工代表与企业代表召开协商会议。

（三）结束调解阶段

劳动争议仲裁委员会调解结束包括两项内容：①当事人双方经过民主协商，自愿达成调解协议；②调解未达成协议，或者虽然达成协议，但调解书送达前一方反悔的，以及当事人拒绝接收调解书的，劳动争议仲裁委员会应停止调解，及时以裁决的方式结案。

（四）制作调解书阶段

经调解达成协议的，仲裁庭或仲裁员应当根据协议的内容制作调解书。劳动争议仲裁调解书。应包括以下几个方面的内容。

1. 首部

首部包括三项内容。①写明劳动争议仲裁委员会的全称和案件编号。②写明仲裁参加人的自然状况（包括姓名、性别、年龄、民族、籍贯、工作单位、职业和住址）；当事人是法人的，还要写明法人全称、地址、法定代表人姓名和职务；有代理人的写明代理人的具体情况（姓名、性别、年龄、工作单位等）。③写明申诉的请求事项、事实和理由，答辩的理由和事实。

2. 正文

正文简述经查明的劳动争议的主要事实，双方的责任，调解理由及适用的法律、法规和政策，调解协议的内容。调解协议的内容是调解书的重要部分，是当事人自觉履行或当事人申请人民法院强制执行的根据。因此，这部分应具体明确，并符合法律规定。在此之后，可写明仲裁费用分担的情况，以作为当事人缴纳仲裁费用的依据。

3. 尾部

这部分应写上"本调解书送达当事人签收后即与裁决书具有同等法律效力"字样。此后，由双方当事人签字，独任仲裁员或仲裁庭组成人员署名。最后要写明制作调解书的年、月、日，并加盖劳动争议仲裁委员会的印章。在正本上（书记员署名的左上方）加盖"本件与原本核对无异"字样的戳记。

三、仲裁调解书的法律效力

仲裁调解书的法律效力，是指劳动争议仲裁委员会以调解的方式结案在法律上所引起的后果。《劳动争议调解仲裁法》第四十二条第三款规定："调解书应当写明仲裁请求和当事人协议的结果。调解书由仲裁员签名，加盖劳动争议仲裁委员会印章，送达双方当事人。调解书经双方当事人签收后，发生法律效力。"

调解书的法律效力体现在以下几个方面。

（1）使仲裁程序终结。调解书一经生效，调解程序即告结束，仲裁机构不再对该案进行审理，这是调解书在程序上的法律后果。

（2）双方当事人的权利义务关系被确定。这是调解书在实体上的法律后果。

（3）任何机关或组织都要在重新处理该案方面受调解书的约束。换言之，对于仲裁机构已经出具调解书的劳动争议，任何机关或组织不得再作处理。

仲裁调解书送达双方当事人后才能生效。既然调解书须经签收后生效，因此调解书一经签收，双方当事人不得反悔，但是在签收之前应当允许当事人反悔。调解不成或者调解书送达之前，有一方当事人反悔的，仲裁庭应及时作出裁决。因为达成调解协议的过程就是仲裁庭的审理过程，制作调解书意味着审理已经完毕，所以当事人拒签调解书时，仲裁庭没有必要再经仲裁程序，而是直接裁决即可。仲裁调解书一旦生效，当事人应当按照规定的期限完全履行生效文书的义务。自愿自动履行生效文书确定的义务是当事人应尽的义务。如果当事人逾期没有履行的，则另一方可以按照民事诉讼法的相关规定向人民法院申请执行。受理申请的人民法院应当依法执行。

第四节 仲裁开庭审理程序

开庭审理是指在当事人和其他仲裁参与人的参加下，仲裁庭或仲裁员依照法律规定的程序对案件进行全面审查并作出裁决的活动。开庭审理是整个仲裁活动的中心。

一、仲裁开庭前的准备

仲裁机关在开庭审理之前应做好以下几方面的工作。

（1）通知双方当事人开庭的时间、地点。仲裁庭审理劳动争议案件，应当在开庭的 5 日前，将开庭日期、地点以书面方式通知双方当事人和其他仲裁参与人。

（2）拟订庭审提纲。

（3）在正式开庭前，由书记员查明双方当事人、代理人及有关人员是否到庭，并宣布法庭纪律。如发现仲裁参加人有尚未到庭的，应立即查明开庭通知书是否已经合法送达及当事人未到庭的原因。对于仲裁参加人尚未到庭的情况，由首席仲裁员和仲裁员共同研究，决定是否开庭或延期开庭。如果经过查明，开庭通知书确已合法送达，而当事人或其他仲裁参加人未能按时到庭，仲裁庭应延期审理案件。如当事人接到书面通知无正当理由拒不到庭，或在开庭期间未经仲裁庭同意中途退庭，对申请人按照撤诉处理，对被申请人作缺席仲裁。

（4）核对当事人，宣布案由。

（5）宣布仲裁员、书记员名单，告知当事人权利和义务并询问当事人是否申请回避。

二、仲裁庭开庭审理的程序

仲裁庭开庭审理劳动争议案件，按照当事人陈述与答辩、仲裁庭调查、仲裁庭辩论、仲裁庭调解、仲裁庭合议、宣布仲裁裁决的程序进行。

（一）当事人陈述与答辩

仲裁庭开庭后，一般是先在仲裁员主持下听取申请人的陈述和被申请人的答辩，发言顺序应先由申请人及其代理人发言，再由被申请人及其代理人发言，然后由第三人及其代理人发言。在这个过程中，仲裁员应当引导当事人围绕争议焦点进行陈述及答辩。当事人及其代理人发言与本案无关的，仲裁人员应当予以制止。

（二）仲裁庭调查

仲裁庭调查的任务是全面查清案件事实，审核各种证据，为正确认定事实和适用法律奠定基础。仲裁员一般是在听取庭上当事人申诉和答辩的基础上，以询问的方式，对需要进一步了解的问题进行当庭调查。调查的顺序一般如下。

（1）询问当事人及第三人，以及他们的代理人。

（2）证人作证或宣读证言。对证人出庭作证的，告知证人的权利义务，对证人未到庭作证的，宣读其证言。证人提供证言后，当事人和其他仲裁参加人有权向证人发问，证人有义务对证言加以解释和补充。在证人不出庭的情况下，仲裁庭如实宣读书面的证人证言，以便听取当事人和其他仲裁参加人的意见，核实其真实性。

（3）出示书证、物证和视听资料。对由当事人提供和劳动争议仲裁委员会收集的书证、物证和视听资料，除法律规定不准公开的，都应当庭出示。

（4）宣读鉴定结论。鉴定人出庭的由鉴定人宣读。经仲裁庭许可，当事人可以向鉴定人发问。鉴定人未出庭的，由仲裁员宣读，并征求当事人及其代理人的意见。经当事人申请，仲裁委员会决定鉴定或仲裁委员会所作出的鉴定结论，除非有确切证据表明该鉴定程序违法或者鉴定结论明显错误，以及存在其他方面的原因足以影响鉴定结论正确的，不得要求重复鉴定。

（5）宣读勘验笔录。由仲裁员宣读物证和勘验现场笔录，有利于当事人和仲裁参加人了解情况，提出意见，以确认勘验笔录的真实性和可靠程度。

（三）仲裁庭辩论阶段

在仲裁庭辩论阶段，当事人应围绕争议的主要分歧和证据进行辩论。辩论按申请人、被申请人的先后顺序进行。仲裁员应根据辩论的具体情况，引导当事人将辩论的焦点集中在需要澄清的问题和应该核实的证据上。仲裁庭调查案件、组织仲裁庭辩论的过程，也是双方当事人质证的过程。申请人向仲裁委员会提出申请或被申请人提出反诉，应当附有符合申请条件的证据证明材料。当事人对自己提出的申诉要求所依据的事实有责任提供证据加以证明。没有证据或证据不足以证明当事人的事实主张的，由负有举证责任的当事人承担不利后果。参加仲裁活动的各方向仲裁委员会提交证据有时间限制。举证期限一般情况下由仲裁庭根据案件情况确定。无正当理由在举证期限内拒不提交证据的，视为放弃举证权利，应当承担举证不能的法律后果。对于当事人逾期提交的证据材料，仲裁庭审理时不组织质证，但对方当事人经同意质证的除外。被诉人经依法通知无正当理由拒不到庭应诉或者中途退庭也不提供证据的，可视为放弃举证，仲裁庭应根据现有证据依法裁决。如果双方当事人就对方提供的证据没有异议，则可认定该证据成立。

最后，由仲裁员按照申诉人、被诉人的先后顺序征求双方的意见，并询问当事人是否要对事实和有关的问题作最后的陈述或补充，如果当事人没有新的陈述和补充，仲裁庭辩论可以结束。对于当事人在辩论中所提出的看法和意见，所作的回答和辩解，仲裁人员一般不予限制。但是，仲裁人员对于当事人的辩论应进行必要的引导和启发。

在辩论中，当事人常用的辩论的方法有下列几种。

（1）事实论证法。用事实反驳对方观点、证明己方观点，或者通过对已经查明的事实合情合理地进行分析，从而提出己方观点。事实论证法是将争议案件中具有某种内在联系的全部有关事实联系起来证明某一个重要事实的真伪，或者通过对已经查明的本案事实的分析提出合理的结论。例如，在争议中涉及有关违章作业的情节时，当事人可以以违章者在岗时间长、多次接受过安全教育等事实，证明其在工作中违章作业时的疏忽大意或者明知故犯。在争议中涉及主管人员违反处罚程序的情节时，当事人可以以主管人员多年从事管理工作、熟悉有关处罚的规章制度等事实，证明其违反处罚程序的行为带有打击报复的性质。进行事实论证时，所用的论据必须充分、可靠，不加任何夸张。对事实的分析不能凭主观想象，而应根据客观规律、常识、常理，做出令人信服的推断。

（2）法理论证法。用法律原则、法律理论及法律条文的正确理解为论据来证明己方的观点、反驳对方观点。法理论证法不是就案件事实简单地引用、对照法律条文来发表意见，而是针对案件的事实，通过对相应的法律条文的正确理解与适用来反驳对方的观点，树立己方的观点。

（3）类比论证法。用类比推理的形式，引用相关、相类似的法律条文来证明己方的观点、反驳对方的观点。在劳动争议中，对于具体的事实，常常难以找到确切的法律条文加以适用。

在此情况下，当事人需要引用相关、相类似的法律条文为自己辩护。当事人运用这种方法，要求比较熟悉有关的劳动法律规定，并且对法律条文有正确的理解。

（4）对比论证法。通过同一性质的事物在人物、时空差异的情况下质和量的对比，来证明自己的观点。通过对比，判明是非，得到于己方有利的结论。例如，在工伤认定的争议中，当事人可以利用在相同情况下，企业对他人的工作的认定作为对比材料，证明企业对自己伤、残性质的认定错误。

（5）因果论证法。因果论证法是通过论证事务之间的因果关系来证明己方观点的一种辩论方法，在论证中，如果己方的行为的确造成了不良后果，运用因果论证法，常常可以起到减轻责任的作用。例如，在争议的案情涉及因职工的行为造成重大的伤亡事故时，职工或其代理人可以根据实际情况提出企业一方在此事故中有不可推卸的责任，如规章制度不严、管理混乱、生产设备陈旧等。在运用因果论证法时，应向仲裁庭提供与结论有关的事实证据，不能无中生有，或者捏造事实、歪曲事实。

（四）仲裁庭当庭调解

经过仲裁庭上的申诉、答辩和调查，在查明事实的基础上，仲裁庭在征得双方当事人同意后，对双方当事人可再一次进行调解，促使双方当事人自愿达成协议。协议内容不得违反法律法规。经调解达成协议，即制作调解书，一经送达，就结束仲裁程序。调解未达成协议的，应及时合议作出裁决。在下列情况下，应当中止仲裁活动：①当事人丧失行为能力，尚未确定其法定代理人或指定代理人；②职工一方死亡，需要等待其亲属参加仲裁活动；③当事人因不可抗拒的事由，不能参加仲裁活动；④本案必须以另一案审结结果为依据，而另一案尚未审结；⑤其他应当中止仲裁活动的情况。

（五）仲裁庭合议宣布仲裁裁决

1）合议庭合议

对当事人不同意或不愿调解，或调解未达成协议，或达成协议但送达前当事人反悔，仲裁庭应及时休庭合议并作出裁决。根据《劳动争议调解仲裁法》第四十五条规定："裁决应当按照多数仲裁员的意见作出，少数仲裁员的不同意见应当记入笔录。仲裁庭不能形成多数意见时，裁决应当按照首席仲裁员的意见作出。"仲裁庭合议后，应当及时宣布仲裁裁决。宣布仲裁裁决时，应当向当事人告知不服仲裁裁决的起诉权利、起诉的期限和起诉的人民法院。对于仲裁庭难作结论或需提交劳动争议仲裁委员会讨论决定的疑难案件，仲裁庭应当宣布延期裁决。

2）制作裁决书

劳动争议仲裁裁决书一般由首部、正文和尾部组成。

（1）首部。首部是仲裁书的开头部分，应当载明下列事项：①制作裁决书的劳动争议仲裁委员会的全称及"劳动争议仲裁裁决书"字样。②年号及仲裁书编号。③双方当事人的名称和地址，当事人是法人的，应当写明法人的全称、法定代理人的姓名和职务。如果是委托代理人参加仲裁活动的，还应写明委托代理人的信息。

（2）正文。正文是裁决书的核心，应当包括以下内容：①仲裁请求，即申请人请求劳动争议仲裁委员会通过仲裁审理所要解决的问题及达到的目的。②争议事实,即争议发生的起因、经过,双方争议的焦点和各自的主张。③仲裁理由,即仲裁庭作出裁决所依据的事实和适用的法律。④裁决结果,即仲裁书在查明事实、分清是非、确定责任的基础上对当事人之间的争议和权利义务的界定、承担所作出的决定。

(3)尾部。尾部是裁决书的结尾部分,由仲裁员在上面签名,对于裁决有不同意见的仲裁员可以签名也可以不签名,最后加盖仲裁委员会的印章,写明裁决日期。

3)宣布裁决结果

仲裁庭当庭裁决的,应当在 7 日内发送裁决书,定期另庭裁决的当庭发给裁决书。宣告裁决时,应告知当事人在不服裁决时起诉的期限和人民法院。对在管辖区域内有重大影响的案件,以及经仲裁庭合议后难作结论的疑难案件,仲裁庭应当提交仲裁委员会决定,宣布延期裁决。

(六)仲裁期限

仲裁期限是指法律规定的劳动仲裁委员会审结仲裁案件的时间限制。规定案件仲裁期限的目的在于促使仲裁委员会及时就案件作出裁决,防止拖延,提高仲裁效率,保护当事人的合法权益。

依照《劳动争议调解仲裁法》第四十三条的规定,仲裁庭裁决劳动争议案件,应当自劳动争议仲裁委员会受理仲裁申请之日起 45 日内结束。案情复杂需要延期的,经劳动争议仲裁委员会主任批准,可以延期并书面通知当事人,但是延长期限不得超过 15 日。

此外,仲裁期限计算也有例外的情况出现,根据《劳动人事争议仲裁办案规则》第四十五条的规定,有下列情况的,仲裁期限按各项规定计算:①申请人需要补正材料的,仲裁委员会收到仲裁申请的时间从材料补正之日起计算;②增加、变更仲裁申请的,仲裁期限从受理增加、变更仲裁申请之日起重新计算;③仲裁申请和反申请合并处理的,仲裁期限从受理反申请之日起重新计算;④案件移送管辖的,仲裁期限从接受移送之日起计算;⑤中止审理期间不计入仲裁期限内;⑥有法律、法规规定应当另行计算的其他情形的。

三、仲裁裁决程序的特殊规定

在劳动争议仲裁程序中,有三个特殊规定值得注意,分别是先予裁决、先予执行和一裁终局。

(一)先予裁决

《劳动争议调解仲裁法》第四十三条明确了仲裁庭裁决劳动争议案件时,其中一部分事实已经清楚,可以就该部分先行裁决。仲裁庭应当根据开庭查明的劳动争议案件的事实,正确适用法律,作出裁决。有些案件案情比较复杂,仲裁庭不能及时对全案作出裁决,此时为了及时维护当事人的利益,可以作出先行裁决,即在仲裁庭裁决劳动争议案件时,其中一部分事实已经清楚,可以就该部分先行裁决。

(二)先予执行

《劳动争议调解仲裁法》第四十四条对先予执行作出了相关规定,执行本应在仲裁裁决发生法律效力之后，而先予执行是为了解决一部分当事人由于生活或者生产的需要，在裁决之前采取措施以解燃眉之急。在实际生活中，会出现申请人因高度危险作业而遭受工伤，急需治疗，申请人无力负担医疗费用，而负有承担医疗费用义务的被申请人又不能协商解决，申请人向劳动仲裁委员会申请劳动争议仲裁的情况。仲裁委员会裁决劳动争议案件应当自申请人提出申请之日起45天内结束。在这段时间内，如果不先予执行，必然使申请人耽误治疗时间，或者造成不可挽回的后果。先予执行制度就是为了解决此类问题。先予执行由仲裁庭作出裁决，由人民法院执行。

在适用先予执行这一制度时，应当注意以下问题。

（1）案件范围为追索劳动报酬、工伤医疗费、经济补偿或者赔偿金的案件，除此之外的案件不能适用先予执行。这些案件都关系到劳动者的基本生存权益，具有紧迫性。

（2）应由当事人提出申请，仲裁庭不能主动依职权裁决先予执行。

（3）仲裁庭裁决先予执行的，应符合两个条件。一是当事人之间的权利义务关系明确。先予执行的实质是在判决前就实现申请人部分或全部权利，它是以申请人胜诉为逻辑前提的，这就要求当事人之间的权利义务关系必须明确。二是不先予执行将严重影响申请人的生活，即先予执行具有紧迫性和必要性。

（4）仲裁庭就申请人的申请作出裁决。

（5）劳动者申请先予执行的，可以不提供担保。

（6）对于追索劳动报酬、工伤医疗费、经济补偿或者赔偿金的案件裁决先予执行的，移送人民法院执行，因为人民法院具有司法执行权力。

（三）一裁终局

1. 一裁终局的概念和含义

《劳动争议调解仲裁法》第四十七条对一裁终局作出了规定。一裁终局制度是劳动争议经仲裁庭裁决后即行终结的制度，包含四层含义：一是劳动者对一裁终局的仲裁裁决不服的，可以向人民法院提起诉讼；二是一裁终局有范围限制，仅限于小额和标准明确的仲裁案件；三是裁决书自作出之日起发生法律效力；四是仲裁裁决发生法律效力之后，当事人应依照规定的期限履行。

2. 一裁终局的适用范围

适用一裁终局的劳动争议仲裁案件有两类：一是小额仲裁案件；二是标准明确的案件。在实践中，这两类案件占劳动争议案件总数的比例较高，一裁终局可以解决多数劳动争议案件处理周期长的问题。

（1）小额仲裁案件。小额仲裁案件有金额限制，是指不超过当地月最低工资标准12个月金额的仲裁案件。例如，深圳市公布的2012年最低月工资标准是1500元，按上述算法，适用小额仲裁案件的最高金额不超过2万元。其他城市按照当地政府或者国家公布的标准进行计算。小额仲裁案件包括四种类型：追索劳动报酬的案件、追索工伤医疗费的案件、追索经济补偿的案件、追索赔偿金的案件。

（2）标准明确的仲裁案件。国家劳动标准是指国家对劳动领域内规律性出现的事物或行为进行规范，以定量或定性的形式所作出的统一规定。我国对劳动标准的建设相当重视，初步形成了以《劳动法》、《劳动合同法》等法律法规为核心的劳动标准体系，基本涵盖了劳动领域的主要方面。国家劳动标准包括工作时间、休息休假、社会保险等方面。

3. 一裁终局适用应注意的问题

根据《劳动争议调解仲裁法》及相关司法解释的规定，在适用一裁终局的过程中，需要注意以下问题：①关于适用范围，除《劳动争议调解仲裁法》第四十七条规定列举的案件外，其余案件不能实行一裁终局；②因执行国家的劳动标准在工作时间、休息休假、社会保险等方面发生的争议没有诉讼请求数额方面的限制；③终局裁定的前提是劳动者认可仲裁裁决，在法定的时限内没有向人民法院提起诉讼；④劳动争议仲裁委员会作出的同一仲裁裁决同时包含终局裁决事项和非终局裁决事项，当事人不服该仲裁裁决向人民法院提起诉讼的，应当按照非终局裁决处理。

4. 一裁终局的救济途径

依照《劳动争议调解仲裁法》及《最高人民法院关于审理劳动争议案件适用法律若干问题的解释（三）》的相关规定，劳动者和用人单位就一裁终局裁决的救济途径是不同的。

劳动者如不服该裁决，可自收到裁决书之日起十五日内向人民法院提起诉讼。同时，当仲裁裁决被人民法院撤销时，可以自收到裁定书之日起十五日内就该劳动争议事项向人民法院提起诉讼。

用人单位只有有证据证明出现下列情况时，才能向劳动争议仲裁委员会所在地的中级人民法院申请撤销裁决，这些情况包括：①适用法律法规确有错误的；②劳动争议仲裁委员会无管辖权的；③违反法定程序的；④裁决所根据的证据是伪造的；⑤对方当事人隐瞒了足以影响公正裁决的证据的；⑥仲裁员在仲裁该案时有索贿受贿、徇私舞弊、枉法裁决行为的。人民法院经组成合议庭审查核实裁决有前款规定情形之一的，应当裁定撤销。

劳动人事争议仲裁委员会作出终局裁决，劳动者向人民法院申请执行，用人单位向劳动人事争议仲裁委员会所在地的中级人民法院申请撤销的，人民法院应当裁定中止执行。用人单位撤回撤销终局裁决申请或者其申请被驳回的，人民法院应当裁定恢复执行。仲裁裁决被撤销的，人民法院应当裁定终结执行。用人单位向人民法院申请撤销仲裁裁决被驳回后，又在执行程序中以相同理由提出不予执行抗辩的，人民法院不予支持。

四、仲裁裁决的撤销

《劳动争议调解仲裁法》第四十九条规定："用人单位有证据证明本法第四十七条规定的仲裁裁决有下列情形之一，可以自收到仲裁裁决书之日起三十日内向劳动争议仲裁委员会所在地的中级人民法院申请撤销裁决：（一）适用法律、法规确有错误的；（二）劳动争议仲裁委员会无管辖权的；（三）违反法定程序的；（四）裁决所根据的证据是伪造的；（五）对方当事人隐瞒了足以影响公正裁决的证据的；（六）仲裁员在仲裁该案时有索贿受贿、徇私舞弊、枉法裁决行为的。人民法院经组成合议庭审查核实裁决有前款规定情形之一的，应当裁定撤销。仲裁裁决被人民法院裁定撤销的，当事人可以自收到裁定书之日起十五日内就该劳动争议事项向人民法院提起诉讼。"由上述规定，仲裁裁决一旦作出，并非完全不可以撤销的。与劳动者的起诉权相对应，用人单位可以申请撤销仲裁裁决。法律特别为此创设了仲裁裁决的撤销制度。而且该撤销制度只适用于用人单位。对于仲裁裁决的撤销制度，有几点是值得注意的。

（1）申请人。申请撤销仲裁裁决的只能是用人单位，劳动者不能对生效的仲裁裁决申请撤销。

（2）申请时间。用人单位可以在收到裁决书之日起三十日内申请撤销仲裁裁决。

（3）管辖法院。用人单位申请撤销仲裁裁决的管辖法院是劳动争议仲裁委员会所在地的中级人民法院。

（4）适用的案件。只能适用于用人单位不能起诉的两类仲裁裁决案件，即符合法律规定一裁终局的案件：①追索劳动报酬、工伤医疗费、经济补偿或者法定赔偿金，不超过当地月最低工资标准十二个月金额的争议；②因执行国家的劳动标准在工作时间、休息休假、社会保险等方面发生的争议。

（5）申请的理由。用人单位有证据证明上述两类案件的仲裁裁决有下列情形之一，可申请撤销裁决：①适用法律、法规确有错误的；②劳动争议仲裁委员会无管辖权的；③违反法定程序的；④裁决所根据的证据是伪造的；⑤对方当事人隐瞒了足以影响公正裁决的证据的；⑥仲裁员在仲裁该案时有索贿受贿、徇私舞弊、枉法裁决行为的。

（6）撤销案件的处理。对于撤销申请，人民法院经组成合议庭审查核实裁决有以上情形之一的，应当裁定撤销。

（7）撤销后的处理。仲裁裁决被人民法院裁定撤销，而劳动争议仍然未能解决的，当事人可以自收到裁定书之日起十五日内就该劳动争议事项向人民法院提起诉讼。

五、裁决书的法律效力

根据《劳动争议调解仲裁法》第五十条的规定，当事人对本法第四十七条规定（即一裁终局的规定）以外的其他劳动争议案件的仲裁裁决不服的，可以自收到仲裁裁决书之日起十五日内向人民法院提起诉讼；期满不起诉的，裁决书发生法律效力。发生法律效力的裁决书对当事人具有法律约束力，当事人必须在规定的期限内执行，如一方当事人逾期不履行，另一方当事人可以申请人民法院强制执行。《最高人民法院关于审理劳动争议案件适用法律若干问题的解释（一）》对仲裁裁决的效力作了一些更为具体的规定。例如，第十七条规定：劳动争议仲裁委员作出仲裁裁决后，当事人对裁决中的部分事项不服，依法向人民法院起诉的，劳动争议仲裁裁决不发生法律效力。第十八条规定：劳动争议仲裁委员会对多个劳动者的劳动争议作出仲裁裁决后，部分劳动者对仲裁裁决不服，依法向人民法院起诉的，仲裁裁决对提出起诉的劳动者不发生法律效力；对未提出起诉的部分劳动者，发生法律效力，如其申请执行的，人民法院应当受理。

【本章思考题】

一、名词解释

劳动争议仲裁　劳动争议仲裁时效　先予执行　一裁终局

二、问答题

1. 仲裁中断、中止的条件是什么？

2、简述劳动争议仲裁委员会的受理劳动争议仲裁申请的条件。
3. 简述劳动争议仲裁庭开庭审理劳动争议仲裁案件的程序。
4. 劳动争议仲裁一裁终局的适用范围是什么？先予执行的条件是什么？
5. 简述劳动争议仲裁裁决书、调解书的法律效力。

三、拓展案例

1. 黄某于 2008 年 1 月应聘到某纺织品有限公司上班，其岗位负责毛巾产品的漂染。黄某与该公司签订劳动合同，约定期限为 3 年，年薪是 24 000 元。2009 年 1 月，该公司因为受到金融危机的冲击被迫进行经济性裁员，决定提前解除与黄某的劳动合同。此时该公司尚欠黄某三个月的工资 6000 元没有发放。黄某一直追索无果，遂向当地的劳动争议仲裁机构申请仲裁，请求该公司依法支付拖欠的工资和经济补偿金。劳动争议仲裁机构经过审理查明，该公司拖欠黄某工资 6000 元和经济补偿金 2000 元，依法裁决该公司支付，并告知双方当事人该裁决为终局裁决。随后，公司不服裁决，向当地人民法院提起诉讼。人民法院裁定不予受理。另外，当地最低工资标准为 1000 元。

请问：（1）该劳动争议仲裁委员会适用一裁终局是否合法，为什么？
（2）当地人民法院裁定不予受理该公司提起的诉讼是否合法，为什么？

2. 张某 2007 年 1 月 1 日进入某工厂，工厂拖欠其 2008 年 6~8 月的工资 5000 元，张某 2008 年 8 月 8 日辞职，并于 2008 年 8 月 15 日书面要求工厂支付拖欠的工资，工厂承诺于 2008 年 9 月 30 日前支付，至 2008 年 10 月 16 日工厂仍未支付。张某于 2008 年 10 月 20 日向当地劳动保障监察部门投诉，2008 年 11 月 20 日劳动保障监察部门以存在争议为由建议张某申请仲裁。张某于 2009 年 1 月 10 日发生交通事故，住院治疗至 2009 年 1 月 30 日。

请问：出院后张某最迟应于何日前申请劳动仲裁？

第七章 劳动争议诉讼制度（上）

[本章提要]

1. 劳动争议诉讼的概念及特征
2. 劳动争议诉讼制度的基本原则
3. 劳动争议审判的基本制度
4. 劳动争议诉讼的受案范围
5. 劳动争议诉讼的管辖
6. 劳动争议诉讼当事人
7. 劳动争议诉讼证据

[引导案例]

2010年8月，李某与某公司签订了一份期限为2年的劳动合同，合同说明：如果公司员工不遵守公司的规章制度，公司有权视情况作出是否辞退员工的决定。合同履行一段时间后，公司书面通知李某：因李某在上班期间多次违反公司劳动纪律，按照公司规章制度的规定和劳动合同的约定，辞退李某。李某以自己从未违反公司规章制度为由向劳动争议仲裁委员会申请仲裁，要求公司撤销辞退通知。劳动争议仲裁庭的裁决支持了李某的申诉请求。公司不服，向人民法院起诉，请求法院维持其辞退决定，法院以公司辞退李某证据不足为由驳回了公司的诉讼请求。

请问：人民法院审理劳动争议案件，举证责任如何确定？

第一节 劳动争议诉讼概述

　　诉讼的本质特征，是凭借国家权力来解决社会成员之间的争议，而解决争议的结果，是靠国家强制力的保障或直接凭借国家强制力得以实现。因此，通过诉讼方式解决劳动争议，即通过司法程序解决劳动争议，是诸多解决劳动争议方式中最权威、最有效的方式，也是企业劳动争议调解方式和劳动争议仲裁方式解决劳动争议的后盾。早在新中国成立初期，我国就确立了以诉讼解决劳动争议的方式。1950年6月和10，劳动部先后颁布了《市劳动争议仲裁委员会组织及工作规则》和《劳动争议解决程序暂行规定》，明确规定劳动争议的审判范围包括关于劳动条件事件（如工资、工时、生活待遇等）、关于职工任用、解雇及惩罚事项、关于劳动保险事项、关于企业内部工作规则事项、关于集体合同、劳动契约及其他一切涉及劳动争议事项。并且规定，无论公营、私营及合作社经营企业中的劳动争议，经劳动争议仲裁委员会仲裁后，如果当事人对裁决结果不服的，须在收到仲裁决定书之日起5日内通知劳动局，并向人民法院起诉，否则仲裁结果即具有法律效力。社会主义改造基本完成后，由于认识上的原因，劳动争议仲裁制度被取消。1957年，劳动部发布了《关于撤销劳动争议仲裁委员会的通知》，随后各级劳动行政机关设立的处理劳动争议的机构相继被撤销，随着劳动争议仲裁制度的取消，人民法院也不再受理劳动争议案件，劳动争议诉讼制度宣告停止。1987年7月31日，国务院发布了《国营企业劳动劳动争议处理暂行规定》，其中规定，劳动争议当事人一方或者双方对劳动争议仲裁不服的，可以在收到仲裁决定书之日起15日内向人民法院起诉，至此，中断了近30年的劳动争议诉讼制度才得以恢复。此后国务院于1993年7月颁布的《企业劳动争议处理条例》(《国营企业劳动争议处理暂行规定》同时废止）和全国人民代表大会常务委员会于1994年7月通过的《劳动法》，全国人民代表大会常务委员会于2007年12月通过的《劳动争议调解仲裁法》都同样规定，劳动争议当事人对劳动争议仲裁裁决不服的，可以自收到仲裁裁决书之日起15日内向人民法院提起诉讼。

一、劳动争议诉讼的概念及特征

（一）劳动争议诉讼的概念

　　劳动争议诉讼，是指劳动争议当事人不服劳动争议仲裁委员会裁决，依法向人民法院起诉，人民法院在劳动争议当事人和其他诉讼参与人参加下，审理和解决劳动争议案件的活动，以及由这些活动所发生的诉讼关系。这一概念包含两层含义：①劳动争议诉讼是由劳动争议仲裁当事人不服劳动争议仲裁委员会的裁决而引起的；②劳动争议诉讼由劳动争议诉讼活动和劳动争议诉讼关系构成。所谓劳动争议诉讼活动，是指人民法院和诉讼参与人围绕劳动争议案件的解决所进行的能够产生一定法律后果的活动。它既包括人民法院的审判活动，如受理案件、调查取证、采取强制措施、作出判决或裁定等，也包括劳动争议诉讼参与人的活动，如原告提出起诉、被告提出答辩或反诉、证人出庭作证等。所谓劳动争议诉讼关系，是指人民法院和一切劳动争议诉讼参与人之间在劳动争议诉讼过程中发生的诉讼权利义务关系，即劳动争议诉讼法律关系。在劳动争议诉讼过程中，人民法院将会作为其中的一方，与另一方即劳动争议当事人和其他诉讼参与人发生诉讼权利义务关系。

(二) 劳动争议诉讼的特征

我国劳动争议诉讼的特征主要体现在以下几个方面。

(1) 劳动争议诉讼的当事人是特定的。劳动争议诉讼当事人之间原则上必须存在劳动关系,即一方是用人单位,另一方是劳动者。

(2) 劳动争议诉讼的争议标的,必须经过劳动争议仲裁。根据《劳动法》第八条和《劳动争议调解仲裁法》第四十八、第五十条规定,劳动争议当事人对劳动争议仲裁裁决不服的,可以自收到仲裁裁决书之日起15日内向人民法院提起诉讼。因此,劳动争议当事人在提起劳动争议诉讼之前,必须依法先经过劳动争议仲裁,未经过劳动争议仲裁的劳动争议案件,人民法院一般不能受理。

(3) 劳动争议诉讼适用民事诉讼法的规定。目前,我国还没有专门适用于劳动争议案件的诉讼法,在司法实务中,是由人民法院的民事审判庭受理劳动争议案件,并适用民事诉讼程序审理劳动争议案件。

二、劳动争议诉讼与民事诉讼、行政诉讼的区别

(一) 劳动争议诉讼与民事诉讼

虽然目前我国劳动争议诉讼适用民事诉讼程序,但和民事诉讼仍有重大的区别。主要表现在四个方面。

(1) 涉诉案件的性质及内容不同。民事诉讼中,涉诉案件的性质是民事纠纷,它是在平等的民事主体之间发生的、以民事权利义务为内容的法律争议。劳动争议诉讼中,涉诉案件的性质是劳动争议,它是在形成劳动关系的主体之间发生的、以劳动权利义务为内容的法律争议。

(2) 诉讼当事人不同。在民事诉讼中,当事人双方是地位完全平等的民事主体,双方当事人分别可以是自然人、法人或其他非法人组织。而在劳动争议诉讼中,诉讼当事人比较特定,一方是用人单位,性质上是法人或非法人组织;另一方是劳动者,性质上是自然人,并且他们之间存在着管理和被管理的关系,双方的地位在某些方面并不完全平等。

(3) 提起诉讼的前提条件不同。民事主体之间发生民事纠纷后,当事人可以直接向人民法院提起民事诉讼。而劳动争议主体在提起劳动争议诉讼之前,必须先提起劳动争议仲裁,经过劳动争议仲裁机构裁决后,才可以向人民法院起诉。

(4) 举证责任有所不同。民事诉讼中的举证责任以"谁主张,谁举证"为原则,也就是说任何一方当事人对自己提出的主张,有责任提供证据,否则将承担不利的诉讼后果。在劳动争议诉讼中,因用人单位作出的开除、除名、辞退、解除劳动合同、减少劳动报酬、计算劳动者工作年限等决定而发生的劳动争议,由作出决定的用人单位承担举证责任;其他劳动争议案件,则采取"谁主张,谁举证"原则。

(二) 劳动争议诉讼与行政诉讼

两者的区别主要体现在五个方面。

(1) 涉诉案件性质不同。劳动争议诉讼中所涉诉案件是劳动关系当事人之间因劳动权利

义务发生的争议。行政诉讼中所涉诉案件是行政争议，即因行政相对人不服行政机关的具体行政行为而引起的争议。

（2）诉讼当事人不同。劳动争议诉讼中，虽然当事人双方原则上只能是形成劳动关系的用人单位和劳动者，具有特定性的特征，但原被告的地位并不恒定，用人单位和劳动者均可充当原告和被告。而在行政诉讼中，被告的地位具有恒定性，只能由行使国家行政权力的行政机关担任，作为行政相对人的公民、法人或其他组织只能充当原告的角色。

（3）提起诉讼的前提条件不同。劳动争议当事人提起劳动争议诉讼前，涉诉案件必须先经过劳动争议仲裁程序仲裁。行政诉讼中，除少数行政纠纷案件国家法律或法规要求行政相对人必须先申请行政复议外，其他行政纠纷案件行政相对人都可以直接向人民法院提起诉讼。

（4）举证责任原则不同。劳动争议诉讼中，除因用人单位作出的开除、除名、辞退、解除劳动合同、减少劳动报酬、计算劳动者工作年限等决定而发生的劳动争议，由作出决定的用人单位承担举证责任外，其他劳动争议采取"谁主张，谁举证"的原则。行政诉讼中，采取的是由被告即行政机关负举证责任的原则，原告即行政相对人不负证明责任。

（5）结案方式有所不同。人民法院在审理劳动争议案件时，可视不同情况采取以判决、裁定或调解的方式结案。行政诉讼中，人民法院只能以判决或裁定的方式，而不能以调解的方式结案。

三、劳动争议诉讼制度的基本原则

劳动争议诉讼制度的基本原则，是指在劳动争议诉讼过程中起指导作用的基本原理和基本规则，也是人民法院、劳动争议当事人和其他诉讼参与人进行劳动争议诉讼活动必须遵循的准则。

由于我国目前尚无专门的劳动争议诉讼法，劳动争议案件起诉到人民法院后，人民法院是适用《民事诉讼法》审理劳动争议案件，所以劳动争议诉讼活动同样也要遵循《民事诉讼法》的基本原则。具体来说，劳动争议诉讼的基本原则有四项。

（一）劳动争议当事人诉讼权利平等原则

劳动争议当事人诉讼权利平等原则，是指在劳动争议诉讼中，劳动争议当事人平等地享有和行使诉讼权利。这一原则包括以下两个方面的内容。①劳动争议当事人享有平等的诉讼权利。劳动争议诉讼活动中，作为当事人一方的用人单位，不管其性质是企业，还是国家机关、事业单位或社会团体等，它们和另一方当事人劳动者享有同等诉讼权利，承担同等诉讼义务。②人民法院在劳动争议诉讼过程中应当为劳动争议双方当事人平等地行使诉讼权利提供保障和便利。

（二）辩论原则

辩论原则是指在人民法院主持下，劳动争议当事人双方有权就案件事实和适用法律等有争议的问题，陈述各自主张和根据，相互进行反驳和答辩，以维护自己的合法劳动权益。

劳动争议诉讼活动遵循辩论原则的意义在于，通过当事人双方的辩驳，帮助人民法院查明案件事实，正确适用法律，确保办理质量。辩论原则贯穿于劳动争议诉讼程序的各个阶段，

包括一审、二审和再审程序。劳动争议当事人既可以就劳动争议案件的实体问题展开辩论，也可以就诉讼程序问题进行辩论；既可以采用书面的形式，如起诉状、答辩状，进行辩论，也可以用口头形式进行辩论。人民法院应保障各方当事人充分、平等地行使辩论权。

（三）处分原则

处分原则，是指劳动争议当事人在劳动争议诉讼过程中，有权在法律允许的范围内自由处置自己的劳动权利和诉讼权利。

劳动争议诉讼是解决劳动争议主体劳动权利义务纠纷的过程，因此，在此过程中，当事人基于自己的需要，当然应该有权在不违背法律规定的前提下，依照自己的意愿对自己享有的权利进行自由处置。劳动争议诉讼遵循处分原则体现在两个方面：第一，劳动争议当事人在诉讼中有权处分自己的劳动权利。例如，原告在起诉时可以依自己的意愿请求人民法院予以保护的范围和方法；在诉讼开始和进行时，原告可以放弃或变更诉讼请求，被告可以全部或部分承认原告的诉讼请求；原、被告可以在诉讼过程中自行和解或达成调解协议等。第二，劳动争议当事人有权处分自己的诉讼权利。这主要表现在五个方面：①劳动争议诉讼程序能否启动，取决于劳动争议当事人是否在收到劳动争议仲裁决书之后于法定期间内行使起诉权；②诉讼程序启动后，原告有权申请撤诉，放弃请求司法保护的诉讼权利；被告也有是否行使反诉的诉讼权利；③第一审法院作出裁判后，当事人双方有权决定是否提起上诉；④对已经生效的法院裁判或调解书，当事人认为确有错误的，有权决定是否申请再审；⑤对已生效的法院判决或调解书，享有权利的当事人有权决定是否申请强制执行等。

（四）自愿合法调解原则

司法实践中，劳动争议案件不同于其他案件的其中一个特点在于，争议的双方当事人在纠纷解决后往往还继续保持一种密切的社会关系——劳动关系，还要一起共事，因此，人民法院在审理劳动争议案件时，从有利于构建良好、和谐稳定的劳动关系的需要出发，无论是在一审、二审还是再审程序，都应尽量坚持以调解的方式，通过耐心说服教育和思想劝导，促使当事人在互谅互让的基础上达成协议，从而和气收场，解决纠纷。但是，人民法院在坚持尽可能调解的同时，必须要遵循自愿和合法调解原则。所谓自愿原则，是指当事人自愿接受人民法院的调解和自愿达成调解协议，审判人员对当事人不得有丝毫的强迫和威胁。所谓合法原则，是指人民法院在进行调解时必须要遵守《民事诉讼法》规定的程序，调解不成的应当及时判决，不能久拖不决；调解协议的内容不得违反国家法律、法规和政策的规定。

四、劳动争议审判的基本制度

劳动争议审判的基本制度，是指人民法院审判劳动争议案件所必须遵循的基本操作规程。

（一）合议制度

合议制度是指由三名以上审判人员组成审判组织对案件进行审理并作出裁判的制度。合议制是相对于由一名审判员独立审理案件的独任制而言的。根据《民事诉讼法》的规定，人民法院审判劳动争议案件时，应以合议制为原则，以独任制为例外。合议制是我国审判劳动争议案件的基本组织形式。

合议制的组成形式是合议庭。根据《民事诉讼法》的规定，合议庭的组成因审级不同而有所不同。人民法院审理第一审劳动争议案件，由审判员、陪审员共同组成合议庭或者由审判员组成合议庭。人民法院审理第二审劳动争议案件，由审判员组成合议庭。发回重审的劳动争议案件，原审人民法院应当按照第一审程序另行组成合议庭。人民法院审理再审的劳动争议案件，原来是第一审的，按照第一审程序另行组成合议庭；原来是第二审或者是上级人民法院提审的，按照第二审程序另行组成合议庭。上述所有形式的合议庭，其组成人数都必须是单数。合议庭由审判长主持，审判长由院长或者庭长指定一名审判员担任；院长或庭长参加审判的，由院长或庭长担任审判长。合议庭是集体审判组织，其活动实行民主集中制，合议庭成员地位平等，享有同等的权利。陪审员在执行陪审职务时，与审判员有同等的权利义务。合议庭评议案件时，实行少数服从多数的原则，并应制作笔录，由合议庭成员签名。评议中的少数意见，必须如实记入笔录。

（二）回避制度

回避制度，是指劳动争议案件的审判人员和其他有关人员，遇有法律规定不宜参加案件审理的情形时，应当主动退出本案的审理，当事人及其诉讼代理人也有权请求上述人员退出的制度。民事诉讼法设立回避制度的目的，是保障案件能得到公正的审理，维护当事人的诉讼权利和合法权益。

根据《民事诉讼法》的规定，回避的法定的事由有如下三种。①是本案的当事人或者当事人、诉讼代理人的近亲属。所谓近亲属，一般是指配偶、父母、子女、兄弟姐妹、祖父母、外祖父母、孙子女、外孙子女等。②与本案有利害关系。所谓利害关系，是指案件的处理结果会直接或间接涉及需回避人员本人自身的利益。③与本案当事人有其他关系，可能影响案件公正审理的。所谓其他关系，是指上述两种关系之外的其他亲密或恩怨关系，如师生、朋友、同事、邻居关系或双方之间存有较大的矛盾关系等。

应当回避的人员，首先适用于审判人员，既包括审判员也包括参加案件审理的陪审员。其次，还适用于书记员、鉴定人、勘验人和书记员。

回避的方式有两种：一种是自行回避，即案件的审判人员和其他有关人员，认为自己有法定回避事由的，主动提出回避；另一种是申请回避，即当事人认为案件的审判人员和其他有关人员具有法定回避事由的，有权用口头或者书面方式申请他们回避。当事人申请回避的，应当说明回避事由。当事人可以在案件开始审理时申请回避，回避事由在案件开始审理后知道的，也可以法庭辩论终结前提出。

回避决定权由受理案件的人民法院行使。院长担任审判长时的回避，由审判委员会决定；审判人员的回避，由院长决定；其他人员的回避，由审判长决定。人民法院对当事人提出的回避申请，应当在申请提出的三日内，以口头或者书面形式作出决定。被申请回避的人员在人民法院作出是否回避决定之前，应当暂停参与本案的工作，但案件需要采取紧急措施的除外。申请人对人民法院驳回其申请回避的决定不服的，可以在接到决定时申请复议一次。复议期间，被申请回避的人员，不停止参与本案的工作。人民法院对复议申请，应当在三日内作出复议决定，并通知复议申请人。

(三) 公开审判制度

公开审判制度，是指人民法院的审判活动除合议庭评议案件之外，一律公开进行的制度。所谓公开，包括两方面的内容：一是对群众公开，允许群众旁听法院对案件的审判；二是向社会公开，允许新闻媒体采访报道法院对案件的审判和将案情公之于众。劳动争议案件实行公开审判制度，将案件的审判活动置于公众的监督之下进行，提高了审判的透明度，有利于促使人民法院公正、正确行使审判权。对案件的当事人和其他诉讼参与人也起到一定的制约作用，有利于促使他们正确行使诉讼权利和履行诉讼义务。另外，对参加法庭旁听的群众也能起到法制宣传教育作用，从而有利于增加他们的法制意识和法制观念。

根据公开审判制度，人民法院审理劳动争议案件，除法律规定的下列特别情况外，一律公开进行：①涉及国家机密的劳动争议案件；②涉及个人隐私的劳动争议案件；③涉及商业秘密的劳动争议案件，当事人申请不公开审理的，可以不公开审理；④法律另有规定的其他劳动争议案件。凡属于公开审判的案件，人民法院在开庭前应当公告当事人姓名、案由和开庭的时间、地点，开庭时允许群众旁听和新闻记者采访报道。对于宣告判决，则不论是公开审理还是不公开审理的案件，都必须一律公开宣告。

(四) 两审终审制度

两审终审制度，是指一个劳动争议案件经过两级人民法院的审判，案件的审判即宣告终结的制度。

根据两审终审制度，一个劳动争议案件经第一审人民法院审判后，当事人如果不服，可以在上诉期间依法向上一级人民法院提起上诉，上一级人民法院对上诉案件所作的裁判是终审裁判，当事人不得再提起上诉。

第二节 劳动争议诉讼的受案范围及管辖

一、劳动争议诉讼的受案范围

(一) 劳动争议诉讼受案范围的概念和意义

劳动争议受案范围，亦即人民法院对劳动争议案件的主管范围，是指人民法院依法应当和能够受理的劳动争议案件的范围。凡属于人民法院主管的劳动争议案件，当事人起诉又符合条件的，人民法院应依法受理，并适用《民事诉讼法》规定的程序予以审判；凡不属于人民法院主管的劳动争议案件，人民法院无权受理。

劳动争议诉讼的受案范围在劳动争议诉讼制度中占有重要地位。只有明确劳动争议诉讼受案范围，才能确保人民法院正确行使对劳动争议案件的审判权，避免出现人民法院越权受理案件或相互推诿主管案件的现象，保障劳动争议当事人依法寻求司法救济的权利，维护用人单位和劳动者的合法权益。

(二) 劳动争议诉讼的受案范围

目前，人民法院受理劳动争议案件的范围主要有以下几个方面。

1. 我国《劳动争议调解仲裁法》的规定

我国《劳动争议调解仲裁法》第二条规定，劳动争议范围包括以下几个方面：①因确认劳动关系发生的争议；②因订立、履行、变更、解除和终止劳动合同发生的争议；③因除名、辞退和辞职、离职发生的争议；④因工作时间、休息休假、社会保险、福利、培训及劳动保护发生的争议；⑤因劳动报酬、工伤医疗费、经济补偿或者赔偿金等发生的争议；⑥法律、法规规定的其他劳动争议。同时，第五十二条规定：事业单位实行聘用制的工作人员与本单位发生劳动争议的，依照本法执行；法律、行政法规或者国务院另有规定的，依其规定。

2. 我国《劳动法》的规定

我国《劳动法》第八十四条规定："因签订集体劳动合同发生争议，当事人协商解决不成的，当地人民政府劳动行政部门可以组织有关各方协调处理。因履行集体合同发生争议，当事人协商解决不成的，可以向劳动争议仲裁委员会申请仲裁；对裁决不服的，可以自收到仲裁裁决书之日起 15 日内向人民法院提起诉讼。"

3. 我国《集体合同规定》的规定

我国《集体合同规定》第四十九条规定："集体协商过程中发生争议，双方当事人不能协商解决的，当事人一方或双方可以书面向劳动保障行政部门提出协调处理申请；未提出申请的，劳动保障行政部门认为必要时也可以协调处理。"第五十五条规定："因履行集体合同发生的争议，当事人协商不成的，可以依法向劳动争议仲裁委员会申请仲裁。"

4. 我国《劳动合同法》的规定

我国《劳动合同法》第五十六条规定："用人单位违反集体合同，侵犯职工劳动权益的，工会可以依法要求用人单位承担责任；因履行集体合同发生争议，经协商解决不成的，工会可以依法申请仲裁、诉讼。"

5. 我国《就业促进法》的规定

我国《就业促进法》第六十二条规定："违反本法规定，实施就业歧视的，劳动者可以直接向人民法院提起诉讼。"

6. 司法解释的规定

（1）2001 年，最高人民法院《关于审理劳动争议案件适用法律若干问题的解释》（法释[2001]14 号）规定法院可以受理：①劳动者与用人单位在履行劳动合同过程发生的纠纷；②劳动者与用人单位之间没有订立书面劳动合同，但已形成劳动关系后发生的纠纷；③劳动者退休后，与尚未参加社会保险统筹的原用人单位因追索养老金、医疗费、工伤保险待遇和其他社会保险费而发生的纠纷。

（2）2003 年，最高人民法院《关于人民法院审理事业单位人事争议案件若干问题的规定》（法释[2003]13 号）规定："人事争议为事业单位与其工作人员之间因辞职、辞退及履行聘用合同所发生的争议。"同时又规定这类争议适用《中华人民共和国劳动法》的规定处理。

（3）2006 年最高人民法院《关于审理劳动争议案件适用法律若干问题的解释（二）》（法释[2006]6 号）规定法院可以受理：①用人单位和劳动者因劳动关系是否已经解除或者终止，以及是否支付解除或终止劳动关系经济补偿金产生的争议；②劳动者与用人单位解除或者终止劳动关系后，请求用人单位返还其收取的劳动合同定金、保证金、抵押金、抵押物产生的争议，或者办理劳动者的人事档案、社会保险关系等移转手续产生的争议；③劳动者因为工伤、职业病，请求用人单位依法承担给予工伤保险待遇的争议。同时又规定了如下四方面的内容。第一，下列纠纷不属于劳动争议：①劳动者请求社会保险经办机构发放社会保险金的纠纷；②劳动者与用人单位因住房制度改革产生的公有住房转让纠纷；③劳动者对劳动能力鉴定委员会的伤残等级鉴定结论或者对职业病诊断鉴定委员会的职业病诊断结论的异议纠纷；④家庭或个人与家政服务人员之间的纠纷；⑤个体工匠与帮工、学徒之间的纠纷；⑥农村承包经营户与受雇人之间的纠纷。第二，劳动者以用人单位的工作欠条为证据直接向人民法院起诉，诉讼请求不涉及劳动关系其他争议的，视为拖欠劳动报酬争议，按照普通民事纠纷受理。第三，当事人不服劳动争议仲裁委员会作出的预先支付劳动者部分工资或者医疗费的裁决，向人民法院起诉的，人民法院不予受理。用人单位不履行上述裁决中的给付义务，劳动者依法向人民法院申请强制执行的，人民法院应予受理。第四，当事人在劳动争议调解委员会主持下仅就劳动报酬争议达成调解协议，用人单位不履行调解协议确定的给付义务，劳动者直接向人民法院起诉的，人民法院可以按照普通民事纠纷受理。

（4）2010年最高人民法院《关于审理劳动争议案件适用法律若干问题的解释（三）》（法释[2010]12号）规定法院可以受理：①劳动者以用人单位未为其办理社会保险手续，且社会保险经办机构不能补办导致其无法享受社会保险待遇为由，要求用人单位赔偿损失发生的争议；②因企业自主进行改制引发的争议；③劳动者依据《劳动合同法》第八十五条规定，向人民法院提起诉讼，要求用人单位支付赔偿金的；④企业停薪留职人员、未达到法定退休年龄的内退人员、下岗待岗人员及企业经营性停产放长假人员，因与新的用人单位发生用工争议，依法向人民法院提起诉讼的。

二、劳动争议诉讼的管辖

（一）劳动争议诉讼管辖的概念和意义

劳动争议诉讼管辖，是指在法院系统内部，确定各级人民法院和同级人民法院之间受理第一审劳动争议案件的分工和权限。

劳动争议诉讼管辖和劳动争议诉讼受案范围既有区别又有联系。二者的区别在于：劳动争议诉讼受案范围解决的是哪些纠纷可以由人民法院受理而进入劳动争议诉讼程序的问题，而劳动争议诉讼管辖解决的是人民法院系统内部受理第一审劳动争议案件的权限分工问题。二者的联系是：只有先确定某一案件属于劳动争议诉讼受案范围，才能进一步确定该案究竟该由哪个人民法院管辖。由此可见，劳动争议诉讼受案范围是劳动争议诉讼管辖的前提和基础，劳动争议诉讼管辖则是劳动争议受案范围的进一步落实。

在法律上明确劳动争议诉讼管辖，对于及时、有效地解决劳动争议，维护劳动争议当事人的合法权益，稳定社会秩序具有十分重要的意义。首先，管辖的确定能使法院审判权得到具体的落实，防止出现法院之间相互争管辖权或相互推诿的现象，从而使法院能及时行使其审判权。其次，对劳动争议当事人来说，明确了管辖，有利于其行使诉讼权利。它可以让原告知道应该到哪个法院去起诉，正确行使起诉权，同时它也可以使被告得以判断受诉法院对案件有无管辖权，从而正确行使提出管辖权异议的权利。

（二）我国《民事诉讼法》规定的管辖的种类

我国《民事诉讼法》规定的管辖的种类有级别管辖、地域管辖、移送管辖、指定管辖和管辖权的转移。

1. 级别管辖

级别管辖，是指上、下级人民法院之间受理第一审民事案件案件的分工和权限。

我国四级人民法院，即基层人民法院、中级人民法院、高级人民法院、最高人民法院，由于职能分工不同，受理第一审民事案件的权限范围也不同。根据《民事诉讼法》的规定，基层人民法院管辖第一审民事案件，法律另有规定的除外；中级人民法院管辖重大涉外案件、在本辖区有重大影响的案件及最高人民法院确定由中级人民法院管辖的案件；高级人民法院管辖在本辖区内有重大影响的第一审民事案件；最高人民法院管辖在全国有重大影响，以及认为应当由本院审理的案件。

2. 地域管辖

地域管辖是指同级人民法院之间受理第一审民事案件的分工和权限。

地域管辖不同于级别管辖，前者是从横向上划分同级人民法院之间受理第一审民事案件的权限和分工，它要解决的是某一民事案件应由同级人民法院中的哪一个人民法院管辖的问题；后者是从纵向上划分上、下级人民法院之间受理第一审民事案件的分工和权限，它要解决的是某一民事案件应由哪一级人民法院管辖的问题。但是，二者也是有联系的，表现在：地域管辖是在级别管辖的基础上划分的，只有明确了级别管辖，才能进一步确定地域管辖；而在明确级别管辖后，又需进一步通过地域管辖才能落实受理案件的具体法院。

根据《民事诉讼法》的规定，地域管辖又分为一般地域管辖、特殊地域管辖、专属管辖、共同管辖和协议管辖。

一般地域管辖，又称普通管辖或一般管辖，是指按照当事人的住所地与其所在人民法院的隶属关系来确定的管辖。一般地域管辖的原则是"原告就被告"，即案件原则上由被告所在地人民法院管辖。

特殊地域管辖，又称特别地域管辖，是指以诉讼标的所在地或法律事实所在地为标准确定的管辖。特殊地域管辖是相对于一般地域管辖而言的，是《民事诉讼法》针对一些特别类型案件的诉讼管辖作出的规定。例如，因合同纠纷提起的诉讼，规定由被告住所地或者合同履行地人民法院管辖；因侵权行为提起的诉讼，由侵权行为地或者被告住所地人民法院管辖。

专属管辖，是指法律强制规定某类案件只能由特定的人民法院管辖。专属管辖的特点在于极强的强制排他性，凡是属于专属管辖的案件，都只能由法律规定的人民法院管辖，其他人民法院无管辖权，因而排除了一般地域管辖和特殊地域管辖适用的余地。当事人双方也不得以协议的方式变更管辖，因而也排除了协议管辖。因不动产纠纷、港口作业中发生纠纷、继承遗产纠纷提起的诉讼，适用专属管辖。

共同管辖，是指根据《民事诉讼法》的规定，两个或两个以上的人民法院对同一诉讼案件都有管辖权。形成共同管辖的情形，有时是因法律的直接规定而发生的，有时是因诉讼主体或诉讼客体的原因而发生的。在共同管辖的情况下，原告可以向其中任一人民法院起诉。如果原告向两个以上有管辖权的人民法院起诉的，由最先立案的人民法院管辖。

协议管辖,又称约定管辖或合意管辖,是指当事人双方依照法定条件,在纠纷发生之前或发生之后以书面形式自主约定解决他们之间纠纷的管辖法院。根据《民事诉讼法》的规定,当事人可以协议管辖的案件,只限于合同纠纷,并且只限于第一审合同纠纷,不适用第二审、重审、再审及提审合同纠纷。当事人协议选择管辖法院的范围也只限于被告住所地、合同履行地、合同签订地、原告住所地、标的物所在地这些与合同有实际联系地点的人民法院。当事人协议选择管辖法院时不得违反《民事诉讼法》对级别管辖和专属管辖的规定。

3. 移送管辖

移送管辖,是指人民法院受理案件后,因发现对该案件本法院没有管辖权,而依法将案件移送给有管辖权的人民法院审理。

移送管辖必须具备以下三个条件:①移送的法院已经受理了案件;②移送的法院对该案件确无管辖权;③受移送的法院对该案件依法享有管辖权。

4. 指定管辖

指定管辖,是指上级人民法院根据法律的规定,以裁定的方式指定其辖区内的下级人民法院对某一案件行使管辖权。设立指定管辖制度的目的,在于通过赋予上级人民法院一定的权力,使下级人民法院在出现管辖权不明或发生争议时,问题能得到及时解决,确保诉讼程序顺利进行。

根据《民事诉讼法》的规定,指定管辖适用于下列三种情况。①有管辖权的人民法院由于特殊原因而不能行使管辖权的,由上级人民法院指定管辖。所谓特殊原因,一是指事实上的特殊原因,如发生了火灾、水灾、地震等自然灾害,致使该地人民法院无法行使管辖权;二是指法律上的特殊原因,如出现有管辖权的人民法院的审判人员均需回避而无法组成合议起的情况。②人民法院之间因管辖权发生争议,由双方协商解决;协商解决不成的,应报请它们的共同上级人民法院指定管辖。③接受移送案件的人民法院认为受移送的案件不属于本院管辖的,应报请上级人民法院指定管辖。

5. 管辖权的转移

管辖权的转移,是指经上级人民法院的决定或同意,将某一案件的管辖权由上级人民法院转移给下级人民法院,或由下级人民法院转移给上级人民法院。管辖权的转移一般是在直接的上下级人民法院之间进行,是对级别管辖的变通和补充。

管辖权的转移与移送管辖在表面上都是案件由一个人民法院转移至另一个人民法院,但二者有根本的区别:管辖权的转移是有管辖权的人民法院把案件的管辖权转移给本来无管辖权的人民法院,其本质是移交案件的管辖权;而移送管辖则是无管辖权的人民法院将自己错误受理的案件移送给有管辖权的人民法院,其实质是案件的移送而非管辖权的移交。

三、劳动争议诉讼的管辖

人民法院审理劳动争议案件是依照民事诉讼程序进行审理,因而劳动争议诉讼的管辖适用我国《民事诉讼法》关于管辖的规定。同时,最高人民法院《关于审理劳动争议案件适用法律若干问题的解释》(法释[2001]14号)第八条规定:"劳动争议案件由用人单位所在地或者劳动合同履行地的基层人民法院管辖。劳动合同履行地不明确的,由用人单位所在地的基层人民法院管辖。"这样,《民事诉讼法》关于管辖的规定和上述司法解释就共同形成了确定劳动争议诉讼管辖的法律依据。

（1）劳动争议诉讼的级别管辖。第一审劳动争议案件由基层人民法院管辖，原则上最高人民法院、各高级人民法院和各中级人民法院不受理第一审劳动争议案件。

（2）劳动争议诉讼的地域管辖。劳动争议诉讼实行特殊地域管辖，由用人单位所在地或劳动合同履行地的基层人民法院管辖。劳动合同履行地不明确的，只有用人单位所在地的基层人民法院才有管辖权。所谓劳动合同履行地，一般是指劳动合同约定的劳动者履行劳动义务的地点。因此，劳动争议当事人不服劳动争议仲裁裁决时，既可以选择向用人单位所在地的基层人民法院起诉，也可以选择向劳动合同履行地的基层人民法院起诉。当事人双方就同一仲裁裁决分别向有管辖权的人民法院起诉的，后受理的人民法院应当将案件移送给先受理的人民法院。

（3）人民法院在受理了劳动争议案件后，如果发现本法院对该案件没有管辖权时，应将案件移送给有管辖权的人民法院审理。如果受移送的人民法院认为移送的该案件不属于本法院管辖的，不能将该案件退回移送的人民法院，也不能再移送给自己认为有管辖权的其他人民法院，而应当报请上级人民法院指定管辖。

（4）对劳动争议案件有管辖权的人民法院由于特殊原因，不能行使管辖权的，由上级人民法院指定对该劳动争议案件进行管辖的人民法院；人民法院之间对劳动争议案件的管辖权发生争议时，由争议双方协商解决。协商解决不了的，报请它们的共同上级人民法院指定管辖。上级人民法院应当在收到下级人民法院报告之日起30日内，作出指定管辖的决定，并应书面通知报送的人民法院和被指定的人民法院。

（5）用人单位所在地或劳动合同履行地的基层人民法院依法受理劳动争议案件后，上级人民法院如果认为由本院审理为宜的，有权管辖该劳动争议案件；用人单位所在地或劳动合同履行地的基层人民法院对本院管辖的第一审劳动争议案件，如果认为由自己行使审判权确有困难，需要由上级人民法院审理的，也可以报请上级人民法院审理。

第三节　劳动争议诉讼当事人

一、劳动争议诉讼当事人概述

（一）劳动争议诉讼当事人的概念和特征

劳动争议诉讼当事人，是指以自己的名义要求人民法院保护其劳动权利或劳动法律关系，受人民法院裁判约束的人。

劳动争议诉讼当事人具有如下特征。

（1）劳动争议诉讼当事人是以自己的名义起诉或者应诉，进行诉讼活动的人。也就是说，劳动争议诉讼当事人是在诉状内明确表示为原告或被告并以自己名义进行诉讼，直接享有诉讼权利和承担诉讼义务的人。在劳动争议诉讼中，如果不是以自己而是以他人名义进行诉讼行为的人，不是当事人而是诉讼代理人。

（2）劳动争议诉讼当事人是因劳动权利义务发生纠纷，向人民法院请求解决劳动争议的人。这其中有两层内涵：一是劳动争议诉讼当事人一般情况下是劳动关系当事人，是劳动法

律关系主体，他们享有劳动权利、履行劳动义务；二是劳动争议诉讼当事人要求人民法院居中裁判解决的是他们之间的劳动争议，而非其他争议。

（3）劳动争议诉讼当事人是受人民法院裁判约束的人。所谓受法院裁判约束，是指必须按照发生法律效力的裁判行使权利或者履行义务。虽以自己的名义参加劳动争议诉讼，但不受法院裁判约束的人，如证人、鉴定人、翻译人员、勘验人员等，也不是劳动争议诉讼当事人。

劳动争议诉讼当事人有狭义和广义之分。狭义的当事人仅包括原告和被告。所谓原告，是指以自己的名义起诉，请求人民法院保护其劳动权利或劳动法律关系，并受法院裁判约束的一方当事人；所谓被告，则是指被原告诉称侵犯其权利或与之发生劳动争议，从而以自己名义应诉，并受法院裁判约束的对方当事人。广义的当事人除原告和被告之外，还包括被法院判决承担法律责任的无独立请求权的第三人。

劳动争议当事人在不同审级和诉讼阶段中，其称谓有所不同。在第一审程序中，称为原告和被告；在第二审程序中，称为上诉人和被上诉人；在审判监督程序中，如适用第一审程序审理，分别称为原审原告、原审被告、原审第三人；若适用第二审程序审理，分别称为原审上诉人、原审被上诉人、原审第三人；在执行程序中，则称为申请执行人和被执行人。

（二）劳动争议诉讼当事人的劳动争议诉讼权利能力和行为能力

1. 劳动争议诉讼权利能力

劳动争议诉讼权利能力，又称诉讼法上的权利能力或当事人能力，是指可以作为劳动争议诉讼当事人的能力或法律资格。只有具备了这种能力或法律资格的人，才能够以自己的名义进行劳动争议起诉或应诉活动，并享有诉讼权利、履行诉讼义务。不过，诉讼权利能力只是一种抽象的法律资格，具有劳动争议诉讼权利能力的人并不当然就是劳动争议诉讼当事人。要实际成为劳动争议诉讼当事人，还需要具有劳动争议诉讼权利能力的人实际在某个劳动争议案件中起诉或应诉来实现。

根据我国劳动法的规定，用人单位和劳动者发生劳动争议时，当事人可以依法申请调解、仲裁、提起诉讼。因此，在我国，用人单位和劳动者都有具有劳动争议诉讼权利能力。用人单位的劳动争议诉讼权利能力始于依法成立时，到解散或撤销时终止。劳动者的劳动争议诉讼权利能力原则上从达到法定就业年龄即年满16周岁时开始，至劳动者死亡时结束。

2. 劳动诉讼行为能力

劳动争议诉讼行为能力，又称诉讼能力，是指当事人能够自己实施诉讼行为，行使诉讼权利和履行诉讼义务的能力或法律资格。当事人的劳动争议诉讼权利能力和诉讼行为能力具有不同的法律意义。具备劳动争议诉讼权利能力是成为具体劳动争议诉讼案件诉讼当事人的前提条件，有劳动争议诉讼行为能力则是当事人能够亲自实施诉讼行为的前提条件；有劳动争议诉讼权利能力而无劳动争议诉讼行为能力的，也可以成为劳动争议诉讼当事人，但没有劳动争议诉讼行为能力的人所实施的诉讼行为不具有法律效力，需要由其法定代理人代为诉讼。

在我国，用人单位的劳动争议诉讼行为能力与其劳动争议诉讼权利能力是一致的，于依法成立时开始，至解散或撤销时终止。已经年满16周岁、具有完全民事行为能力的劳动者具有劳动争议诉讼行为能力。诉讼时，患有精神病或智力有障碍，不能辨认或不能完全辨认自己行为的无民事行为能力或限制民事行为能力的劳动者无诉讼行为能力，需要由其法定代理人代为劳动争议诉讼。

（三）劳动争议诉讼当事人的诉讼权利和诉讼义务

根据《民事诉讼法》的规定，劳动争议诉讼当事人在劳动争议诉讼过程中享有广泛的诉讼权利，同时也承担相应的诉讼义务。

1. 当事人的诉讼权利

劳动争议当事人在劳动争议诉讼程序中享有的诉讼权利主要如下：①请求司法保护的权利。具体来说，原告有起诉权、上诉权，以及起诉后有变更或者放弃诉讼请求权、撤诉权；被告有应诉权、答辩权、反诉权、上诉权等；②委托诉讼代理人的权利；③申请回避的权利；④收集和提供证据的权利；⑤在庭审中有陈述、辩论和质证的权利；⑥要求调解和自行和解的权利；⑦申请财产保全或先予执行的权利；⑧申请执行生效裁判的权利；⑨申请再审权；⑩查阅、复制本案有关材料和法律文书的权利等。

2. 当事人的诉讼义务

劳动争议诉讼当事人在劳动争议诉讼过程中应承担诉讼义务主要有三次：①依法行使诉讼权利的义务；②遵守法庭秩序、诉讼秩序的义务；③履行已经发生法律效力的判决、裁定和调解书的义务等。

（四）司法解释关于认定劳动争议诉讼当事人的一些专门规定

（1）2001年最高人民法院《关于审理劳动争议案件适用法律若干问题的解释》（法释[2001]14号）有如下规定。①当事人双方不服劳动争议仲裁委员会作出的同一仲裁裁决，均向同一人民法院起诉的，先起诉的一方当事人为原告，但对双方的诉讼请求，人民法院应当一并作出裁决。②用人单位与其他单位合并的，合并前发生的劳动争议，由合并后的单位为当事人；用人单位分立为若干单位的，其分立前发生的劳动争议，由分立后的实际用人单位为当事人。用人单位分立为若干单位后，对承受劳动权利义务的单位不明确的，分立后的单位均为当事人。③用人单位招用尚未解除劳动合同的劳动者，原用人单位以新的用人单位和劳动者共同侵权为由向人民法院起诉的，新用人单位和劳动者列为共同被告。④劳动者在用人单位与其他平等主体之间的承包经营期间，与发包方和承包方双方或者一方发生劳动争议，依法向人民法院起诉的应当将承包方和发包方作为当事人。

（2）2006年最高人民法院《关于审理劳动争议案件适用法律若干问题的解释（二）》（法释[2006]6号）有如下规定：①劳动者与起有字号的个体工商户产生的劳动争议诉讼，人民法院应当以营业执照上登记的字号为当事人，但应同时注明该字号业主的自然情况。②劳动者因履行劳动力派遣合同产生劳动争议而起诉，以派遣单位为被告；争议内容涉及接收单位的，以派遣单位和接收单位为共同被告。③劳动者和用人单位均不服劳动争议仲裁委员会的同一裁决，向同一人民法院起诉的，人民法院应当并案审理，双方当事人互为原告和被告。在诉讼过程中，一方当事人撤诉的，人民法院根据另一方当事人的诉讼请求继续审理。

（3）2010年最高人民法院《关于审理劳动争议案件适用法律若干问题的解释（三）》（法

释[2010]12号）有如下规定。①劳动者与未办理营业执照、营业执照被吊销或者营业期限届满仍继续经营的用人单位发生争议的，应当将用人单位或者其出资人列为当事人。②未办理营业执照、营业执照被吊销或者营业期限届满仍继续经营的用人单位，以挂靠等方式借用他人营业执照经营的，应当将用人单位和营业执照出借方列为当事人。③当事人不服劳动人事争议仲裁委员会作出的仲裁裁决，依法向人民法院提起诉讼，人民法院审查认为仲裁裁决遗漏了必须共同参加仲裁的当事人的，应当依法追加遗漏的人为诉讼当事人。被追加的当事人应当承担责任的，人民法院应当一并处理。

二、劳动争议诉讼中的共同诉讼人

（一）共同诉讼和共同诉讼人概念

共同诉讼是当事人一方或者双方人数在两人或两人以上，并且多数当事人一方与对方当事人之间的诉讼标的是共同或者同一种类的诉讼。它是与一对一的原告和被告单独进行的诉讼相对应的复数诉讼形式。如果原告一方有两人或两人以上共同参与诉讼，称为积极的共同诉讼，共同原告一方称为积极的共同诉讼人；如果被告一方有两人或两人以上参与诉讼，则称为消极的共同诉讼，共同被告一方称为消极共同诉讼人。

劳动争议诉讼中，共同诉讼是属于诉的主体合并，即劳动争议诉讼当事人的合并。构成共同诉讼需具备一定条件：①当事人一方或双方为两人或两人以上；②多数当事人一方与对方当事人之间的诉讼标的是共同的，或同一种类的；③属同一人民法院管辖并由其合并审理。我国《民事诉讼法》根据共同诉讼人与诉讼标的关系不同，将共同诉讼分为必要共同诉讼和普通共同诉讼两种。相应地，共同诉讼人也有必要共同诉讼人和普通共同诉讼人之分。

（二）必要共同诉讼人

必要共同诉讼是指当事人一方或者双方为两人或两人以上，其诉讼标的是共同的诉讼。必要共同诉讼中人数为两人或两人以上的当事人一方就是必要共同诉讼人。必要共同诉讼的特点在于，共同诉讼人诉讼标的是共同的，亦即共同诉讼人与对方当事人之间争议的是共同的实体法律关系，共同诉讼人共同享有权利或共同承担义务。必要共同诉讼是一种不可分的诉讼，必要共同诉讼人必须一同起诉或者应诉。没有一同起诉或应诉的必要共同诉讼的人，人民法院应追加，当事人也可向人民法院申请追加。追加共同诉讼的当事人，既可能是原告，也可能是被告。如果应当追加的是原告，其明确表示放弃实体权利的，可不予追加；既不愿意参加诉讼，又不放弃实体权利的，仍追加为共同原告，其不参加诉讼，不影响人民法院对案件的审理和裁判。如果应当追加的是被告，属于必须到庭的，经两次传票传唤无正当理由拒不到庭的，可以拘传；不属于必须到庭的，经传票传唤无正当理由拒不到庭的，可以缺席判决。人民法院追加共同诉讼的当事人时，应通知其他当事人。对于必要共同诉讼案件，人民法院必须合并审理和裁判。

（三）普通共同诉讼人

普通共同诉讼是当事人一方或双方为两人或两人以上，其诉讼标的是同一种类，人民法院认为可以合并审理，并经当事人同意的共同诉讼。普通共同诉讼中人数为两人或两人以上的当事人一方即为普通共同诉讼人。

在劳动争议诉讼中，构成普通共同诉讼需具备下列几个条件。

（1）存在两个或两个以上的诉讼标的，并且这些诉讼标的属于同一种类。所谓诉讼标的属于同一种类，是指共同诉讼人各自分别享有的劳动权利或者承担的劳动义务属于同一类型，但他们之间没有共同的劳动权利或义务。

（2）人民法院认为可以合并审理，亦即人民法院认为两人或两个诉讼标的可以通过同一诉讼程序审理和裁判。

（3）当事人同意合并审理。只有征得当事人同意合并审理后，人民法院才能将诉讼标的为同一种类的几个劳动争议案件合并审理，形成普通共同诉讼。

（4）人民法院对合并审理的各个劳动争议案件都有管辖权。

普通共同诉讼的实质是几个单独诉讼的合并，因此是一种可分之诉。各普通共同诉讼人在诉讼中都是独立的诉讼主体，他们可以各自独立地实施诉讼行为，他们各自的诉讼行为原则上只对其本人有效，而对其他普通共同诉讼人不发生效力。

三、劳动争议诉讼中的第三人

第三人，是指对他人之间的诉讼标的有独立的请求权，或者虽无独立的请求权，但案件的处理结果与他有法律上的利害关系，因而参加到他人之间正在进行的诉讼中的人。劳动争议仲裁第三人，是指与劳动争议案件的处理结果有利害关系，因而参加到劳动争议仲裁过程中的人，包括用人单位和劳动者。

劳动争议第三人制度借鉴了民事诉讼制度，但又不同于民事诉讼中的第三人。在劳动争议诉讼理论上，他人之间正在进行的劳动争议诉讼称为本诉；第三人参加的诉讼，称为参加诉讼。民事诉讼中的第三人分为有独立请求权第三人和无独立请求权第三人两种。有独立请求权第三人在诉讼中的地位相当于原告，享受原告的诉讼权利和履行原告的义务；而无独立请求权第三人参加诉讼，通常是站在与其有利害关系的当事人一方，支持其诉讼主张，反对另一方当事人的主张，但无权处分原告或被告的实体权利和义务，也不能实施承认诉讼请求、放弃和变更诉讼请求、撤诉和解等原告或被告有权进行的诉讼行为。劳动争议诉讼案件中的第三人是与案件处理结果既可以是法律上的，也可以是事实上的利害关系人。从产生劳动争议第三人的情况看，劳动争议诉讼案件中的第三人，一般为本案的义务人，把第三人引入诉讼主要是为了让其承担责任，也就是在案件处理中是被诉方。

劳动争议诉讼中的第三人，其特征如下。

（1）他依附于原告或者被告。在劳动争议诉讼活动中，无独立请求权的第三人，既不是原告，也不是被告，而是依附于原告或者被告一方，与原告或者被告具有同等的法律地位。因此，将无独立请求权第三人列入劳动争议当事人的范畴。

（2）他参加劳动争议诉讼活动的时间，必须是在他人之间的诉讼已经开始，而人民法院尚未作出终局判决之前。如果他人之间的劳动诉讼活动尚未开始，或者劳动争议案件已结案，就不涉及第三人参加劳动争议诉讼活动的问题。如果他人之间的劳动争议案件已结案，与本案有关的人就不能以第三人身份提请参加本案活动，只能形成新的案件。

（3）他与劳动争议案件的处理结果有利害关系。所谓"利害关系"，是指他人之间的案件

处理结果引起第三人享有某种权利或履行某种义务的法律上的利害关系。无独立请求权第三人参加他人之间的劳动争议诉讼活动，表面上是维护他所参加的一方当事人的利益，实际上是为了维护自己的合法权益。如果第三人维护他所参加的一方当事人胜诉，他就在法律上维护了自己的某种权利，反之，第三人在法律上负有某种义务。可见，第三人参加的法律关系与原案件当事人之间的法律关系之间存在一种有必然联系的、受法律调整的权利义务关系。

（4）他参加劳动争议诉讼活动的目的，必须是维护自己的劳动权益，并且是以自己的名义参加诉讼活动的。

同时具备上述四个特征，才有资格作为劳动争议诉讼活动的第三人。

最高人民法院《关于审理劳动争议案件适用法律若干问题的解释》（法释[2001]14号）专门规定：用人单位招用尚未解除劳动合同的劳动者，原用人单位与劳动者发生的劳动争议，可以列新的用人单位为第三人。原用人单位以新的用人单位侵权为由向人民法院起诉的，可以列劳动者为第三人

四、劳动争议诉讼中的诉讼代表人

诉讼代表人是指在代表人诉讼中的情形下被推选出来代表一方全体当事人进行诉讼的当事人。所谓代表人诉讼是指一方或双方当事人人数众多时，由众多的当事人推选代表人代表本方全体当事人进行诉讼，代表人所为的诉讼行为对本方全体当事人发生效力，并且法院裁判的效力及于本方全体当事人的诉讼制度。代表人诉讼制度是我国《民事诉讼法》为解决涉及多数人利益的群体性纠纷而设立的一种诉讼法律制度。在诉讼中，当出现这种情形时即当事人一方或双方人数众多，而作为同一方当事人的多数人之间虽然在法律上或事实上有牵连关系，但该多数人并不构成一个固定的组织，无法将其作为一个法人或非法人实体，并且由于诉讼空间无法容纳这样众多的当事人，为了一并解决这些众多当事人与另一方当事人之间的纠纷，节省诉讼成本，就有必要采取由当事人推举代表进行诉讼的形式。

在劳动争议诉讼中，提起代表人诉讼除具备提起劳动争议起诉的条件外，还需具备下列要件：①劳动争议当事人一方人数众多，根据最高人民法院的司法解释，当事人一方人数众多是指一方当事人在10人以上；②众多当事人一方的诉讼标的相同或者属于同一种类；③众多当事人一方内部有相同的诉讼请求或抗辩方法，或者至少其诉讼请求或抗辩方法对各个当事人都能成立，且不能互相矛盾；④代表人适格。

诉讼代表人在代表人诉讼活动中所为的诉讼行为对其所代表的当事人发生效力。但是，诉讼代表人变更、放弃诉讼请求或者承认对方当事人的诉讼请求和进行和解，必须经被代表的当事人同意。人民法院的裁判对诉讼代表人和诉讼代表人所代表的当事人一并发生法律效力。

五、劳动争议诉讼代理人

劳动争议诉讼代理人，是指在代理权范围内，以当事人的名义、为当事人的利益代为实施或接受诉讼行为的人。被代理的当事人称为被代理人。诉讼代理人代理当事人进行诉讼活动的权限，称为诉讼代理权。诉讼代理行为的内容，包括代理实施诉讼行为和代为接受诉讼行为。前者如代理起诉，代为变更、放弃诉讼请求，代为陈述事实、提供证据等；后者如代为应诉、答辩等。

在劳动争议诉讼中，当事人为无诉讼行为能力人时，如患有严重精神病、不能辨认或不能完全辨认自己行为的劳动者，其诉讼行为须由代理人代为进行。有些当事人虽有诉讼行为能力，但由于时间、精力或其他原因不能亲自参加诉讼，或者虽能亲自参加诉讼但因缺乏相应的法律知识或诉讼经验，需要有熟悉法律和诉讼经验的人帮助参加诉讼。诉讼代理人制度的设立，不仅为无诉讼行为能力的劳动者实现各种诉讼权利提供了切实的途径，也为那些虽有诉讼行为能力但无暇亲自参加诉讼，或者虽能参加诉讼但缺乏法律知识和诉讼经验的当事人提供了方便。可见，诉讼代理人制度对于维护当事人的合法劳动权益，保证劳动争议诉讼程序顺利进行起着十分重要的作用。

劳动争议诉讼代理人具有如下法律特征。①诉讼代理人须具有诉讼行为能力，这是诉讼代理人履行自己职责的前提。②诉讼代理人须在代理权限范围内代为诉讼活动。诉讼代理人代为诉讼活动的依据是诉讼代理权，诉讼代理人在诉讼代理权范围内进行的诉讼行为才是诉讼代理行为，诉讼代理人超越代理权范围所实施的诉讼行为不产生诉讼代理法律效果。③诉讼代理人须以被代理人的名义进行诉讼活动。诉讼代理人不是案件当事人，与案件无直接利害关系，其参加诉讼的根本目的在于为当事人提供帮助，维护当事人的利益，因此，诉讼代理人须以被代理人的名义进行诉讼活动。④诉讼代理人的诉讼代理行为的法律后果由被代理人承担。

根据诉讼代理权产生的根据不同，劳动争议诉讼代理人分为法定诉讼代理人和委托诉讼代理人两种。

劳动争议法定诉讼代理人，是指根据法律的规定取得并行使诉讼代理权的人。劳动争议诉讼中，对于无诉讼行为能力的劳动者，需要由其法定诉讼代理人代为诉讼。法定诉讼代理权产生的根据是法律规定的监护权，只有对无民事行为能力和限制民事行为能力的劳动者享有监护权的人才能充当其法定诉讼代理人。法定诉讼代理人在劳动争议诉讼中与其所代理的劳动者的诉讼地位基本相同。劳动者作为诉讼当事人享有的诉讼权利和应履行的诉讼义务，他都有权代为行使或应当代为履行。他也可以代理劳动者处分劳动者享有的诉讼权利和实体权利。

劳动争议委托诉讼代理人，是指受被代理人的授权委托代为进行劳动争议诉讼活动的人。在委托诉讼代理中，由于委托诉讼代理人的选任和代理权限范围的确定都取决于委托人的意志，所以委托代理又称意定代理，委托诉讼代理人又称为意定诉讼代理人。委托诉讼代理是劳动争议诉讼中最主要和最为普通的一种代理方式。根据《民事诉讼法》的规定，劳动争议当事人可以委托1~2人作为诉讼代理人。如果当事人是无民事行为能力或限制民事行为能力的劳动者，则应由他们的法定代理人替他们委托诉讼代理人。除了劳动争议当事人和他们的法定代理人外，其他人无权委托诉讼代理人。被委托担任劳动争议诉讼代理人的，可以是律师、当事人的近亲属、有关的社会团体或者当事人所在单位推荐的人，也可以是经人民法院许可的其他公民。

第四节 劳动争议诉讼证据

一、劳动争议诉讼证据概述

（一）劳动争议诉讼证据的概念和意义

劳动争议诉讼证据，是指能够证明劳动争议案件真实情况的根据。

人民法院在审理劳动争议案件过程中，查明和准确认定案件事实是正确适用法律的基础，而人民法院要做到查明和准确认定案件事实，就必须借助于各种证据。对劳动争议当事人而言，他们在进行劳动争议诉讼活动时，也必须提出证据证明自己的事实主张或反驳不利于己的事实，否则，就有可能承担败诉的风险。由此可见，劳动争议诉讼证据既是人民法院正确、公正裁判劳动争议案件的基础，又是劳动争议当事人维护自己合法权益的重要武器，这就决定了劳动争议诉讼证据制度在整个劳动争议诉讼制度中处于极为重要的地位。

（二）劳动争议诉讼证据的特征

1. 客观性

客观性是指劳动争议诉讼证据必须是客观存在的真实材料，而非任何人猜测或主观虚构的产物。客观性是劳动争议诉讼证据的最基本的特征。在劳动争议诉讼活动中，任何假设、推测或凭空想象的东西都不能被认定为劳动争议诉讼证据。

2. 关联性

关联性是指劳动争议诉讼证据必须同案件事实存在某种联系，并因此对证明案情具有实际意义。即便是客观存在的事实材料，如果与劳动争议案件没有任何联系，也不能作为劳动争议诉讼证据看待。

3. 合法性

合法性是指能够作为劳动争议诉讼证据的事实材料应符合法律要求的形式，以及在调查、收集、审查这些事实材料时要符合法定程序。不符合法律要求形式或不按法定程序取得的事实材料，均不能作为劳动争议诉讼证据来证明案件事实。

客观性、关联性、合法性共同构成了劳动争议诉讼证据的特征，客观性和关联性是劳动争议诉讼证据的内容特征，合法性是劳动争议诉讼证据的形式特征。三者互相联系，缺一不可。

二、劳动争议诉讼证据的学理分类

（一）本证与反证

依据证据与举证责任承担者的关系，可以将劳动争议诉讼证据分为本证与反证。本证，是指具有举证责任的一方当事人提出的能够证明自己所主张事实的证据。反证，是指能够否定负举证责任一方与当事人所主张事实的证据。例如，劳动者诉用人单位，主张他们之间存在劳动关系而提出的书面劳动合同是本证，而用人单位提出证据证明该书面劳动合同是伪造的，该证据就是反证。

理论上区分本证与反证的意义在于：本证必须达到待证案件事实不存在真伪不明的状态才算证明成功，如果本证仅使待证案件事实处于真伪不明的状态，那么法院仍会认定该事实不存在，由此产生的不利诉讼后果由负举证责任的当事人承担；而反证只需使本证的待证事实处于真伪不明的状态即可达到反证的目的。区分本证与反证，有利于人民法院明确双方当事人的举证效果，从而依据举证责任的分配规则作出正确裁判。

（二）直接证据与间接证据

根据劳动争议诉讼证据与案件事实的关系，可以将劳动争议诉讼证据分为直接证据和间接证据。直接证据是指能够单独直接证明案件事实的证据。例如，当事人向人民法院提供的书面劳动合同，就能够直接证明当事人之间是否存在合法有效的劳动关系。又如，用人单位提供的发放工资记录单，能够直接证明用人单位有无拖欠劳动者工资的事实。间接证据是指不能单独直接证明，需要与其他证据结合才能证明案件事实的证据。

劳动争议审判实践中，直接证据的证明力一般来说要强于间接证据，但也不能忽视间接证据的作用。在没有直接证据的时候，往往运用间接证据可推导出待证事实，并且间接证据有时还可以印证直接证据，起到鉴别直接证据真伪的作用。

（三）原始证据与传来证据

按照劳动争议诉讼的证据的来源，可以将劳动争议诉讼证据分为原始证据与传来证据。原始证据是直接来源于案件事实的证据，即通常所说的"第一手材料"。例如，劳动合同书、职工考勤表、工资发放记录单、证人亲眼所见的陈述、损坏的机器设备等。传来证据也叫派生证据或衍生证据，是指非直接来源于案件事实，经过复制、复印、转述、传抄等中间环节得来的证据，如书证的副本、音像资料的复制品、转述他人所见事实的证人证言等。

区分原始证据与传来证据的意义在于：由于传来证据与案件待证事实之间存在着中间环节，在复制、转述等过程中有可能失真，所以在审判实践中，原始证据的证明力一般大于传来证据，原始证据优于传来证据。

三、我国劳动争议诉讼证据的法定形式

根据《民事诉讼法》的规定，劳动争议诉讼证据可以分为以下七种。

（一）书证

书证是指以文字、符号、图画等所记载或表示的内容来证明案件事实的书面材料。在劳动争议诉讼实务中，人民法院及当事人经常要应用各种书证来证明案件事实。书面劳动合同和集体合同、用人单位对劳动者作出的各种书面处分决定、用人单位单方面解除劳动合同的书面通知、用人单位的规章制度、工资发放记录、劳动时间的记载等都是劳动争议诉讼中常见的书证。

根据《民事诉讼法》的规定，劳动争议当事人向人民法院提供书证时应提交原件。如提交原件确有困难的，可以提交经人民法院核对无异的复制件、节录件。

（二）物证

物证是指据以证明案件真实情况的一切物品和痕迹。作为一种证据，物证是以其存在的外形、重量、质量、规格等外部特征来证明案件事实，与其他证据相比，物证具有客观性和直观性的特点，是一种非常有证明力的证据。

根据《民事诉讼法》的规定，劳动争议当事人向人民法院提交物证时应提供原物。提供原物确有困难或需自己保存原物的，可以提供经法院核对无异的复制品或照片。

（三）视听资料

视听资料，是指利用录音、录像及电子计算机储存的资料来证明案件事实的材料。视听资料作为一种独立证据是现代科学技术发展的产物。由于视听资料是通过声音、图像、储存

资料的内容来证明案件事实，具有比较直观、形象、准确、科学和综合性的特点，因而在诉讼过程中越来越被广泛应用。当然，随着科学技术的进步，视听资料也存在着容易被剪辑、伪造或非法合成的缺点，因此，视听资料必须经过严格的审查判断、证明属实后才能作为定案的根据。根据最高人民法院《关于民事诉讼证据的若干规定》的规定，有其他证据佐证并以合法手段取得的、无疑点的视听资料可以作为证据，但以侵害他人合法权益或者违反法律禁止性规定的方法取得的视听资料，不能作为认定案件事实的证据。

（四）证人证言

证人证言是指证人就他所了解的有关案件的情况向人民法院所作的口头或书面陈述。将自己所得知的案件情况提供给人民法院而陈述的人，是证人。证人陈述的内容称为证言。根据《民事诉讼法》和最高人民法院司法解释的规定，凡是知道案件情况的单位和个人，都有义务出庭作证。但不能正确表达意志的人，不能作为证人。待证事实与其年龄、智力或者精神健康状况相适应的无民事行为能力的人和限制民事行为能力人，可以作为证人。在司法实践中，为确保司法的公正性，办理本案的审判人员、书证员、鉴定人、勘验人、翻译人员和检察人员，不能在本案中充当证人。诉讼代理人在同一案件中也不得作为证人。证人经人民法院传唤，应当按时出庭，如实作证，不得虚假陈述或作伪证，并接受当事人的质询。证人确有困难不能出庭的，经人民法院许可，可以提交书面证言或视听资料，或者通过双向视听传输技术手段作证。所谓确有困难不能出庭，指的是证人具有下列这些情形：①年迈体弱或者行动不便无法出庭的；②特殊岗位确实无法离开的；③路途特别遥远，或交通不便难以出庭的；④因自然灾害等不可抗力原因无法出庭的；⑤其他无法出庭的特殊情况。

（五）当事人陈述

当事人陈述，是指当事人在诉讼中就案件的事实情况向人民法院所作的陈述。作为一种证据，当事人陈述具有真实性与虚假性并存的特点。一方面，当事人是最了解事件真实情况的人，因此，他们有可能向人民法院提供全面的、真实的案件事实；另一方面，当事人又是审判结果的利害关系人，因此，他们从自身利益出发，有可能只陈述或夸大有利于自己的事实，隐瞒不利于自己的事实，甚至有可能扭曲事实或伪造事实。所以，对于当事人陈述，要经综合分析判断，认真核实后才能作为定案的根据。

在当事人陈述中，需要特别注意的是当事人对案件事实承认的情形。当事人对案件事实的承认，即当事人自认，是一方当事人认可或肯定对方当事人陈述的事实。根据最高人民法院的司法解释，人民法院对当事人的承认应把握如下规则：①在诉讼过程中，一方当事人对另一方当事人陈述的案件事实明确表示承认的，另一方当事人无须举证；②对一方当事人陈述的事实，另一方当事人既未承认也未否认，经审判人员充分说明并询问后，其仍不明确表示肯定或者否定的，视为对事实的承认；③当事人委托代理人参加诉讼的，代理人的承认视为当事人的承认，但未经特别授权的代理人对事实的承认直接导致承认对方诉讼请示的除外；当事人在场但其对代理人的承认不作否认表示的，视为当事人的承认；④当事人在法庭辩论终结前撤回承认并经对方当事人同意，或者有充分证据证明其承认行为是在受胁迫或者重大误解情况下作出且与事实不符的，不能免除对方当事人的举证责任。

（六）鉴定结论

鉴定结论，是指鉴定人运用自己的专门知识和必要的技术手段，对案件中的专门性问题进行分析鉴别后形成的结论性判断意见。

在诉讼过程中，双方当事人都有向人民法院申请鉴定的权利。根据最高人民法院有关司法解释的规定，当事人向人民法院申请鉴定的，应当在举证期限内提出。对需要鉴定的事项负有举证责任的当事人，在人民法院指定的期限内无正当理由不提出鉴定申请或不预交鉴定费用，或者拒不提供相关材料，致使案件争议的事实无法通过鉴定结论予以认定的，应当对该事实承担举证不能的法律后果。当事人对人民法院委托的鉴定机构作出的鉴定结论有提出异议的权利。当事人提出证据证明有下列情形之一的，人民法院应准许当事人的重新鉴定申请：第一，鉴定机构或者鉴定人员不具备相关的鉴定资格的；第二，鉴定程序严重违法的；第三，鉴定结论明显依据不足的；第四，经过质证认定不能作为证据使用的其他情形。对有缺陷的鉴定结论，可以通过补充鉴定、重新质证或者补充质证等方法解决的，不予重新鉴定。

鉴定结论应当采用书面形式。审判人员对鉴定人出具的鉴定书，应当审查是否具有下列内容：委托人姓名或者名称、委托鉴定的内容；委托鉴定的材料；鉴证的依据及使用的科学技术手段；对鉴定过程的说明；明确的鉴定结论；对鉴定人鉴定资格的说明；鉴定人员及鉴定机构签名盖章。

（七）勘验笔录

勘验笔录是指人民法院为查明案件事实，对与案件争议有关的现场和物品进行勘查检验所作的记录。通过勘验活动，人民法院可以保全和固定证据，也可以核实证据，清除有关证据的矛盾之处，在诉讼过程中起着不可代替的作用。勘验可以由当事人申请，也可由人民法院依职权进行。进行勘验时，勘验人员应出示人民法院的证件并邀请当地基层组织或有关单位派人参加。当事人或其成年家属应到场，拒不到场的，不影响勘验的进行。勘验笔录应由勘验人、当事人和被邀请的人签名或盖章。

四、劳动争议诉讼中的证明

（一）证明对象

人民法院在处理各种劳动争议案件时，首先必须要准确查明和认定各种案件事实，在此基础上才能正确适用相关的法律、法规，公正、合理地裁判劳动争议，真正做到维护劳动争议当事人的合法权益。在各种案件事实中，那些必须要用证据加以证明的事实，就是劳动争议诉讼的证明对象。原告提出诉讼请求所依据的事实和理由，被告对原告诉讼请求的答辩、反驳和提起反诉所依据的事实和理由，第三人提出诉讼请求所依据的事实和理由，以及人民法院认为需要证明的其他案件事实，一般都需要证据来加以证明，这些都构成了劳动争议诉讼中的证明对象。具体来说，劳动争议诉讼中的证明对象范围一般包括如下几个方面。

1. 实体法的法律事实

这些法律事实主要包括五个方面的内容。

（1）当事人之间产生劳动权利义务关系的法律事实，如签订劳动合同的事实。

（2）当事人之间变更劳动权利义务关系的法律事实，如劳动合同双方当事人协商变更劳动合同内容。

（3）当事人消灭劳动权利义务关系的法律事实，如解除劳动合同。

（4）妨碍当事人权利行使、义务履行的法律事实，如劳动者丧失劳动行为能力、发生不可抗力等事实。

（5）当事人之间劳动权利义务发生纠纷的法律事实，如用人单位拖欠劳动者劳动报酬的事实，劳动者违规操作机器造成用人单位经济损失的事实等。

2. 程序法的法律事实

具体包括当事人资格的事实，法院是否有管辖权的事实，审判组织的事实，审判程序的事实，诉讼期间的事实等。

（二）举证责任

1. 举证责任的概念和性质

举证责任，又称证明责任，是指在诉讼过程中，诉讼当事人有提供证据证明自己主张的有利于自己的事实的责任，否则，将承担其主张不能成立的不利诉讼后果的危险。举证责任这一概念包含着两方面的含义：一是行为意义上的证明责任，是指诉讼当事人对其所主张的有利于自己的事实有责任提供证据加以证明；二是结果意义上的证明责任，是指在事实处于真伪不明状态时，主张该事实的人承担不利的诉讼后果。

就举证责任的性质而言，它是诉讼当事人在诉讼过程中所要承担的一种诉讼义务。当法律规定负担举证责任的当事人没有履行举证义务时，人民法院有权要求当事人举证。由于负有举证责任的当事人未能履行其举证义务导致相应的案件事实处于真伪不明的状态时，人民法院则会裁判由该当事人承担败诉或不利诉讼的结果。

2. 劳动争议诉讼中举证责任的分配

我国《民事诉讼法》第六十四条规定，"当事人对自己提出的主张，有责任提供证据。"最高人民法院《关于民事诉讼证据的若干规定》第六条和《关于审理劳动争议案件适用法律若干问题的解释》（法释[2001]14号）第十三条均规定，在劳动争议纠纷案件中，"因用人单位作出开除、除名、辞退、解除劳动合同、减少劳动报酬、计算劳动者工作年限等决定而发生劳动争议的，由用人单位负举证责任"。以上立法和司法解释的规定确立了目前我国劳动争议诉讼举证责任的分配规则，即一般情况下是"谁主张，谁举证"，提出某一主张的当事人负有举证责任，但因用人单位作出单位行政管理上的决定而发生劳动争议的情况下，由用人单位承担举证责任。

1）因用人单位作出行政管理上的决定而发生的劳动争议，用人单位负举证责任

在劳动争议诉讼中，如果纠纷是因为用人单位作出开除劳动者、除名劳动者、解除与劳动者之间的劳动合同、减少劳动者的劳动报酬及计算劳动者工作年限等单位行政管理决定而引起的，那么就由用人单位承担举证责任。用人单位有义务向人民法院提供证据证明其作出的这些决定是合法的决定的事实，否则用人单位将承担败诉的法律后果。在这种类型或性质的案件中，之所以是由用人单位负举证责任，这主要是因为，用人单位在此类案件里是居于管理者的身份或地位针对被管理者——劳动者作出了单位行政管理上的某些决定，而用人单

位在作出这些决定时是无须征得劳动者同意的,并且劳动者在一般情况下是有义务服从单位行政管理决定的。因此,一旦劳动者不服用人单位作出的这些行政管理的决定而诉至法院时,用人单位当然就应其作出这些决定所依据的事实提供证据加以证明,以说明其作出这些决定的合法性。如果无法举证,则说明用人单位作出的这些决定不具合法性,对劳动者并无效力,劳动者自然就无须服从这些决定,人民法院就应该判定用人单位败诉。司法实践中,明确在因用人单位作出某种单位行政管理上的决定而引发的劳动争议的情况下,由用人单位负举证责任,有利于促使用人单位依法进行劳动管理,切实尊重劳动者的合法权益,同时也有利于维护劳动关系顺畅运行。

2)其他劳动争议案件,实行"谁主张,谁举证"

劳动争议诉讼中,如果纠纷不是由用人单位对劳动者作出某种单位行政管理上的决定而引起的,则一律实行"谁主张,谁举证"的举证责任分配规则。所谓"谁主张,谁举证",是指当事人对自己提出的主张所依据的事实有责任提供证据加以证明,没有证据或者证据不足以证明当事人的事实主张的,该当事人承担不利后果。根据这一举证责任规则,不管是劳动者还是用人单位,在诉讼中各自对自己提出的主张负有举证义务。比如,如果劳动者诉用人单位拖欠其劳动报酬,劳动者就必须提供证据证明用人单位确有拖欠其劳动报酬的事实。又比如,如果用人单位主张,由于劳动者失职,给其造成了经济损失,要求劳动者赔偿其经济损失,那么,用人单位就必须提供证明劳动者确有失职行为,以及此失职行为给其带来了经济损失的事实。但对于劳动者主张加班费的,根据最高人民法院《关于审理劳动争议案件适用法律若干问题的解释(三)》(法释[2010]12号)的规定,如果劳动者有证据证明用人单位掌握加班事实存在的证据,用人单位不提供的,由用人单位承担不利后果。

根据"谁主张,谁举证"的规则,在劳动争议诉讼中,对双方当事人之间是否存在劳动关系发生争议的,主张存在劳动关系的一方当事人对劳动合同关系成立并生效的事实承担举证责任;主张劳动合同关系变更、解除、终止、撤销的一方当事人对引起合同关系变动的事实承担举证责任。对劳动合同是否履行发生争议的,由负有履行义务的当事人承担举证责任。

3. 无须证明的事实

在劳动争议诉讼中,有些事实是无须当事人提供证据加以证明即可确认成立的。根据最高人民法院的有关司法解释,这些事实包括:①一方当事人对另一方当事人陈述的案件事实,明确表示承认的;②众所周知的事实;③自然规律及定理;④根据法律规定或已知事实和日常生活经验法则,能推定出的另一事实;⑤已为人民法院发生法律效力的裁判所确认的事实;⑥已为仲裁机构的生效裁决所确认的事实;⑦已为有效公证文书所证明的事实。但应当注意的是,以上事实中,除自然规律及定理外,当事人有相反证据的都可以反证推翻。

(三)证明过程

(1)举证期限。举证期限是指负有举证责任的当事人应当在法律规定和法院指定的期限内提出证明其主张的相应证据,逾期不举证则承担证据失效法律后果的一种制度。根据最高人民法院的有关司法解释,劳动争议诉讼当事人应当在举证期限向人民法院提交证据材料,当事人在举证期限内不提交的,视为放弃举证权利。对于当事人逾期提交的证据材料,对方当事人同意质证的,人民法院可以组织质证。举证期限可以由人民法院根据案件情况指定,

也可以由当事人协商一致,并经人民法院认可。由人民法院指定举证期限的,指定的期限不得少于 30 日,自当事人收到案件受理通知书和应诉通知书的次日起计算。当事人变更诉讼请求的,人民法院应当重新指定举证期限。如果当事人在举证期限内提交证据确有困难的,应当在举证期限内向人民法院申请延期举证,经人民法院准许,可以适当延长举证期限。当事人在延长的举证期限内提交证据材料确有困难的,可以再次提出延期限申请,是否准许由人民法院决定。

(2) 证据交换。开庭审理劳动争议案件前,经当事人申请,人民法院认为有必要证据交换的案件,以及证据较多或者复杂疑难的案件,审判人员可以组织双方当事人互相交换证据。交换证据的时间可以由当事人协商一致并经人民法院认可,也可以由人民法院指定。人民法院组织当事人交换证据的,举证期限于交换证据之日届满。当事人申请延期举证经人民法院准许的,证据交换的时间相应顺延。证据交换一般不超过两次,但重大、疑难和案情特别复杂的案件,人民法院认为确有必要再次进行证据交换的除外。组织当事人庭前交换证据,目的是了解双方当事人存在争议的主要事实,为开庭审理做好充分准备,保证案件能尽快审理。

(3) 质证。质证是指在法庭上当事人就所提出的证据进行辨认和质询,以确认其证明力的活动。根据《民事诉讼法》和最高人民法院的有关司法解释的规定,劳动争议诉讼证据必须经过质证,未经质证的证据,不能作为认定案件事实的依据。但涉及国家秘密、商业秘密和个人隐私或者法律规定的其他应当保密的证据,不得在开庭时公开质证。当事人质证的顺序是:原告出示证据,被告、第三人与原告质证;被告出示证据,原告、第三人与被告进行质证;第三人出示证据,原告、被告与第三人进行质证。质证应当围绕证据的真实性、关联性、合法性,针对证据有无证明力以及证明力大小进行质疑、说明和辩驳。

(4) 认证。认证是指审判人员在听取双方当事人对证据材料的质疑、说明和辩驳后,对证据材料作出能否作为定案依据的认定。根据《民事诉讼法》和最高人民法院有关司法解释的规定,人民法院在认证时应遵守下列规则。①一方当事人提出的下列证据,对方当事人提出异议但没有足以反驳的相反证据的,人民法院应当确认其证明力:书证原件或者与书证原件核对无异的复印件、照片、副本、节录本;物证原物或者与物证原物核对无误的复制件、照片、录像资料等;有其他证据佐证并以合法手段取得的、无疑点的视听资料或者与视听资料核对无误的复制件;一方当事人申请人民法院依照法定规定程序制作的对物证或者现场的勘验笔录。②人民法院委托鉴定部门作出的鉴定结论,鉴定人出庭接受当事人质询,当事人没有足以反驳的相反证据和理由的,为有完全证明力的证据。③一方当事人提出的证据而另一方当事人认可或者提出的相反证据不足以反驳的,人民法院可以确认其证据证明力。一方当事人提出的证据而另一方当事人有相异议并提出反驳证据的,对方当事人对反驳证据认可的,可以确认反驳证据的证明力。④符合自认条件的证据,有完全证明力。⑤下列证据不能单独作为认定案件事实的依据:未成年人所作的与其年龄和智力状况不相当的证言;与一方当事人或者其代理人有利害关系的证人出具的证言;存有疑点的视听资料;无法与原件、原物核对的复印件、复制品;无正当理由未出庭作证的证人证言。⑥人民法院就数个证据对同一事实的证明力,可以依照下列原则认定:国家机关、社会团体依职权制作的公文书证的证明力一般大于其他书证;物证、档案、鉴定结论、勘验笔录或者经过公证、登记的书证,其证明力一般大于其他书证、视听资料和证言；原始证据的证明力一般大于传来证据；直接证据的证明力一般大于间接证据；证人提供的对与其有亲属或者其他密切关系的当事人有利的证言，其证明力一般小于其他证人证言。

五、人民法院对劳动争议诉讼证据的收集和保全

（一）人民法院对劳动争议证据的收集

在劳动争议诉讼过程中，劳动争议当事人对自己主张的事实，应由自己调查收集证据加以证明。但在特殊情况下，由人民法院调查收集证据。根据我国《民事诉讼法》的规定，人民法院调查收集证据的情形有两种：一种是依职权主动调查收集证据；另一种是根据当事人的申请调查收集证据。

人民法院审理劳动争议案件时认为审理案件需要的证据，人民法院可依职权主动调查收集。所谓"审理案件需要的证据"，是指以下情形：①涉及可能有损国家利益、社会公共利益或者他人合法权益的事实；②涉及依职权追加当事人、中止诉讼、终结诉讼、回避等与实体争议无关的程序事项。

劳动争议当事人及其诉讼代理人因客观原因不能自行收集的证据，可由当事人申请人民法院调查收集。符合下列条件之一的，劳动争议当事人及其诉讼代理人可以申请人民法院调查收集证据：①申请调查收集的证据属于国家有关部门保存并须人民法院依职权调的档案材料；②涉及国家秘密、商业秘密、个人隐私的材料；③当事人及其诉讼代理人确因客观原因不能自行收集的其他材料。当事人及其诉讼代理人申请人民法院调查收集证据的，应当提交书面申请。申请书应当载明被调查人的姓名或者单位名称、住所地等基本情况，所要调查收集的证据的内容、需要由人民法院调查收集证据的原因及其要证明的事实。此外，当事人及其诉讼代理人申请人民法院调查收集证据，不得迟于举证期限届满前7日。

人民法院调查劳动争议诉讼证据有直接调查和委托调查两种方式。直接调查是案件的审判人员根据案件的具体情况到与案件事实有关的地点进行调查和收集证据。委托调查是审理劳动争议案件的人民法院委托其他人民法院对案件的有关事实进行调查。委托调查时，委托人民法院应当向受托人民法院出具委托书，提出明确的调查项目和要求。受托人民法院收到委托书后，应当在30日内完成调查。因故不能完成的，应当在30日内函告委托人民法院。委托调查所收集的证据与委托人民法院自行收集的证据有同等的效力。

（二）人民法院对劳动争议诉讼证据的保全

劳动争议诉讼证据保全，是指劳动争议诉讼证据有可能毁损灭失或在以后难以取得的情况下，人民法院依法预先对证据加以固定和保护的制度。

根据《民事诉讼法》的规定，采取证据保全必须具备下列条件：①需保全的证据应当是能够证明案件有关事实的证据；②需保全的证据存在毁损、灭失或者以后难以取得的可能性；③需保全的证据还没有提交到法院，或者当事人无法将该证据提交法院。

保全劳动争议诉讼证据可以由劳动争议当事人申请，也可以由人民法院依职权进行。劳动争议当事人申请保全证据的，不得迟于举证期限届满前7日。人民法院可以要求申请人提供相应的担保。人民法院进行证据保全时，可以根据具体情况，采取查封、扣押、拍照、录

音、录像、复制、鉴定、勘验、制作笔录等方法。被保全的证据经过审查核实，可以作为定案的根据。

【本章思考题】

一、名词解释

起诉　诉讼代表人　劳动争议诉讼代理人　共同诉讼人

二、问答题

1. 如何理解劳动争议诉讼的概念？
2. 劳动争议诉讼有哪些特征？
3. 劳动争议诉讼与民事诉讼有哪些区别？
4. 劳动争议诉讼应遵循哪些基本原则？
5. 人民法院受理哪些劳动争议案件？
6. 如何确定劳动争议诉讼的管辖？
7. 劳动争议诉讼当事人有哪些特征？
8. 如何理解劳动争议诉讼中的必要共同诉讼和普通共同诉讼？
9. 劳动争议诉讼证据有哪些法定形式？
10. 劳动争议诉讼实行怎样的举证责任规则？

三、拓展案例

1. 宏发股份公司是一家在上海注册成立的大型公司，在深圳设有营业部。2010年宏发公司在上海招聘了李某，双方签订了期限为2年的劳动合同。合同约定，李某在合同期内担任深圳营业部的经理，全面负责公司在深圳的业务。合同签订后，李某到深圳工作。后因奖金分配问题，李某与宏发公司发生纠纷，宏发公司解除了与李某的劳动合同。李某向上海某区劳动争议仲裁委员会申请仲裁。仲裁庭作出裁决后，宏发公司不服，要向人民法院提起诉讼。

请问：如果宏发公司起诉，如何确定法院的管辖权？

2. 2010年某信息咨询公司高薪聘请张某工作，双方在劳动合同中约定：如果张某在劳动合同未届满时提前离职，公司有权向张某要求支付一定数额的违约金。在合同履行期间，张某因不满公司对他的职务升迁安排，在未与公司办理解除劳动合同手续的情况下即跳槽到某技术服务公司上班。某信息咨询公司于是要求张某按合同约定支付违约金，双方发生争议。

请问:如果该争议最终进入劳动争议诉讼程序，某技术服务公司在诉讼中的诉讼地位如何？

第八章 劳动争议诉讼制度（下）

[本章提要]

1. 劳动争议起诉的条件和方式
2. 劳动争议诉讼开庭审理的程序

[引导案例]

李某是某咨询公司的业务经理。2010 年，李某与公司签订了 2 年期限的劳动合同。在合同履行期间，李某多次不服从公司的业务安排，公司遂以李某违反劳动纪律为由，作出了解除与李某的劳动合同关系的决定。李某不服，向劳动争议仲裁委员会提出申诉，要求用人单位撤销解除与其劳动合同关系的决定。劳动争议仲裁委员会组成合议庭，作出了公司解除与李某劳动合同关系的仲裁裁决。李某不服裁决，向人民法院起诉。

请问：劳动争议当事人向人民法院起诉应具备哪些条件？

第一节　劳动争议诉讼审判程序

一、第一审普通程序

（一）起诉

1. 起诉的概念和意义

起诉是指劳动争议当事人不服劳动争议仲裁机构的裁决，以自己的名义请求人民法院给予司法保护的诉讼行为。

起诉是劳动争议当事人的一项重要的诉讼权利，是劳动争议当事人实现诉权的开始。我国《民事诉讼法》实行"不告不理"原则，对于劳动争议案件，如果劳动争议当事人不起诉，人民法院不会主动启动劳动争议诉讼程序。因此，起诉对于劳动争议当事人寻求司法保护其合法权益具有重要意义。

2. 起诉的条件和方式

根据《民事诉讼法》第一百零八条和《劳动法》第七十九条规定，劳动争议当事人向人民法院起诉必须具备以下条件。

（1）原告是与本劳动争议案件有直接利害关系的用人单位或劳动者。所谓"有直接利害关系"，是指原告自己的或者受自己管理、支配的劳动权益受到了侵害或与他人发生了劳动权利义务争议。但这种直接利害关系是形式上的，即只要原告认为存在并声明即可，至于是否客观真实则由人民法院通过审理后加以认定。与案件没有直接利害关系的人，不能作为适格原告向人民法院提起劳动争议诉讼。

（2）有明确的被告。原告起诉时必须要指明与自己发生争议的相对一方，如果没有明确被告，诉讼程序就无法进行。所谓明确的被告，一是指原告所提出的被告要能够特定化；二是被告是实际存在的，已死亡的劳动者或已被注销的用人单位不能作为被告。但原告所提出被告是不是真正的被告，并不影响起诉的成立。

（3）有具体的诉讼请求和事实、理由。所谓"具体的诉讼请求"，是指原告在起诉时应明确请求人民法院通过诉讼程序予以保护的具体内容和方式。在劳动争议诉讼中，常见的原告诉讼请求如下：请求法院确认原告与被告存在合法劳动关系；请求法院判令对方履行劳动合同或承担违反劳动合同的责任，请求法院判令变更劳动合同或解除劳动合同等。法院审理劳动争议案件是以原告提出的诉讼请求为审理范围，诉讼请求不明确、不具体，会导致审判无从下手。所谓"事实"，是指原告向人民法院提出诉讼请求所依据的案件事实和证据事实，包括当事人之间劳动法律关系发生、变更及消灭的基本情况，当事人之间发生劳动争议的事实，以及有关的证据。所谓"理由"，是指说明该诉讼请求应得到法院支持的原因。

（4）属于人民法院受理劳动争议诉讼的范围和受诉人民法院管辖。原告向人民法院提起劳动争议诉讼的案件，必须是属于劳动争议诉讼受案范围的案件，并且原告必须向依法对该案享有管辖权的人民法院提起诉讼，因为管辖权是审判权的基础，法院对案件没有管辖权就不能进行审判。

（5）案件已经经过劳动争议仲裁机构的裁决。根据《劳动法》第七十九条规定，劳动争议当事人对劳动争议仲裁裁决不服的，可以向人民法院起诉，因此，劳动争议当事人在起诉前该案要先经过劳动争议仲裁，未经劳动争议仲裁而直接向人民法院起诉的，法院将不予受理。

（6）起诉应在法定的期限内提出。《劳动法》第八十三条规定，劳动争议当事人对劳动争议仲裁裁决不服的，可以自收到仲裁裁决书之日起15日内向人民法院提起诉讼。因此，原告应在收到劳动争议仲裁裁决书之日起15日内起诉，否则法院将不予受理。

以上六个条件是原告起诉时必须同时具备的，缺一不可。

关于起诉的方式，根据《民事诉讼法》第一百零九条规定，以书面起诉为原则，起诉时应当向人民法院递交起诉状，并按照被告人数提出副本。起诉状应当记明下列事项：①当事人的姓名、年龄、民族、职业、工作单位和住所，法人或者其他组织的名称、住所和法定代表人或者主要负责人的姓名、职务；②诉讼请求和所根据的事实和理由；③证据和证据来源，证人姓名和住所。此外，起诉状还应写明受诉法院的名称、起诉的时间，并由原告签名或盖章。如果起诉时原告书写起诉状确有困难的，可以口头起诉，由人民法院记入笔录，并告知对方当事人。

（二）人民法院对起诉的审查和受理

1. 对起诉的审查

人民法院收到原告的起诉后，应当依法进行审查，看其是否符合法律的规定，以决定是否立案。审查起诉主要从两个方面进行。第一，审查原告的起诉是否符合提起劳动争议诉讼必须具备的六个条件，即审查原告是否与本案有直接利害关系；审查是否有明确的被告；审查原告提出的诉讼请求是否具体，有无支持其诉讼请求的事实和理由；审查案件是否属于人民法院受理范围和受诉法院管辖；审查案件是否经过劳动争议仲裁机构的仲裁；审查是否符合起诉期限的规定。第二，审查起诉状是否具备了《民事诉讼法》规定的事项，如发现有欠缺，应当通知原告限期补正。

根据《民事诉讼法》第一百一十二条的规定，人民法院在收到起诉状或口头起诉后，经审查，认为符合起诉条件的，应当在7日内立案并通知当事人；认为不符合起诉条件的，应当在7日内裁定不予受理。原告对裁定不服的，可以向受诉人民法院的上一级法院提起上诉。

2. 立案受理

受理是指人民法院对劳动争议当事人的起诉进行审查后，认为符合法律规定的起诉条件，决定立案并启动劳动争议诉讼程序的行为。任何一个劳动争议案件，仅有劳动争议当事人的起诉行为还不能引起劳动争议诉讼程序的启动，必须待人民法院对起诉进行审查后认为符合起诉条件并依法受理后，劳动争议诉讼程序才正式启动。人民法院对劳动争议当事人的起诉进行审查后，认为符合起诉条件的，应当依法受理并在7日内立案。

根据最高人民法院《关于审理劳动争议案件适用法律若干问题的解释》（法释[2001]14号）、（法释[2006]6号）、（法释[2010]12号）（法释[2013]4号）的规定，人民法院在审查劳动争议当事人的起诉时，如遇有下列情形，应分别进行处理。

（1）劳动争议仲裁委员会以当事人申请仲裁的事项不属于劳动争议为由，作出不予受理的书面裁定、决定或者通知，当事人不服，依法向人民法院起诉的，人民法院应当分别情况予以处理：属于劳动争议案件的，应当受理；虽不属于劳动争议案件，但属于人民法院主管的其他案件，应当依法受理。

（2）劳动争议仲裁委员会根据《劳动法》第八十二条的规定，以当事人的仲裁申请超过60日期限为由，作出不予受理的书面裁决、决定或者通知，当事人不服，依法向人民法院起诉的，人民法院应当受理。

（3）劳动争议仲裁委员会以申请仲裁的主体不适格为由，作出不予受理的裁决、决定或者通知，当事人不服，依法向人民法院起诉的，经审查，确属主体不适格的，裁定不予受理或者驳回起诉。

（4）劳动争议仲裁委员会为纠正原仲裁裁决错误重新作出裁决，当事人不服，依法向人民法院起诉的，人民法院应当受理。

（5）劳动争议仲裁委员会仲裁的事项不属于人民法院受理的案件范围，当事人不服，依法向人民法院起诉的，裁定不予受理或者驳回起诉。

（6）劳动者以用人单位的工资欠条为证据直接向人民法院起诉，诉讼请求不涉及劳动关系其他争议的，视为拖欠劳动报酬争议，按照普通民事纠纷受理。

（7）用人单位和劳动者因劳动关系是否已经解除或者终止，以及是否支付解除或终止劳动关系经济补偿金产生的争议，经劳动争议仲裁委员会仲裁后，当事人依法起诉的，人民法院应予受理。

（8）劳动者与用人单位解除或者终止劳动关系后，请求用人单位返还其收取的劳动合同定金、保证金、抵押金、抵押物产生的争议，或者办理劳动者的人事档案、社会保险关系等移转手续产生的争议，经劳动争议仲裁委员会仲裁后，当事人依法起诉的，人民法院应予受理。

（9）劳动者因为工伤、职业病，请求用人单位依法承担给予工伤保险待遇的争议，经劳动争议仲裁委员会仲裁后，当事人依法起诉的，人民法院应予受理。

（10）当事人不服劳动争议仲裁委员会作出的预先支付劳动者部分工资或者医疗费的裁决，向人民法院起诉的，人民法院不予受理。

（11）当事人在劳动争议调解委员会主持下仅就劳动报酬争议达成调解协议，用人单位不履行调解协议确定的给付义务，劳动者直接向人民法院起诉的，人民法院可以按照普通民事纠纷受理。

（12）劳动者以用人单位未为其办理社会保险手续，且社会保险经办机构不能补办导致其无法享受社会保险待遇为由，要求用人单位赔偿损失发生的争议的，人民法院应予受理。

（13）因企业自主进行改制引发的争议，人民法院应予受理。

（14）劳动者依据《劳动合同法》第八十五条规定，向人民法院提起诉讼，要求用人单位支付赔偿金的，人民法院应予受理。

（15）劳动人事争议仲裁委员会作出的调解书已经发生法律效力，一方当事人反悔提起诉讼的，人民法院不予受理；已经受理的，裁定驳回起诉。

（16）劳动人事争议仲裁委员会逾期作出受理决定或仲裁裁决，当事人直接提起诉讼的，人民法院应当受理，但申请仲裁的案件存在下列事由的除外：①移送管辖的；②正在送达或送达延误的；③等待另案诉讼结果、评残结论的；④正在等待劳动人事争议仲裁委员会开庭的；⑤启动鉴定程序或者委托其他部门取证的；⑥其他正当理由。

（17）劳动者依据《劳动争议调解仲裁法》第十六条规定申请支付令被人民法院裁定终结督促程序后，劳动者依据调解协议直接向人民法院起诉的，人民法院应当受理。

（18）劳动人事争议仲裁委员会以无管辖权为由对劳动争议案件不予受理，当事人提起诉讼的，人民法院应当按照以下情形分别处理：经审查认为该劳动人事争议仲裁委员会对案件确无管辖权的，应当告知当事人向有管辖权的劳动人事争议仲裁委员会申请仲裁；经审查认为该劳动人事争议仲裁委员会有管辖权的，应当告知当事人申请仲裁，并将审查意见书面通知该劳动人事争议仲裁委员会，劳动人事争议仲裁委员会不受理，当事人就该劳动争议事项提起诉讼的，应予受理。

（19）劳动争议仲裁裁决书为载明该裁决为终局裁决或非终局裁决，用人单位不服该仲裁裁决向基层人民法院提起诉讼的，应当按照以下情形分别处理：经审查认为该仲裁裁决为非终局裁决的，基层人民法院应予受理；经审查认为该仲裁裁决为终局裁决的，基层人民法院不予受理，但应告知用人单位可以收到不予受理裁定书之日起 30 日内向劳动人事争议仲裁委员会所在地的中级人民法院申请撤销该仲裁裁决；已经受理的，裁定驳回起诉。

人民法院受理劳动争议当事人的起诉后，会产生相应的法律后果。第一，受诉法院取得对该案的审判权，当事人不得以同一诉讼标的、同一案件事实、理由向其他人民法院起诉，其他人民法院也不得受理和行使对该案的审判权。第二，确定了双方当事人的诉讼地位，双方当事人各自取得了原、被告的诉讼主体地位，依法享有诉讼权利和承担相应的诉讼义务。

（三）审理前的准备

审理前的准备，又称审前准备程序，是指人民法院受理劳动争议案件后至开庭审理之前依法所进行的一系列诉讼活动。审前准备程序的目的是使当事人为庭审作好充分的准备，保证开庭的顺利进行和更好地发挥庭审功能。

根据我国《民事诉讼法》和最高人民法院有关司法解释的规定，审理前的准备工作主要包括以下几项。

1. 在法定期间内向原被告送达诉讼文书

人民法院受理案件后，应当分别向原、被告发送案件受理通知书和应诉通知书，并在立案之日起 5 日内将起诉状副本送达被告。原告口头起诉的，应当将原告口述笔录告知被告。被告在收到起诉状副本之日起 15 日内提出答辩状。被告在法定期间内提出答辩的，人民法院应当在收到答辩状之日起 5 日内将其副本送达原告。被告放弃答辩的，不影响人民法院对案件的审理。此外，人民法院应当在送达受理通知书和应诉通知书的同时向当事人送达举证通知书，举证通知书应当载明举证责任的分配原则与要求，可以向法院申请调查取证的情形、法院根据案件情况指定的举证期限及逾期提供证据的法律后果。

2. 告知当事人的诉讼权利义务和合议庭的组成人员

根据《民事诉讼法》的规定，人民法院对决定受理的案件，应当在案件的受理通知书和应诉通知书中向当事人告知有关的诉讼权利和义务，或者以口头方式告知。人民法院对适用普通程序的劳动争议案件，必须组成合议庭审理。合议庭组成组成人员确定后，人民法院应当在3日内告知当事人,以便当事人决定是否要提出回避申请。

3. 认真审核诉讼材料,调查收集必要的证据

合议庭成员应当在开庭审理前对原被告双方向法院提交的起诉状、答辩状和有关的证据材料等诉讼材料进行认真审阅。通过审阅这些诉讼材料,初步了解和掌握当事人双方争议的焦点和主要分歧,以及当事人所提供的证据和陈述的理由是否足够、充分,在此基础上确定是否需要由人民法院调查收集证据。

劳动争议诉讼中,证据主要是由当事人负责提供。但是当事人及其诉讼代理人因客观原因不能自行收集的证据,可以向人民法院申请,由人民法院调查收集。人民法院认为审理案件需要的证据,包括涉及可能有损国家利益、社会公共利益或者他人合法权益的事实,以及涉及依职权追加当事人、中止诉讼、终结诉讼、回避等与实体争议无关的程序事项的事实,应当依职权主动调查收集。

4. 追加当事人

人民法院在审核诉讼材料后,如果发现必须共同诉讼的当事人没有参加诉讼的,应通知其参加诉讼。当事人也可以向人民法院申请追加,由法院审查决定是否追加。人民法院追加共同诉讼的当事人时,应及时通知其他当事人。需要追加的原告明确表示放弃实体权利的,可以不作为当事人;需要追加的原告不愿意参加诉讼但又不放弃实体权利的,仍应追加为共同原告,其不参加诉讼不影响法院对案件的审理。法院追加的当事人如果是必要共同诉讼的被告,则其接到法院的通知后,必须参加诉讼。其不出庭参加诉讼不影响法院对案件的审理。

(四)开庭审理

开庭审理,是指人民法院在劳动争议当事人及其他诉讼参与人的参加下,依照法定的形式和程序对劳动争议案件进行全面审查并作出裁判的诉讼活动。开庭审理是普通程序中最基本和最主要的诉讼阶段,是审判过程中的的中心环节。开庭审理过程分为以下几个阶段。

1. 开庭准备

根据民事诉讼法的规定,在开庭审理的准备阶段,人民法院应当完成以下工作。

(1)在开庭3日前以传票传唤当事人,将出庭通知书送达其他诉讼参与人。传票和通知书应写明案由、开庭的时间和地点。

(2)对公开审理的案件,在开庭3日前公告当事人的姓名、案由和开庭的时间、地点。

(3)正式开庭审理之前,由书记员查明当事人及其他诉讼参与人是否到庭,宣布法庭纪律。

(4)开庭审理时,由审判长核对当事人,宣布案由,宣布审判员、书记员名单,告知当事人有关的诉讼权利和义务,询问当事人是否申请回避。

2. 法庭调查

法庭调查的主要任务是在法庭上审查和核实各种证据,为审判人员正确认定事实和适用法律打下坚实的基础。法庭调查按以下顺序进行。

(1)当事人陈述。先由原告口头陈述其诉讼请求及所依据的事实、理由,然后由被告口头陈述案件事实和所持异议。被告反诉的,应口头陈述反诉的诉讼请求及所依据的事实和理由。有诉讼第三人的,再由第三人陈述诉讼请求和事实、理由。当事人有诉讼代理人的,可以由诉讼代理人陈述或答辩，也可以在当事人陈述或答辩完后，诉讼代理人再进行补充。

（2）证人出庭作证。经人民法院传唤，证人应出庭如实提供证言。确有困难不能出庭的证人，经法院许可，可以提交书面证言，由法院宣读，或提供视听资料或采用双向视听传输技术手段作证。

（3）出示书证、物证和视听资料。由人民法院调查收集或由当事人提供的书证、物证和视听资料，除法律规定不准公开的以外，都应在法庭上出示。对这些书证、物证和视听资料，当事人、第三人及其诉讼代理人有权进行质证。

（4）宣读鉴定结论。鉴定结论由鉴定人当庭宣读。鉴定人确实无法出庭的，由审判人员宣读鉴定结论，经法庭许可，当事人、第三人及其诉讼代理人可以向鉴定人发问。当事人、第三人及其诉讼代理人如果对鉴定结论不服，可以申请重新鉴定。

（5）宣读勘验笔录。勘验笔录由勘验人或审判人员当庭宣读。经法庭许可，当事人、第三人及其诉讼代理人可以向勘验人发问。当事人、第三人及其诉讼代理人要求重新勘验的，由法庭决定是否准许。

经过庭审质证的证据能够当即认定的应当立即认定。当即不能认定的，可以休庭合议后再予以认定。合议之后认为需要继续举证或者进行鉴定、勘验等工作的，可以在下次开庭质证后再予以认定。

法庭调查结束前，审判长应当就法庭调查认定的事实和当事人争议的问题进行归纳总结，并询问当事人、第三人或其诉讼代理人的意见。

3. 法庭辩论

法庭辩论是在合议庭的主持下，各方当事人及其诉讼代理人根据法庭调查阶段查明的事实和证据阐明自己的意见和观点，相互进行言词辩论的诉讼活动。法庭辩论是诉讼程序中实行辩论原则的最集中的体现，主要任务是通过当事人及其诉讼代理人对案件争执焦点的互相口头辩论，进一步查清案件事实，分清当事人的是非责任。根据民事诉讼法的规定，法庭辩论按照下列顺序进行。

（1）原告及其诉讼代理人发言。
（2）被告及其诉讼代理人答辩。
（3）第三人及其诉讼代理人发言或者答辩。
（4）互相辩论。

当事人双方的辩论可以反复进行。法庭辩论终结后，由审判长按照原告、被告、第三人先后顺序征询各方最后意见。

4. 法庭调解

根据《民事诉讼法》的规定，法庭辩论结束后，应当依法作出判决。但是判决前能够调解的，可以进行调解。经过调解，双方当事人达成协议的，应当在调解协议书上签字盖章。人民法院应当根据双方当事人达成的调解协议制作调解书送达当事人，如果调解不成的，合议庭应当及时判决。

5. 案件评议和宣告判决

法庭辩论结束后，当事人不愿调解或调解不成的，合议庭应当休庭进行评议，根据法庭调查和法庭辩论的情况，就案件的性质，案件的事实进行全面、客观的分析判断，正确适用法律，分清是非责任，对案件作出最后的结论。评议时实行少数服从多数的原则，由审判长主持以秘密的方式进行。评议应当制作笔录，由合议庭成员和书记员签名后归档备查。评议中的不同意见必须如实记入笔录。

评议结束后应制作判决书。无论是公开审理还是不公开审理的案件，宣告判决一律公开进行。宣告判决有当庭宣判和定期宣判两种方式。当庭宣判的，应当10日内发送判决书；定期宣判的，在宣判后应立即发给判决书。宣判的内容包括：认定的事实、适用的法律、判决的结果和理由，诉讼费用的负担、当事人的上诉权利、上诉期限和上诉法院。

（五）审结期限

依照《民事诉讼法》和最高人民法院《关于严格执行案件审理期限制作的若干规定》的规定，人民法院对于第一审劳动争议案件，应当在立案之日起6个月内审结。有特殊情况需要延长的，应当在审理期限届满10日前向本院院长提出申请，经本院院长批准，可以延长6个月。还需延长的，应当在审理期限届满10日前报请上一级人民法院批准，可以再延长3个月。

（六）其他各项制度

1. 撤诉

劳动争议诉讼中的撤诉，是指在人民法院受理劳动争议案件后到判决宣告前，原告撤回其起诉的行为。撤诉权是当事人享有的一项与起诉权相对应的诉讼权利。撤诉指向的是当事人对人民法院提出的诉讼请求，撤诉一旦成立，其法律效果是导致本案诉讼程序的终结。

在劳动争议诉讼第一审程序中，撤诉有以下两种情形。

第一，原告申请撤诉。原告申请撤诉必须符合下列条件：①撤销的主体只能是原告；②必须是原告的自愿行为；③原告必须向人民法院明确提出撤诉的请求；④申请撤诉的目的必须正当、合法，不能损害国家、集体或他人的合法权益；⑤撤诉申请至迟应在人民法院宣告判决前提出。原告向人民法院提出撤诉申请的，由人民法院审查后依法作出准予或不准许撤回起诉的裁定。

第二，按撤诉处理。按撤诉处理是指人民法院依照法律的规定，对于原告的某些行为按照申请撤诉处理。有下列情形之一的，按撤诉处理：①原告经传票传唤，无正当理由拒不到庭的；②原告未经法庭许可中途退庭的；③原告为无诉讼行为能力人的，其法定代理人经传票传唤无正当理由拒不到庭，又不委托诉讼代理人到庭的；④原告应当预交而未预交案件受理费，经法院通知后仍不预交又没有申请免交或缓交理由的。

2. 缺席判决

缺席判决是相对于对席判决而言的，它是指人民法院在某一方当事人无正当理由拒不到庭或未经法庭许可中途退庭的情况下依法审理后所作出的判决。设立缺席审判制度有利于人民法院及时有效地行使审判权，维护司法权威和保护当事人的合法权益。

根据《民事诉讼法》和最高人民法院有关司法解释的规定，有下列情形之一的，人民法院可以缺席判决：①必须到庭的被告经人民法院传票传唤，无正当理由拒不到庭的，或未经法庭许可中途退庭的；②被告反诉，原告经人民法院传票传唤，无正当理由拒不到庭，或未经法庭许可中途退庭的；③人民法院裁定不准许原告撤诉，原告经人民法院传票传唤，无正当理由拒不到庭的；④无诉讼行为能力的被告的法定代理人经人民法院传票传唤，无正当理由拒不到庭又不委托诉讼代理人；⑤无独立请求权的第三人经法院传唤，无正当理由拒不到庭，或未经法庭许可中途退庭的。

3. 延期审理

出现了法律规定的特殊情况使开庭审理无法如期进行而必须将开庭审理日期推延的，称为延期审理。根据《民事诉讼法》的规定，有下列情形之一的，可以延期审理：①必须到庭的当事人和其他诉讼参与人有正当理由没有到庭的；②当事人临时提出回避申请的；③需要通知新的证人到庭，调取新的证据，重新鉴定、勘验，或者需要补充调查的；④其他应当延期的情形。

4. 诉讼中止

诉讼中止是指在劳动争议诉讼过程中，因出现法定事由而使本案诉讼活动难以进行，受诉法院裁定暂时停止本案诉讼程序的法律制度。根据《民事诉讼法》的规定，有下列情形之一的，应当中止劳动争议诉讼：①劳动者死亡，需要等待继承人表明是否参加诉讼的；②劳动者丧失诉讼行为能力，尚未确定法定代理人的；③作为一方当事人的用人单位终止，尚未确定权利义务承受人的；④一方当事人因不可抗拒的事由，不能参加诉讼的；⑤本案必须以另一案的审理结果为依据，而另一案尚未审结的；⑥其他应当中止诉讼的情形。中止诉讼的裁定一经宣布，立即生效，当事人不得上诉，也不得申请复议。引起中止诉讼的原因消除后，劳动争议诉讼程序继续进行。在中止诉讼前进行的各种诉讼行为继续有效。

5. 诉讼终结

诉讼终结是指在劳动争议过程中出现法定的情况，致使诉讼程序无法继续进行或无须继续进行时，由受诉法院裁定结束本案诉讼的法律制度。广义的诉讼终结还包括因法院作出确定判决、当事人撤诉、达成调解协议等事由导致的诉讼终结。根据《民事诉讼法》第三条的规定，有下列情形之一的，人民法院应终结劳动争议诉讼：①作为原告的劳动者死亡，没有继承人或者继承人放弃诉讼权利的；②作为原告的用人单位终止，无法确定权利义务承受人的；③作为被告的劳动者死亡，没有遗产，也没有应当承担义务的人。劳动争议诉讼终结的裁定书一经送达当事人即发生法律效力，当事人不得上诉，也不得申请复议。诉讼终结后，人民法院不再对案件进行审理，当事人也不能基于同一理由就同一诉讼标的再进行起诉。

二、第二审程序

劳动争议诉讼中的第二审程序也称上诉审程序，指劳动争议当事人不服第一审人民法院作出的尚未生效的判决、裁定而依法向上一级人民法院提起上诉，要求撤销或变更原判决或裁定，上一级人民法院据此对案件进行审判所适用的程序。我国劳动争议诉讼实行两审终审制，经过第二审程序审判的劳动争议案件，当事人不得再上诉，因此，在我国，第二审程序也叫终审程序。

劳动争议诉讼中的第二审程序与第一审程序是两个相对独立的程序。第一审程序是第二审程序的前提，只要劳动争议案件进入第二审程序，就必然经过了第一审程序。但是第二审程序并不是劳动争议诉讼的必经程序，劳动争议案件能否进入第二审程序，取决于劳动争议

当事人是否依法行使上诉权。设立第二审程序，对于维护劳动争议当事人的合法权益，确保司法正当性，维护国家法制的统一都具有重要作用。

（一）上诉的提起和受理

劳动争议诉讼中的第二审程序是从上诉的提起和受理开始的。没有劳动争议当事人的上诉，或者没有人民法院的受理，就不会有第二审程序。

1. 上诉的概念和提起上诉的条件

上诉，是指劳动争议当事人不服第一审人民法院作出的尚未生效的判决、裁定，在法定期间内请求上一级人民法院予以审理，以求撤销或者变更第一审裁判的诉讼行为。

根据我国《民事诉讼法》的规定，劳动争议当事人提起上诉必须同时具备以下条件。

（1）上诉必须针对法律规定允许上诉的裁判提出。法律允许提出上诉的裁判包括：地方各级人民法院依照第一审普通程序或者简易程序对劳动争议案件作出的判决；第二审人民法院发回原审法院重审的劳动案件，重审后所作的判决；第一审人民法院按照审判监督程序再审所作的判决；第一审人民法院作出的不予受理的裁定，对管辖权异议的裁定和驳回起诉的裁定。对以上判决、裁定以外的其他裁判，劳动争议当事人不得提出上诉。

（2）上诉人和被上诉人必须合格。上诉人是指依法提起上诉的一方当事人，被上诉人是指与上诉人上诉请求有直接利害关系的、被提起上诉的一方当事人。上诉人和被上诉人必须是第一审程序中的当事人、当事人的继承人或者诉讼承担人，具体包括一审程序中的原告、被告、共同诉讼人、诉讼代表人、第三人，以及上述当事人的继承人或诉讼承担人。

（3）上诉必须在法定期间内提出。根据《民事诉讼法》的规定，不服第一审判决的上诉期间为15日，不服第一审裁定的上诉期间为10日，上诉期间均从第一审人民法院裁判文书送达之日的次日起计算。在上诉期间内，当事人因不可抗拒的事由或其他正当为理由未能行使提起上诉的，在障碍消除的10日内，可以申请顺延期间，由人民法院决定是否准许。

（4）上诉必须递交上诉状。上诉状是上诉人请求第二审人民法院撤销或变更一审裁判的诉讼文书。根据《民事诉讼法》的规定，当事人提起上诉，应当递交上诉状，上诉状应当记明下列事项：当事人的姓名、法人或者其他组织的名称及其法定代表人或者主要负责人的姓名及职务；原审法院的名称，案件的编号和案由；上诉的请求和理由。

根据《民事诉讼法》的规定，当事人应当向原审人民法院递交上诉状，并按对方当事人或者代表人的人数提出副本。当事人直接向第二审人民法院提出上诉状的，第二审人民法院应当在5日内将上诉状移交原审人民法院。

2. 对上诉的审查和受理

对上诉的审查和受理，是指第二审人民法院按照法定程序对当事人提起的上诉进行审查，对符合上诉条件的案件决定立案审理的诉讼行为。

根据《民事诉讼法》的规定，原审人民法院收到上诉状后，应当在5日内将上诉状副本送达对方当事人，对方当事人应当收到上诉状副本之日起15内提交答辩状。人民法院应当在收到答辩状之日起5日内将副本送达上诉人。对方当事人不提出答辩的，不影响人民法院的审理。原审人民法院应当自收到答辩状或者答辩期间届满之次日起5日内连同全部案卷和证据，报送第二审人民法院。

第二审人民法院收到上诉状、答辩状后，应当对上诉人的上诉进行审查。经审查，认为上诉符合法定条件的，应当予以受理；认为不符合法定条件的，应当裁决不予受理。

3. 上诉的撤回

上诉的撤回是指第二审人民法院受理上诉后至作出判决前，上诉人申请撤回上诉的诉讼行为。在第二审人民法院受理上诉后至宣告判决前这一段期间，如果劳动争议案件上诉人不愿继续进行诉讼或者愿意接受第一审人民法院作出的裁判，可以申请撤回上诉。撤回上诉是上诉人对其上诉权的处分。根据《民事诉讼法》的规定，上诉人撤回上诉应当以书面或口头方式向第二审人民法院提出。第二审人民法院经审查后，发现有下列情形之一的，应当裁定不准撤回上诉：①第一审人民法院的判决确有错误的；②双方当事人串通损害国家、集体、社会公共利益或者其他人合法权益的。

上诉人的撤回上诉申请如果得到第二审人民法院的准许，会产生如下法律效果：其一，第二审程序终结；其二，上诉人不得再进行上诉；其三，原审判决、裁定生效。

（二）上诉案件的审理

就基本过程而言，上诉案件的审理程序与第一审案件审理程序大致相同，也要经过审理前的准备和开庭审理（包括开庭准备、法庭调查、法庭辩论、法庭调解、合议庭评议与宣判）等诉讼阶段。《民事诉讼法》第一百五十七条规定，第二审人民法院审理上诉案件，除依照本章规定处，适用第一审普程序。因此，下面仅就第二审程序中的特别规定进行介绍。

1. 审理范围

《民事诉讼法》第一百五十一条规定，第二审人民法院应当对上诉请求的有关事实和适用法律进行审查。因此，第二审人民法院在审理劳动争议上诉案件时，其审理范围原则上只限于关系到上诉请求是否成立的事实与法律适用，对于第一审裁判所认定的事实和适用的法律，上诉人没有提出上诉的部分，第二审人民法院原则上不予审理。

2. 审理方式

根据《民事诉讼法》的规定，第二审人民法院审理劳动争议上诉案件时，应当组成合议庭，其审理方式有两种。一是开庭审理。这是审理上诉案件的基本方式，要求合议庭同时传呼各方当事人和通知其他诉讼参与人到庭，通过法庭调查、法庭辩论、合议庭评议、宣告判决等环节后作出第二审判决；二是迳行裁判。迳行裁判也称为不开庭审理，就是合议庭不同时传唤当事人、不通知其他诉讼参与人到庭进行法庭调查和辩论，经过阅卷和调查，询问当事人，在事实核对清楚后，直接对上诉案件作出裁决。根据最高人民法院的有关司法解释，第二审人民法院对下列上诉案件，可以迳行判决裁定：①一审就不予受理、驳回起诉和管辖权异议作出裁定的案件；②当事人提出的上诉请求明显不成立的案件；③原审裁判认定事实清楚，但是适用法律错误的案件；④原判决违反法定程序，可能影响案件正确判决，需要发回重审的案件。

3. 上诉案件的调解

在审理劳动争议上诉案件时，调解原则到也贯穿于第二审程序。只要有调解可能的，人民法院应当在坚持自愿与合法的原则上，尽量用调解的方式结案。上诉案件的调解范围不受上诉请求范围的限制，也不受第一审诉讼请求范围的限制，第二审人民法院可以对当事人在第一审程序中的全部诉讼请求和在第二审程序中提出的新请求一并进行调解，经调解达成协议的，第二审人民法院应当制作调解书，由审判人员、书记员署名，加盖人民法院印章。调解书送达当事人后即发生法律效力，原审人民法院的判决即视为撤销。

4. 审结期限

《民事诉状法》第一百五十九条规定，人民法院审理对判决的上诉案件，应当在第二审立案之日起 3 个月内审结，有特别情况需要延长的，由本院院长批准。人民法院审理对裁定的上诉案件，应当在第二审立案之日起 30 日内作出终审裁定。

（三）劳动争议上诉案件的裁判

根据《民事诉讼法》的规定，第二审人民法院在审理劳动争议案件时，应根据案件的不同情况，分别作出裁判。

1. 判决驳回上诉，维持原判

第二审人民法院经过对上诉案件的审理，认为原判决认定事实清楚，适用法律正确的，应当判决驳回上诉，维持原判。

2. 依法改判

经过审理，第二审人民法院认为原判决适用法律错误的，应当依法改判。此时，改判仅限于改正适用法律部分，对原判决中有关认定事实的部分不予变更；认为原判决认定事实错误，或者原判认定事实不清，证据不足的，可以在查清事实后依法改判。此时，既可对原判决认定事实部分进行改判，也可以对法律适用部分进行改判。

3. 裁定撤销原判，发回重审

裁定撤销原判，发回重审包括两种情况：一是第二审人民法院认为原判决认定事实错误，或者原判决认定事实不清，证据不足的，可以裁定撤销原判，发回原审法院重审；二是第二审人民法院认为原判决违反法定程序，可能影响案件正确判决的，应当裁定撤销原判决，发回原审人民法院重审。

4. 裁定驳回上诉，维持原裁定或撤销原裁定

第二审人民法院对不服第一审人民法院裁定提出的上诉的审理，一律使用裁定。经过审理，认为原审裁定事实清楚、证据充分、适用法律正确的，应当裁定驳回上诉，维持裁定；原审裁定认定事实不清、证据不足或适用法律确错误，裁定撤销原裁定。

第二审人民法院作出的判决、裁定，是终审的判决、裁定，一经宣告立即发生法律效力。

三、审判监督程序

劳动争议诉讼中的审判监督程序，是指人民法院、人民检察院或劳动争议当事人，认为人民法院作出的已经生效的判决或裁定确有错误而依法提起或申请再审，由人民法院对案件再次进行审理并重新作出裁判的诉讼程序。

劳动争议案件经过审级结构制度内的第一或第二审程序发生法律效力后，由于主客观方面的原因，不排除裁判中确实有错误的存在。这些错误的裁判不仅损害了当事人的合法权益，而且损害了司法的公正性和权威性。通过设置审判监督程序来纠正已生效的错误判决或裁定，对于维护当事人的合法权益、司法的公正性和权威性具有重要意义。但是，审判监督程序和第一审程序第二审程序有着重大区别：首先，它不是我国审级制度结构内的一种诉讼程序，不构成独立的审级，是一种针对错误生效裁判的事后补救程序；其次，有权提起诉讼程序的不限争议的当事人，人民法院基于审判监督权和人民检察院基于检察监督权也有权提起审判监督程序；最后，再审案件的审判没有专门、独立的审判程序，根据基本情况分别适用第一审程序或第二审程序。

（一）再审的提起

1. 劳动争议当事人申请再审

劳动争议当事人认为人民法院作出的已生效的判决、裁定和调解书确实有错误的，有权依照法定程序向人民法院提出申请，请求人民法院对案件进行再次审理和裁决。根据《民事诉讼法》的规定，劳动争议当事人申请再审必须符合以下条件。①申请再审的主体必须是原审案件的当事人。②申请再审的对象，必须是已经发生法律效力的判决、裁定或调解书。③必须具有法定的申请事由。法定的申请事由包括：有新的证据，足以推翻原判决、裁定的；原判决、裁定认定事实的主要证据不足的；原判决、裁定适用法律确有错误的；人民法院违反法定程序，可能影响案件正确判决、裁定的；审判人员在审理案件时有贪污受贿、徇私舞弊、枉法裁判行为的；有证据证明调解违反自愿的；有证据证明调解协议的内容违反法律规定的。④必须在法定期限内提出申请。当事人申请再审，应当在判决、裁定、调解书发生法律效力后 2 年内提出。⑤必须向有管辖权的人民法院提出申请。当事人再审，应向原审人民法院或者原审人民法院的上一级人民法院提出。

人民法院收到当事人的再审申请后，经审查，认为符合再审条件的，应当裁定中止原判决、裁定或调解书的执行，开始再审程序；不符合法定条件的，应当裁定驳回其申请。

2. 人民法院决定再审

人民法院决定再审也称为人民法院依职权提起再审，是指人民法院发现本院或者下级人民法院已经发生法律效力的判决、裁定确有错误的，根据法律规定，决定对案件进行再次审理和裁判的诉讼行为。人民法院依职权提起再审必须具备以下两个条件：①原判决或者裁定已经发生法律效力；②原判决或裁定必须确有错误。

根据《民事诉讼法》的规定，人民法院决定再审有本法院决定再审、最高人民法院提审或者指令再审和上级人民法院提审或者指令再审三种方式。地方各级人民法院院长对本院已经发生法律效力的劳动争议案件的判决、裁定，发现确有错误，认为需要再审的，应当提交审判委员会决定。最高人民法院发现地方各级人民法院、上级人民法院发现下级人民法院已经发生法律效力的劳动争议案件的判决、裁定确有错误的，最高人民法院、上级人民法院应当作出提审或者指令再审的裁定。

3. 人民检察院抗诉

劳动争议诉讼中的人民检察院抗诉，是指人民检察院发现人民法院作出的已经发生法律效力的劳动争议判决、裁定确有错误时，依照法定程序要求人民法院对案件再次审理和裁判的诉讼行为。人民检察院是我国的法律监督机关，对人民法院的劳动争议诉讼裁判行为依法享有法律监督权，抗诉正是其行使法律监督权的一种具体体现。根据《民事诉讼法》的规定，人民检察院抗诉必须同时具备下列条件。①原判决、裁定已经发生法律效力。②具备法定的抗诉事由。这些事由包括：原判决、裁定认定事实的主要证据不足；原判决、裁定适用法律

确有错误；人民法院违反法定程序，可能影响案件正确判决、裁定；审判人员在审理案件时有贪污受贿、徇私舞弊、枉法裁判行为。③须由有权的人民检察院提出。只有最高人民检察院、上级人民检察院才有权提出抗诉。其中，最高人民检察院作为国家最高检察机关，对任何级别人民法院已经发生效力的劳动争议判决、裁定都有权提起抗诉；上级人民检察院有权对下级人民法院已经生效的劳动争议判决、裁定提起抗诉。地方各级人民检察院对同级人民法院已经生效的劳动争议判决、裁定无权提起抗诉，但是可以提请上一级人民检察院按照审判监督程序提出抗诉。

对人民检察院抗诉的劳动争议案件，人民法院应当进行再审，人民法院无权对人民检察院的抗诉是否有理由进行审查。

（二）再审劳动争议案件的审理程序

（1）裁定中止原判决、裁定和调解书的执行。人民法院一旦决定再审劳动争议案件，应当同时裁定中止原判决、裁定和调解书的执行，并及时通知当事人。

（2）另行组成合议庭。再审案件的审理必须组成合议庭，不能由一名审判员独任审判，并且原来参加本案审理的审判人员不得成为再审合议庭的成员。

（3）分别适用第一、第二审程序审理。再审不是一个独立的审级，再审案件没有专门的审判程序。对于再审案件，人民法院应当根据不同情况，分别适用第一审程序或第二进审程序进行审理。如果是由原审人民法院按照审判监督程序再审的案件，发生法律效力的判决、裁定或调解书是由第一审人民法院作出的，适用第一审程序进行再审，所作的判决、裁定，当事人可以依法上诉；如果发生法律效力的判决、裁定是由第二审人民法院作出的，按照第二审程序审理，作出的判决、裁定是发生法律效力的判决、裁定，当事人不得进行上诉；由上级人民法院再审的案件，最高人民法院、上级人民法院提审或者最高人民法院指令上级人民法院再审的案件，适用第二审程序进行再审，所作出的判决、裁定是发生法律效力的判决、裁定，当事人不得进行上诉。

（三）再审劳动争议案件的裁判

人民法院对劳动争议案件的再审，应区分不同情况进行裁判。

（1）维持原判决、裁定。经过再审，认为原判决、裁定认定事实清楚，适用法律正确，审判程序合法的，再审法院应当作出维持原判决、裁定的判决、裁定。

（2）变更原判决、裁定。经过再审，认为原判决、裁定在认定事实，适用法律或者审判程序方面确有错误的，再审法院应当根据不同情况全部或部分撤销原判决、裁定，对案件作出新的判决、裁定。

（3）撤销原一、二审判决，驳回起诉。人民法院提审或者按照第二审程序再审的案件，在审理中发现该案不符合《民事诉讼法》规定的受理条件的，应当裁定撤销一、二审判决，驳回起诉。

（4）撤销原一、二审判决，发回原审法院重审。人民法院提审或者按第二审程序审理的再审案件，在审理中发现原一、二审违反法定程序，可能影响公正裁判的，应当裁定撤销原一、二审判决，发回原审人民法院重审。

（四）再审案件的调解

调解作为一项基本原则贯穿于整个劳动争议诉讼程序。在再审程序中，人民法院也应根据自愿、合法的原则，尽可能地对劳动争议当事人进行调解。经调解达成协议的，人民法院应当制作调解书。调解书一经送达当事人即发生法律效力，原判决、裁定、调解书即视为撤销。

四、劳动争议诉讼中的法院裁判

所谓劳动争议诉讼中的法院裁判，是指人民法院在审理、劳动争议案件过程中，根据案件的事实和有关的法律，对当事人之间的劳动实体权利义务关系，以及诉讼中的各种程序性问题和特定事项所作的结论性判定。劳动争议诉讼中的法院裁判，有判决、裁定和决定三种形式，其中判决是最主要的裁判形式。

1. 判决

人民法院在审理劳动争议案件时，根据查明和认定的案件事实，对案件的实体问题作出的判定，就是劳动争议诉讼的判决。所谓案件的实体问题，也就是指劳动争议当事人之间的劳动权利和义务关系问题。因此，劳动争议判决实质上是人民法院用法定的判定形式，将其所确认的劳动争议当事人之间的劳动权利义务关系确定下来。劳动争议判决一经作出，非经法定程序，任何人包括人民法院都无权随意变更或撤销。对一审劳动争议判决，当事人可以在法定期限内提起上诉，通过二审程序予以变更或撤销。当事人未在上诉期限内提起上诉的，判决就发生法律效力。二审判决是终审判决，判决书在宣告或者送达后即发生法律效力，当事人不得再进行上诉。对于已生效的劳动争议判决，确有错误的，只能依法通过审判监督程序加以改变。根据劳动争议判决的具体内容不同，可以分为给付判决、确认判决和变更判决。给付判决是指人民法院作出的责令一方当事人向另一方当事人履行一定义务或者给付一定金钱、财物的判决。例如，责令用人单位向劳动者支付所拖欠的工资报酬，或责令用人单位按法律规定为劳动者缴纳社会保险费用。确认判决，是指人民法院作出的确认当事人之间存在或不存在某种权利义务关系或者某项法律事实的判决。例如，判决双方当事人之间存在合法的劳动关系。变更判决，是指人民法院作出的变更或消灭劳动争议当事人之间劳动法律关系的判决。例如，判决解除用人单位和劳动者之间的劳动合同。在司法实践中，人民法院对劳动争议案件的实体处理，应依照《劳动法》和现行的有关法律、行政法规、地方性法规并参照有关的规章办理。法律、法规和政策尚无规定的，应根据案件具体情况，从依法保护当事人的合法权益，有利于经济建设和有利于社会稳定出发妥善处理。个别影响大和有关方面意见分歧的案件，可逐级请示上级法院解决。用人单位根据本单位制定的规章制度及与劳动者订立的劳动合同对劳动者作出处理，该规章和劳动合同与法律抵触的，人民法院不予支持，而应依据有关法律的规定处理。例如，人民法院认为用人单位对劳动者的处理在认定事实或者适用法律上确有错误的，可以判决予以撤销，或者判令用人单位重新处理，一般不变更其决定。对于追索劳动报酬、培训费、退休金、工伤赔偿等案件，法院认为用人单位的处理决定认定事实清楚，适用法律基本正确，只是认定给付的数额明显不当的，可判决予以变更。对个别案件认为确有必要判决变更用人单位处理决定的，事先应向有关单位说明情况，并做

好双方当事人的思想工作。

2. 裁定

裁定是指人民法院审理劳动争议案件过程中,对所发生的程序上的事项作出的判定。对劳动争议诉讼过程所出现的有关程序问题的事项,人法院只能用裁定的形式而不能用判决的形式处理。根据《民事诉讼法》的规定,在劳动争议诉讼中,人民法院应当使用裁定的事项如下:不予受理;管辖权异议;驳回起诉;财产保全和先予执行;准许或者不准许撤诉;中止或者终结诉讼;补正判决书的笔误;中止或者终结执行;不予执行劳动争议仲裁裁决;其他需要裁定解决的事项。在上述事项中,人民法院对不予受理、管辖权异议、驳回起诉作出的劳动争议裁定,劳动争议当事人不服的,可以在收到裁定书之日起10日内向上一级人民法院提起上诉。对财产保全和先予执行的裁定不服的,劳动争议当事人可以向作出裁定的人民法院申请复议一次。其余的劳动争议裁定事项,劳动争议当事人既不能上诉,也不能申请复议。劳动争议裁定生效后,劳动争议当事人必须依裁定办事,不得再对同一事项向人民法院提出相同的请求。

3. 决定

决定是指人民法院对劳动争议诉讼中的特殊事项作出的处理判定。所谓劳动争议诉讼中的特殊事项,是指在劳动争议诉讼过程中发生的有特别重要性或者相当紧迫性的一些特定事项。根据《民事诉讼法》的规定,这些事项主要包括七项。①决定是否回避。劳动争议当事人有权申请合议庭的审判人员回避,人民法院认为符合回避条件的,应当作出其回避的决定,否则,作出相反的决定。②决定对妨害劳动争议诉讼的行为采取强制措施。对妨害劳动争议诉讼的行为采取强制措施,必须由人民法院决定。其中,拘传、罚款、拘留措施经由法院院长批准,并制作决定书。③决定诉讼费用的减交、免交、缓交。在一些特殊情况下,劳动争议当事人可以向人民法院申请减、免交或缓交诉讼费用,由人民法院审查后作出是否准许的决定。④决定顺延期限。劳动争议当事人因不可抗拒的事由或者其他正当理由耽误期限的,在障碍消除后的10日内可以申请顺延期限,由人民法院决定是否准许。⑤决定再审。各级人民法院院长对本院已经发生法律效力的劳动争议判决、裁定、发现确有错误,认为需要再审的,应当提交审判委员会讨论后作出是否再审的决定。⑥决定暂缓执行。在执行程序中,被申请执行人向人民法院提供担保,并经申请执行人同意的,人民法院可以作出暂缓执行期限的决定。⑦其他需要人民法院作出决定的事项。劳动争议决定可以视情况采用口头形式或者书面形式。通常情况下,劳动争议决定一经人民法院作出或者送达,即发生法律效力。法律规定可以申请复议的,当事人可以申请复议一次,但复议期间不停止决定的执行。

第二节 劳动争议案件的执行

一、劳动争议案件执行的概念和特征

劳动争议案件的执行,是指人民法院的执行组织依照法律规定的程序,运用国家强制力依法采取执行措施,强制劳动争议案件中义务人履行生效法律文书的一种诉讼活动。

劳动争议案件的执行具有以下特征。

（1）由国家专门机关进行。在我国，劳动争议案件的执行由人民法院的执行组织专门负责，其他任何机关、单位和个人都无权实施。

（2）必须以生效的法律文书为根据。劳动争议案件执行的任务是将生效的法律文书的内容付诸实施，从而实现权利人的权利。所以，没有生效的法律文书作为执行根据，就没有执行的前提。这些执行根据主要包括：人民法院作出的劳动争议判决书、裁定书和调解书，劳动争议仲裁机构作出的仲裁裁决书和仲裁调解书。

（3）须经执行根据中的权利人提出执行申请。劳动争议案件生效法律文书所确认的权利在性质上属于私权利，是否通过请求国家强制力来实现，取决于权利人的意思，因此，劳动争议案件的执行须经执行根据中的权利人的提出申请后才能实施。

（4）具有鲜明的强制性。劳动争议案件执行的实质是以国家强制力为后盾，采取各种执行措施，强制义务人履行生效法律文书所确定的义务，因此，强制性是其根本特征。

劳动争议案件的执行和劳动争议案件的审判都是劳动争议诉讼程序的有机组成部分，其目的都是为了解决劳动争议和保护劳动争议当事人的合法权益。但劳动争议案件的执行本身是一个相对的独立的程序，经审判程序处理的劳动争议案件并不是一定都要经过执行程序，而能进入执行程序的劳动争议案件也不只限于那些经审判程序处理的案件。劳动争议仲裁机构作出的生效仲裁裁决书和仲裁调解书，需要执行时，也是由人民法院按执行程序实施执行。

二、劳动争议案件的执行组织和执行根据

（一）执行组织

劳动争议案件的执行组织，是指人民法院负责执行生效法律文书的专门职能机构。20世纪90年代，我国各基层人民法院和中级人民法院都设立了执行庭专门负责案件的执行工作。从1999年年底开始，最高人民法院陆续颁布了一些关于执行机构和执行体制政策的规定。根据这些规定的精神，各级人民法院建立新的执行机构，名称一般称为执行局。

（二）执行根据

执行根据是指人民法院执行组织据以执行的法律文书。作为劳动争议案件执行根据的必须是已经生效具有执行内容的法律文书。这些法律文书如下。

（1）人民法院制作的具有执行内容的劳动争议的判决书、裁定书和调解书。

（2）劳动争议仲裁机构制作的具有执行内容的仲裁裁决书和仲裁调解书。

（3）劳动争议仲裁机构作出的部分裁决决定。劳动部于1996年下发了《关于劳动争议仲裁程序中能否适用部分裁决的复函》，根据该《复函》，劳动争议仲裁委员会对确属紧急情形的劳动争议案件，经过初步审理后可以采用部分裁决的形式裁决企业支付职工工资、医疗费。企业对劳动争议仲裁委员会因上述原因作出的部分裁决不服的，可以向仲裁委员会申请复议一次。仲裁委员会应在接到复议申请7日内作出决定。维持部分裁决的，该裁决即具有法律效力，企业如不执行，职工可以申请人民法院执行。

三、劳动争议案件的执行标的和执行措施

（一）执行标的

执行标的，又称执行对象或者执行客体，是指人民法院强制执行行为指向的对象。劳动争议案件的执行标的原则上只限于被申请执行人的财产和有关的行为，被申请执行人的人身不能作为执行标的。

（1）被申请执行人的财产。被申请执行人的财产原则上都可以强制执行。这些财产包括：用人单位或劳动者所有或享有的房屋、机器设备、各种车辆、土地使用权、有价证券、存款、工资收入、知识产权、股权等各种有形财物和无形财产权，用人单位或劳动者对第三人的到期债权，以及用人单位或劳动者作为义务人时为了逃避执行而非法处分的财产等。劳动者及其抚养家属所必需的餐具、寝费、衣服等生活必需品，用人单位和劳动者交纳的住房公积金，专属于劳动者的名誉权、荣誉权、姓名权等人身权利和劳动者依法享有的退休金不能成为执行标的。

（2）行为，即生效法律文书中所确认的由义务人所为的某种行为。例如，生效法律文书撤销用人单位作出的错误开除、除名、辞退劳动者的决定，或者撤销用人单位作出的解除与劳动者劳动合同的决定时，用人单位就必须恢复与劳动者的劳动关系，安排劳动者工作。

（二）执行措施

劳动争议案件的执行措施主要有以下几种。

（1）查询、冻结、划拨被执行人的存款。用人单位或劳动者未按法院执行通知履行法律文书确定的给付一定金钱为内容的义务时，人民法院有权向银行、信用合作社和其他有储蓄业务的单位查询用人单位或劳动者的存款情况，有权冻结、划拨用人单位或劳动者的存款。人民法院决定冻结、划拨被执行人的存款时，应当作出裁定书送达被执行人，并应当向被执行人存款的金融机构发出协助通知书。有关金融机构收到人民法院协助通知书后必须立即办理。人民法院在查询、冻结、划拨存款时不得超出被执行人应当履行义务的范围。

（2）扣留、提取被执行人的收入。被执行人未按法院执行通知履行法律文书确定的给付义务时，人民法院有权扣留、提取他们应当履行的义务部分的收入。扣留，是指将被执行人的收入暂时存在原单位，不准其动用或者转移。提取，是指扣留被执行人的收入后，如超过履行期限仍不能履行义务，人民法院即可提取该项收入支付申请执行人。人民法院扣留、提取时，应当作出裁定，并发出协助执行通知书。被执行人所在单位、银行、信用合作社和其他有储蓄业务的单位必须办理。如果被执行人是劳动者，人民法院在扣留、提取他们的劳动收入时，应当保留他们及其所抚养家属的生活必须费用。

（3）查封、扣押和拍卖、变卖被执行人的财产。被执行人不履行法律文书所确定义务，又无金钱给付能力的，人民法院有权对被执行人的其他财产采取查封、扣押措施。被执行人的财产被查封、扣押后，执行员应当责令被执行人在指定期间履行法律文书确定的义务，被执行人逾期不履行的，人民法院可以按照规定交有关单位拍卖或变卖被查封、扣押的财产。

（4）强制执行生效法律文书确定的行为。劳动争议案件法律文书确定的行为主要有：用人单位应当撤销其作出的开除、除名、辞退劳动者的决定和解除与劳动者劳动合同的决定，

恢复与劳动者的劳动关系,安排劳动者工作岗位;撤销其作出的减少劳动者劳动报酬的决定;撤销或变更其作出的错误计算劳动者工作年限的决定;依法应与劳动者补签或续签劳动合同;依法为劳动者办理档案转移手续;依法为劳动者交纳社会保险费等。用人单位如果不履行上述法律文书确定的行为,拒绝给劳动者安排工作并且不发工资或不给福利待遇,或减少劳动者劳动报酬,或拒不交纳社会保险费的,人民法院可通知银行或信用社扣划用人单位应付的工资、福利待遇、社会保险费,必要时可责令该用人单位赔偿劳动者的实际损失。

(5)加倍支付债务利息和支付迟延履行金。被执行人未按劳动争议仲裁决书、调解书和人民法院作出的劳动争议的判决书、裁定书和调解书指定的期间履行给付金钱义务的,应当加倍支付迟延履行期间的债务利息。被执行人未按上述法律文书指定的期间履行其他义务的,应当支付迟延履行金。

四、执行管辖

执行管辖是指人民法院受理执行案件的权限划分。根据《民事诉讼法》第二百零七条和最高人民法院有关司法解释的规定,劳动争议案件的执行管辖应按下列情况确定。

(1)人民法院制作的发生法律效力的劳动争议的判决书、裁定书、调解书,不论是第一审、第二审还是再审作出的,原则上一律由第一审人民法院负责执行。

(2)人民法院制作的财产保全和先予执行的裁定书,由制作该裁定书的人民法院负责执行。

(3)劳动争议仲裁机构作的发生法律效力的仲裁决书、调解书,由被执行人住所地或者被执行的财产所在地人民法院执行。

(4)两个以上人民法院都有执行管辖权的劳动争议执行案件,当事人分别向两个以上人民法院申请执行的,由最先立案的人民法院管辖。两个人民法院之间因执行管辖权发生争议的,由双方协商解决;协商不成的,报请双方共同的上级人民法院指定管辖。

五、执行开始和受理

(一)执行开始

根据我国《民事诉讼法》的规定,劳动争议案件的执行程序的开始有两种形式:当事人申请执行和人民法院移送执行。

(1)当事人申请执行。当事人向人民法院申请执行劳动争议案件时应当符合下列条件:①据以申请执行的法律文书已经生效并且具有执行内容;②法律文书确定的履行义务期限已经届满而义务人仍未履行义务;③在法定的申请执行的期限内提出申请。申请执行的期限,双方或者一方当事人是公民的为1年,双方是法人或者其他组织的为6个月;④必须向有管辖权的人民法院提出执行申请。当事人申请执行时,还应当向人民法院提交申请执行书、生效法律文书副本、申请执行人的身份证明,以及其他应当提交的文件或者证件。继承人或者权利承受人申请执行的,应当提交继承或者承受权利的证明文件。

(2)移送执行。人民法院在作出裁判后,认为情况紧急或特殊并且有必要时,不待当事人的申请依职权直接交执行组织执行的,就叫移送执行。劳动争议案件中,对于劳动者追索劳动报酬、抚恤金、医疗费等涉及劳动者基本生存和人身安全的案件,人民法院认为有必要时可以依职权移送执行。

（二）执行受理

人民法院受理执行劳动争议案件应当符合下列条件。
（1）申请或移送执行的法律文书已经发生法律效力。
（2）申请执行人是生效法律文书确定的权利人或者其继承人、权利承受人。
（3）申请执行人在法定期限内提出申请。
（4）义务人在生效法律文书确定的期限内未履行义务。
（5）属于受申请执行的人民法院管辖。

人民法院对于符合上述条件的执行申请，应当在七日内予以立案；不符合上述条件之一的，应当在七日内裁定不予受理。执行立案后，应当在三日内向被执行人发执行通知或者执行令。被执行人未按执行通知书或执行令指定的期间履行生效法律文书确定的义务的，人民法院应当立即采取执行措施。

（三）不予执行的情形

当事人申请人民法院执行劳动争议仲裁机构作出的发生法律效力的裁决书、调解书，被申请人提出证据证明劳动争议仲裁裁决书、调解书有下列情形之一，并经审查核实的，人民法院可以裁定不予执行。
（1）仲裁的事项不属于劳动争议仲裁范围，或者劳动争议仲裁机构无权仲裁的。
（2）适用法律确有错误的。
（3）仲裁员仲裁该案时，有徇私舞弊、枉法裁决行为的。
（4）人民法院认定执行该劳动争议仲裁裁决违背社会公共利益的。

人民法院在不予执行的裁定书中，应当告知当事人在收到裁定书次日起30日内，可以就该劳动争议项向人民法院起诉。

六、执行行止、执行和解和执行终结

（一）执行中止

执行中止，是指人民法院在执行过程中，因发生某种特殊情况需要暂时停止执行程序，待特殊情况消失后，恢复执行程序继续执行。

依照《民事诉讼法》的规定，有下列情形之一的，人民法院应当裁定中止执行。
（1）申请人表示可以延期执行。
（2）案外人对执行标的提出确有理由的异议。
（3）作为一方当事人的劳动者死亡，需要等待继承人继承权利或承担义务。
（4）作为一方当事人的用人单位终止，尚未确定权利义务承受人。
（5）按照审判监督程序决定再审。
（6）人民法院认为应当中止执行的其他情况。主要包括：①人民法院已受理以被执行人为债务人的破产申请的；②被执行人确无财产可供执行的；③执行的标的物是其他法院或者仲裁机构正在审理的案件争议标的物，需要等待该案件审理完毕确定权属的；④劳动争议仲裁裁决的被申请执行人依据《民事诉讼法》第二百一十七条第二款的规定向人民法院提出不予执行请求并提供适当担保的。

（二）执行和解

执行和解，是指在执行过程中双方当事人自愿协商，就如何履行生效法律文书达成执行和解协议，从而中止或结束执行程序的一种活动。执行和解的本质特征是当事人自行和解，是当事人对自己劳动权利和诉讼权利的处分。只要和解协议是双方当事人的真实意思表示，内容不违反法律、法规的规定，人民法院应当准许。但应当注意的是，和解协议仅对当事人有拘束力，并没有强制执行力，不得成为执行根据，不能排除原生效法律文书的执行力。一方当事人不按和解协议履行时，人民法院可以根据对方当事人的申请，恢复对原生效法律文书的执行。

（三）执行终结

执行终结是指在执行程序中，出现法定事由，导致执行程序没有必要或无法继续进行，人民法院依法结束执行程序。

根据我国民事诉讼法的规定，有下列情形之一的，人民法院裁定终结执行。

（1）申请人撤销申请。

（2）据以执行的法律文书被撤销。

（3）作为被执行人的劳动者死亡，无遗产可供继承，又无义务承担人。

（4）人民法院认为应当终结执行的其他情形。

【本章思考题】

一、名词解释

起诉　上诉　再审　劳动争议案件执行

二、问答题

1. 劳动争议当事人向人民法院起诉必须具备哪些条件？
2. 劳动争议当事人提起上诉必须具备哪些条件？
3. 在劳动争议诉讼中，法院的裁判形式有哪些？各自的适用范围是什么？
4. 劳动争议案件的执行措施主要有哪些？
5. 劳动争议当事人申请人民法院强制执行应当符合哪些条件？

三、拓展案例

1. 2011年王某和本地一间有名的大型饭店签订了一份期限为2年的劳动合同，合同对王某的工资待遇作了明确的约定。王某上班几个月，饭店每个月都只支付一部分工资，剩余的就开张欠条，承诺下个月付清。但是饭店一直未支付。王某于是持着这些欠条直接向当地人民法院起诉，要求饭店支付劳动报酬。

请问：人民法院能按劳动争议案件受理吗？

劳动争议处理

2. 李某是某大型集团公司人力资源部经理。2010年李某因与公司的在计算薪酬待遇数额方面发生分歧，向劳动争议仲裁委员会提出申诉。劳动争议仲裁委员会依法组成合议庭，在合议庭的主持下，双方达成调解。仲裁庭制作仲裁调解书并依法送达双方当事人。后李某反悔，向人民法院提起诉讼。

请问：人民法院能受理李某的起诉吗？

HAPTER 9
第九章　集体劳动争议处理

[本章提要]

1. 集体劳动争议的概念、分类、特征和产生原因
2. 我国现行处理集体劳动争议的机制
3. 集体利益争议产生的缘由及职工群体应对形式
4. 产业行动的概念、特征、分类和国内外的产业行动形式
5. 西方国家罢工的解决策略
6. 国外集体劳动争议处理机制的代表性模式

[引导案例]

2010年5月，广东南海本田汽车零部件制造有限公司的工人因不满薪酬而实施了停工。罢工事件发生以后劳资双方举行了三次工资集体协商会议，就加薪要求展开了漫长而激烈的集体谈判协商。参加会议的人员包括南海本田日方管理层、政府工会代表、企业工会代表和旁听员工。员工代表们在会议上集体表达了工资再增加880元的诉求，而南海本田事业部部长伊藤代表日方管理层给出的方案是：普通员工一级工资总体上调513元，增长幅度为27.7%，其他各等级也进行相应的调整。对此，南海本田总经理入汇茂的解释是：如果一次性增加880元，增幅为46.1%，这个要求超过了公司所能承受的范围，且上一年度工资刚调升了500元，本年度再调升超过500元会给公司带来很大的负担。而与会的员工代表却对此解释表示质疑，认为上调工资不能只看增长率，

劳动争议处理

幅度高是由于原来的基数太低，且公司上一年度的业绩较之前一年的更好，如果此次工资只上调 500 元明显不够诚意。因此，企业工会代表拒绝了公司管理层提出的薪酬涨幅方案，并在与员工代表讨论后决定在企业方案的基础上增加 200 元，即达到 731 元，且将这 200 元全部加入基本工资。日方管理层也在经过讨论后推出了一个新的方案，将总体工资上调 561 元，奖金增加 33 元，并强硬地表示这是最后的方案。在劳资双方相持不下的情况下，省总工会副主席孔祥鸿当即表示反对公司管理方最后方案的提法，并要求劳资双方相互尊重，互相让步以达成最终方案。在他的紧急斡旋下，企业方答应了将奖金增加为 50 元，即总额达到 611 元。企业工会方也对此方案也表示满意。最终，该方案被提交给企业职工大会并顺利审议通过。

纵观整个事件的始末，此次工资集体协商的成功取决于多方面的因素：首先，如果没有本田工人的罢工行动，此次集体协商的持续开展是不可能实现的；其次，工人的策略意识变得更加成熟，企业管理层也开始注重与企业员工之间的沟通，员工代表和企业管理层的积极参与是此次集体协商成功的关键；最后，省工会开始关注工人的诉求，上级工会的积极介入对此次集体协商的成功起到了很大的推动作用。

在金融危机大背景下，恰逢我国《劳动合同法》、《劳动争议调解仲裁法》、《企业劳动争议协商调解规定》等劳动法律法规陆续颁布实施和集体工资协商制度大范围推进，我国劳动争议呈现出劳动者从单一行动向集体行动转变的特征，集体劳动争议和因此引发的劳动者集体行动屡见不鲜。集体劳动争议处理问题成为劳动关系领域关注的热点问题之一。

第一节　集体劳动争议概述

一、集体劳动争议的概念

从词义上分析，"集体劳动争议"是"集体"和"劳动争议"组成的一个复合概念，劳动争议是集体劳动争议的中心语。要定义集体劳动争议，首先需要了解劳动争议的基本内涵，在此基础上进一步界定集体劳动争议。所谓争议，可以定义为"以两个主体间在社会生活上的利益对立为基础、特定的当事人为了实现自己的要求而相互影响对方的过程"[①]。因当事人不同、所要实现利益的不同，争议可以分为很多类型。劳动关系双方当事人之间因劳动权利和劳动义务所发生的争议，便是劳动争议。在一些国家和地区，劳动争议又被称为劳资争议或劳资纠纷，劳动争议的主体除劳动者和用人单位之外工会及用人单位团体也包含在内。国际劳动组织对集体争议也有界定："如果争议是涉及一个工人的，或者是作为个人的一些工人的，或者是涉及同盟的个人劳动合同的，就属于个人劳动争议。如果是涉及作为一个集体的一些工人的就是集体劳动争议；个人争议和集体争议都有可能属于权利争议，而集体争议必定是利益争议……"国际劳动组织的定义在一定程度上反映了国际上对集体劳动争议的普遍看法。台湾法学家史尚宽先生对劳动争议的释义得到比较广泛的接受，即"仅以个别雇用人与受雇人间所生之争议及雇用人或雇用人团体与受雇人团体间所生之争议为限"。而集体劳动争议的含义则有不同的界定，学界没有形成一种统一的观点。

---

① 六本佳平：《法社会学》，中国政法大学出版社 1992 年版，第 98 页。

（一）学界观点介绍

劳动争议分为个别劳动争议和集体劳动争议，这是劳动争议的基本分类之一，该种分类方法起源于法国，现已为世界各国所普遍接受。我国学界对集体劳动争议的概念和范围的理解也存在诸多不同的看法，即便是基于同种分类方法，学界的观点也不尽相同，归纳起来可概括如下。

一是根据劳动关系的分类来划分劳动争议，集体劳动争议以集体劳动关系为基础。有学者认为集体劳动争议是指劳动者组织与雇主或雇主组织间所产生的纠纷。①也有学者主张，集体劳动争议是指集体合同争议，即集体合同当事人就集体合同的解释、适用、权利义务履行等集体协议规定内容产生的争议，以及在缔结一项新的集体合同的谈判过程中产生的争议②。更多的学者将集体劳动争议定义为集体谈判争议，是以劳动者团体即工会为主体和雇主、雇主组织因参与集体谈判、签订和履行集体谈判协议而发生的争议。集体劳动争议的本质是劳动者依据团结权进行团体交涉，进而行使争议权以达到改善劳动条件之目的。③我国台湾法学家黄越钦认为，个别劳动关系脱胎于雇佣关系，由此形成的个别劳动争议往往被视为契约履行争议问题，而只将"集体劳动争议"认定是劳资争议，一般是指劳动者基于结社自由或团结权，以集体或团体交涉、行动为手段，以改善劳动条件为目的的纠纷或争议。

二是根据争议主体的人数是否达到法定多数及争议标的是否共同，分为个别劳动争议和集体劳动争议。此种分类方法是依据我国劳动立法的规定，集体劳动争议是指争议一方劳动者达到法定人数并且具有共同理由的劳动争议。在集体争议人数标准方面，有学者基于国务院1993年发布的《企业劳动争议处理条例》第五条"发生劳动争议的职工一方在三人以上，并具有共同理由的，应当推举代表参加调解或者仲裁活动"的规定，以三人以上为标准。也有学者以2007年发布的《中华人民共和国劳动争议调解仲裁法》第七条"发生劳动争议的劳动者一方在十人以上，并有共同请求的，可以推举代表参加调解、仲裁或者诉讼活动"的规定，以十人以上为标准。

在争议标的是否共同方面，有学者将集体劳动争议理解为多数劳动者基于共同的理由而与用人单位发生的劳动争议，其标的是部分职工的共同利益，但认为因签订和履行集体合同而发生的争议被排除在我国现行集体争议范围之外，且以"团体争议"来定义集体合同争议，以区别于"集体争议"。④有学者将争议标的限于全体职工的利益，即在集体合同基础之上发生的劳动争议才是集体劳动争议，并认为，具有共同理由的多人争议在民事诉讼程序上属于合并之诉而非集体争议，本质上应归为个人争议的范畴。⑤

（二）中国的立法界定

单纯依靠法学理论和国外关于集体劳动争议的界定标准是有失偏颇的，还应结合我国集

---

① 周开畅：《劳动争议概念、分类及程序适用研究》，载董保华主编：《劳动争议处理法律制度研究》，中国劳动社会保障出版社.2008年版，第74-105页。
② 李文沛：《英美集体争议处理机制及其对中国的启示》，载《国家行政学院学报》2011年第5期，第118-122页。
③ 程延园：《集体争议处理制度研究》，载董保华主编：《劳动争议处理法律制度研究》，中国劳动社会保障出版社.2008年版，第74-105页。
④ 王全兴：《劳动法》，法律出版社2004年版，第366-367页。
⑤ 郑尚元：《争议处理程序法的现代化：中国劳动争议处理制度的反思与前瞻》，中国方正出版社.2004年版，第8页。

体劳动争议的现行规定予以考虑。

我国目前一般把劳动者人数的多少作为是否属于集体劳动争议的标准，按照目前的劳动立法规定，应为十人以上。且人数的多少只是基于节约诉讼或仲裁成本的控制，并不影响集体劳动争议的定性。在劳动争议标的共同性上，有两种情况：一种是权益请求为多人所共有；另一种是多人拥有共同的权益要求。前者是因集体合同签订和履行而产生的争议，工会代表职工参加争议处理。后者是一般集体劳动争议，即以劳动者为一方主体的群体性劳动争议，即发生争议的职工在十人以上，并有共同理由的劳动纠纷。这种劳动争议的集体性并不是来源于集体劳动关系，而是形成于多个个别劳动争议发生后，劳动者基于诉讼的共同性而联合起来对抗共同雇主而形成了集体性的特征，主要是个别劳动争议的聚合。该种争议与群体性劳动纠纷具有天然的联系，极易引发劳动者的产业行动。事实上，集体合同争议在我国立法中已经有所规定，这从劳动和社会保障部2004年颁布的《集体合同规定》便可以看出。该规定第四十九条、第五十五条提出了"集体协商争议"和"因履行集体合同而发生的争议"这两个概念，集体协商争议，是指在集体协商过程中发生的争议，依据该规定第八条、第四十一条的规定，"集体协商双方可以就下列多项或某项内容进行集体协商，签订集体合同或专项集体合同"。"变更或解除集体合同或专项集体合同适用本规定的集体协商程序"，由此可以得出，集体协商争议是指签订、变更或解除集体合同过程中产生的争议。因而，就我国《集体合同规定》而言，集体协商争议和因履行集体合同而发生的争议，便是因签订、变更、解除和履行集体合同而发生的争议。虽然该规定没有用"集体争议"这样的概念，但实际上规定了"集体合同争议"，这与个别争议相区别。通过前述分析，可以看出，我国现行立法，在集体劳动争议的界定上虽规定得较为凌乱，但在范围上涵盖了国际通行的集体劳动争议的内容。

二、集体劳动争议的分类

在各国的立法和法理中，集体劳动争议一般分为权利争议和利益争议。权利争议又称实现既定权利的争议，是指对现行法律、集体合同、劳动合同所规定的权利义务在实施或解释上所发生的争议。利益争议，又称确定权利的争议，是指因主张有待确定的权利与义务而所发生的争议，也可以说是为争取权利或减少义务而引起的争议。立法较早采用这种划分方式的国家是奥地利、丹麦、挪威、瑞典等，后来大部分国家的劳动立法都采用了这种划分方式。我国《劳动法》第八十四条规定：因签订集体合同发生争议，当事人协商解决不成的，当地人民政府劳动行政部门可以组织有关各方协调处理。因履行集体合同发生争议，当事人协商解决不成的，可以向劳动争议仲裁委员会申请仲裁；对仲裁裁决不服的，可以自收到仲裁裁决书之日起十五日内向人民法院提起诉讼。可见，我国也有利益争议和权利争议之分，但这种区分仅限于集体合同。

三、集体劳动争议的特征

（一）集体劳动争议具有突发性

经常发生这样的状况，工会组织和政府相关行政部门在毫无预防的情况下，劳动者就自发地采取静坐抗议、堵塞马路、停工罢工等集体行动，事前往往没有经过必要的调解、协商等处理程序。目前，我国当前的集体劳动争议均属于野猫式罢工①，都是不正规的，先停工后协商的状况与市场经济国家先协商、协商不成再停工截然相反，这种顺序错乱致使工会和政府相关行政部门在调解与处理事件时会非常被动，往往给基层的社会秩序造成极坏的负面影响。针对我国集体劳动争议的这一独特之处，制度与机制的完善都显得非常迫切。

（二）集体劳动争议具有自发性

"所谓的'自发'包括两方面的含义，一方面并不是当事人以外的人有预谋、有组织地策划发动了集体行动，而是当事人因为共同的利益原因而自发聚集起来并采取共同的行动。由于造成劳动者集体行动的原因大都积累已久，在一些事件的刺激下产生了强烈的不满和压抑情绪，很快就汇成了一种需要表达和发泄的集体抗争行为；另一方面是集体行动没有组织来预先把握和引导（这里主要是指没有工会来参与和组织）。当然这并不是说事件没有组织者或领导者。"②

（三）集体劳动争议涉及面较大

案件涉及的不仅是个别劳动者利益，往往是一个企业或者行业中带共性的利益，这类争议往往已经过了多年的利益冲突积累，因此争议人数会蔓延扩大，当事人情绪易波动。由于现代媒体传播快速便捷，集体劳动争议和劳动者集体行动很容易成为社会矛盾的焦点，社会影响巨大。许多有着相同或类似争议的劳动者在背后观望案件的结果，采取"跟风申诉"和"抱团申诉"的策略，导致更大范围内的连锁反应。

近年来，我国劳动争议逐年增多。从区域上看，北起大连经济开发区，南至珠江三角洲地区，都接连发生了集体争议事件，某个经济开发区发生集体争议事件，往往不会停留在一个企业内部，而是会扩散至其他企业甚至其他行业。

（四）集体劳动争议易引起劳动者集体行动

集体行动，又被称为产业行动，是指劳资关系双方为在劳动关系中达到自己的诉求和主张，采用罢工、闭厂等阻碍企业正常运行手段等进行对抗的一种集体行为。我国因集体劳动争议处理不当或者未能满足劳动者诉求等原因，停工、静坐、围堵交通、集体上访等严重干扰企业正常运营和社会秩序的劳动者集体行动频发。劳动者集体一方，有的人不满情绪已积累多年，通常情况下绝不肯做出让步。而用人单位常年漠视劳动者诉求和侵犯劳动者合法权益，有关行政部门又难有作为，常常导致矛盾激化在媒体曝光后，才被当作群体性事件迅速处理。

（五）争议的类型较为复杂，行业分布没有规律

集体劳动争议几乎包含所有的劳动争议类型，诉求基本类型以经济性权益争议、生存性权益争议为核心，部分争议兼有人身权利保护的内容。绝大多数的争议是由劳动者的基本劳动经济权益被侵害，而问题又长期得不到解决引发。劳动者基本权益中的工资、工时和劳动

---

① 常凯、郑东亮、乔健、冯喜良、熊新发：《专家谈:我国集体劳动争议的预防与规制》，载《中国劳动》2012年第06期.
② 常凯：《劳权论——当代中国劳动关系的法律调整研究》，中国劳动社会保障出版社2004年版，第296页.

条件与社会保险问题的不到保障，仍然是引发工人集体劳动争议的主要类型①。发生集体劳动争议行业分布无规律，汽车、餐饮、航空、纺织等行业都有集体劳动争议或劳动者集体行动发生、如海南、重庆等地发生的出租车司机集体停运事件，也有接连发生的东航集体返航、上海航空和东方航空集体请假事件等。

四、集体劳动争议的产生

引发集体劳动争议的相关因素是多方面的，具体来说主要有以下几个方面。

（一）事实劳动关系的争议纠纷

依照我国《劳动法》的规定，劳动合同应该是一种书面上的合同文件，这不仅是对劳动者合法权益的一种有效保障方式，同时也是政府实施调控的一种依据，可以保证劳动关系的稳定性，有利于社会的和谐稳定。但是在具体的实践当中，各种事实劳动关系依然大量的存在，特别是在民营企业及个体经济组织当中，书面上的劳动合同规定几乎成了一纸空谈，于是，当双方就某一方面造成纠纷时，就容易形成集体性的劳动争议案件。②

（二）恶意欠薪、欠缴社会保险费引发的纠纷

企业以经济利益为目标，有时会忽略甚至弃劳动保障法的相关法律法规于不顾，出现随意拖欠、克扣劳动者工资及拒交社会保险金的行为。根据资料反映，2008 年度深圳市企业管理局下属的企业有 26 000 多人被拖欠工资 4000 多万元，劳动者为了维护自身的合法权益，自然会引发集体劳动争议案件。

（三）劳动合同内容的争议纠纷

企业在和劳动者签署劳动合同的过程当中，有时候会在签署由劳动部门提供的规范模本之后，还另行签订一些补充协议，并以此作为劳动合同的附件。这些附件上的内容往往会有一些违反《劳动法》的内容，比如限婚文书、保证条款、抵押金及显失公平的合同等，特别是在私营企业当中，类似现象尤为常见。

（四）企业改革或改制引发的纠纷案件

在我国社会经济调整的过程当中，为了尽快建立与完善现代企业制度，很多国有企业、集体企业及私营企业都开始了全面的企业改革或者改制，而在这个过程当中，不可避免地会涉及一些终止或解除劳动合同的行为，从而引发了各种纠纷，尤其是在企业用工制度改革的过程当中，会出现大量的纠纷事件，并最终演化成集体劳动争议案件。

五、我国处理集体劳动争议的现行机制

目前我国集体劳动争议可以通过协商、调解（包括劳动调解、仲裁调解、诉讼调解）、集体谈判、劳动仲裁或诉讼方式解决。与此同时，又规定了仲裁前置（相对于诉讼），排除了仲裁合意、仲裁终局。

---

① 陈布雷：《劳权与发展：权利论与功能论的多维度分析》，法律出版社 2009 年版，第 4 页。
② 曹可安：《集体劳动争议明显上升的原因及应对》，载《中国城市经济》2010 年第 2 期，第 19-21 页。

1. 协商机制

发生集体劳动争议后,由当事人双方进行协商和解,有利于使劳动争议在比较平和的气氛中得到妥善解决,防止矛盾激化扩散,促进劳动关系和谐稳定。通过协商处理集体劳动争议,是处理劳动争议的最优方法,它能使得当事人双方的自由意志得到充分体现,能够及时、平等、便利、经济地解决集体劳动争议。

为了平衡劳资双方力量的失衡,通常协商解决集体劳动争议由工会代表劳动者参与。2001年修正的《工会法》进一步促进了工会组织的建立,为工会代表职工与用人单位解决集体劳动争议提供了有效的法律保障。工会作为劳动者整体的代表,其与用人单位对抗的力量大大增强,使协商解决劳动争议成为可能。利用协商机制处理集体劳动争议,不仅仅指工会作为劳动者代表参与的集体协商机制,还包括工会、资方、政府参与的三方协商机制。

2. 调解机制

根据《劳动法》的规定,劳动调解委员会由职工代表、用人单位代表和工会代表组成。劳动调解委员会主持调解是解决集体劳动争议的重要途径。

当然此处的调解不仅仅限于劳动调解委员会主持下的调解,也包括集体劳动争议进入仲裁及诉讼程序后在仲裁员或法官主持下的调解。利用调解处理集体劳动争议可以防止集体劳动争议的激化,有利于争议解决后劳动关系的和谐。

3. 集体谈判机制

集体谈判从一开始就是工人参与工业社会决策过程的一条渠道,更是解决集体劳动争议的重要机制。"它是一个很有弹性的决策方法,比立法、司法和行政都要有弹性。不仅因为集体谈判可以在不同国家之间有很大差别,也就是说,它可以运用于各种形式的政治、经济制度,而且,对于任何一个国家,它也可以满足各种产业和职业的需要。"[1]

集体劳动争议产生的根本原因是劳资双方利益的不相容,由于劳动者相对于用人单位力量相对弱小,为了缩小劳动者与用人单位之间的力量差别,需要通过以工会作为代表参与到谈判中来。集体谈判机制是赋予劳动者弱势群体对抗用人单位经济优势的法律武器,有利于集体劳动争议的解决。

4. 仲裁机制

仲裁相对于诉讼程序而言,灵活性更大,可以使工会有更大的余地发挥其缓解、解决集体劳动争议作用,更有利于缓和劳动者整体与用人单位的紧张关系,促进劳资关系的和谐。仲裁不仅有利于集体劳动争议的解决,也符合对劳动者整体权益的倾斜保护,同时,仲裁方式本身也是合理的。诉诸仲裁程序,根据当事人双方自由的协议,可以是完全自愿的;而如果双方当事人的协议是由某一法律规定强制执行的,那么这种诉诸仲裁程序的形式便可以是强制性的。[2]对仲裁裁决不服的一方可以自收到仲裁裁决书之日起15日内向人民法院提起诉讼。对于生效的仲裁裁决,若一方不履行,另一方可以请求法院强制执行生效仲裁裁决。

5. 劳动争议诉讼机制

劳动争议诉讼是现行集体劳动争议处理机制中司法程序的最后保障,集体劳动争议需要

---

[1] 董保华等:《社会法原论》,中国政法大学出版社,2001版,第225页。
[2] E. 博登海默:《法理学:法律哲学与法律方法》,邓正来译,中国政法大学出版社.2004年版,第416页。

最后的司法救济，"因为人依崇权威，因为个人在绝对意义上软弱无力。他必须有所依赖。然而，毋庸置疑的是，在文明高度发达的今天，法律在很大程度上替代了那些权威而拥有了一种精神超越的品格，至少理想层面的超越"。"对于利益，法律的保护比个人的保护更有力，这不仅因为对客观存在的各种利益的正确认识与协调是法律的创制与实施的核心内容，而且因为有法律就有处罚，法律的实施以国家强制力为保障。"①

司法是集体劳动争议解决的最后保障，但是劳动争议的解决并不一定必须通过司法程序。在很大程度上司法保障是为了预防未来集体劳动争议的发生。正如法哲学家拉德布鲁赫所说，"法律安宁的建立比任何诉讼改革都更为重要。我们过于偏重于将迄今为止的司法仅仅作为争执的裁判，而未主要作为争执的预防来认识，过多寻求法律外科手术"。

第二节　权利争议的处理

一、权利争议的概念

所谓权利争议，是指基于法律法规、劳动合同或集体合同的规定，劳动关系当事人就权利的存在与否、有无受到伤害或有无履行义务等发生的争议。权利争议涉及对劳动法律法规、劳动合同和集体合同的解释与适用，围绕着既定的权利发生，又称为法律争议。在当事人权利、义务既定的情况下，只要一方当事人没有履行其义务，发生侵犯另一方合法权利的行为所产生的争议就是权利争议。如协商签订劳动合同或者集体合同后，双方要受劳动合同或集体合同的制约，如一方违反产生的争议属于权利争议。一般来说，个别劳动关系中的争议都是属于权利争议，而集体劳动关系中有关集体合同的解释、适用和履行的争议也属于权利争议。权利争议是一种可裁判的争议，可以由仲裁机构或法院依据法律和合同加以裁判。

二、权利争议的处理原则

基于劳动关系稳定的目的，权利争议处理的基本原则应包括如下三项。

（一）协商调解原则

市场经济下，资本有追逐利润的冲动与渴望，雇主常常会越过法律的禁止线，去夺取处于弱势地位的劳动者的利益，绝大部分权利争议因此而起。但发生权利争议后，劳动者通常有通过调解方式解决争议的强烈愿望。这主要是因为，用调解方式解决劳动争议，劳动者与用人单位都可以接受调解的结果，从而使劳动关系得以保持稳定。因此，以劳动关系稳定的视角来看，处理权利争议应以协商调解为其基本原则，以息讼为其基本理念。受我国传统文化的影响，如果还有协商解决的办法，不是到了忍无可忍的地步，当事人一般不会诉诸司法程序（包括准司法程序的仲裁）。进入诉讼或仲裁程序，一般就意味着当事人的关系已非常紧张，要想继续共事已非易事。劳动关系稳定的表现形式就是劳动者职业得以持续，而一旦双方因权利争议而诉诸司法程序，则劳动关系就不会稳定。因此，为实现劳动关系稳定，权利争议的处理应以协商和调解为主，辅以仲裁和诉讼。

---

① 张明楷：《刑法格言的展开》，法律出版社，2003年版，第1页。

（二）公平、平衡原则

公平乃法律制度的基本原则，在劳动法中也当然应得到体现。平衡原则是程序法的基本要求，也应在劳动争议处理机制中得到体现。有必要说明的是，平衡原则与劳动法对劳动者的倾斜保护并不相悖，倾斜保护本身就是要在失衡的前提下实现新的平衡，因此在程序设计上，应保证双方当事人权利义务的平衡，以及仲裁、诉讼能力失衡前提下的平衡。

（三）简便、不收费、快速原则

简便、不收费、快速原则是适合于劳动争议处理的特有原则。劳动法的基本价值取向是追求实质公平，主要是对劳动者的实质公平。复杂、冗长的处理程序不符合劳动法的价值取向。而简便、不收费、快速的劳动争议处理机制才是劳动者真正需要的，其本身体现了对劳动者的保护。调解方式是有效调处劳动争议的主要途径，也体现了简便、不收费、快速的原则。

三、我国集体权利争议处理的现状

我国法律对于因集体合同引发的集体权利争议的处理做出了规定，"因履行集体合同发生的争议，其前提是有一个已经签订并具有法律效力的集体合同，集体合同中的条款已经明确规定了双方的权利、义务，而争议也是由此产生的"。在集体合同中，当事人一方是代表职工的工会组织或者职工代表；另一方是用人单位。

1995年1月1日起施行的《劳动法》第八十四条规定："因履行集体合同发生争议，当事人协商解决不成的，可以向劳动争议仲裁委员会申请仲裁；对仲裁裁决不服的，可以自收到仲裁裁决书之日起十五日内向人民法院提起诉讼。" 2001年修订的《工会法》第二十条规定："企业违反集体合同，侵犯职工劳动权益的，工会可以依法要求企业承担责任；因履行集体合同发生争议，经协商解决不成的，工会可以向劳动争议仲裁机构提请仲裁，仲裁机构不予受理或者对仲裁裁决不服的，可以向人民法院提起诉讼。" 2008年1月1日起施行的《劳动合同法》第五十六条的规定，"用人单位违反集体合同，侵犯职工劳动权益的，工会可以依法要求用人单位承担责任；因履行集体合同发生争议，经协商解决不成的，工会可以依法申请仲裁、提起诉讼"。可见，对于集体劳动争议中工会与用人单位之间因集体合同的履行所产生的争议，首先应该由双方协商解决，协商解决不成的，有两种解决途径：一是申请仲裁；二是提起诉讼。

对于多个个别权利争议所聚合转化而成的集体权利争议，在司法实践中多被分别当作个别劳动争议处理。其处理的程序包括协商、调解、仲裁和诉讼，通常被称为"一调一裁两审"。仲裁就是此类集体劳动争议的前置程序。然而，"先裁后审、一裁两审"的处理机制本意是为了减轻人民法院的工作压力，利用劳动仲裁机构熟悉劳动法律的优势，形成相对独立又能够衔接的三位一体劳动争议处理模式。但是现实中，通过劳动仲裁的案件，大多数当事人会继续向法院提出诉讼，仲裁并未实际发生预计的法律效果，法院的案件数量也并未因为仲裁在先而明显减少，仲裁环节反成了例行公事。在集体劳动争议处理机制中，能否向法院提起诉讼，直接关系到当事人的劳动权益能否最终得到有力保护，而把仲裁作为诉讼的前置必经程序，就排除了当事人自由选择诉讼的权利。此外，迟来的正义非正义，"先裁后审、一裁两审"对于集体劳动争议的当事人来说解决争议过程周期长、成本高，不符合纠纷解决机制及时、便利的要求，极易引发社会矛盾。

第三节 利益争议的处理

一、利益争议的概念

利益争议是指劳动关系双方当事人在协商或处理矛盾纠纷过程中，因提出高于法律规定的要求，或因故变更、解除合同的约定，或提出新的要约而引发的争议。之所以不能成为权利争议，是因为在争议时，当事人的某些利益还未上升为一种权利，还处于不确定的状态之中。利益争议通常发生在集体合同的签订与变更的谈判过程中，又称为事实争议。利益争议是一种不可裁判的争议，只能由双方协商、第三方调解或仲裁处理，不能通过法院等裁判机构来处理。

二、集体利益争议的主要特点

现阶段我国集体利益争议的特点主要表现在以下几个方面。

1. 高诉求

诉求都在法律规定或合同约定标准之上，如解除或终止劳动合同的经济补偿金数额及标准高于法律的规定；提出法律规定之外的补偿要求，如工龄补贴、奖励费等。据不完全统计，2010年5~8月，全国共发生了20余起停工性质的集体劳动争议。劳动争议产生的缘由都不是由于资方违反劳动合同或是侵犯劳动者权益而引起的，而是由于尽管职工工资高于当地平均水平，但是总体工资仍偏低，要求资方提高工资水平。这充分说明劳动者已不满足于当前劳动法律法规所赋予的基准权利，劳动者要求比法定基准权利更高的待遇。因此集体争议已经不再是违反劳动法的问题了，而是超越于劳动法基准权利之上的利益之争。[①]

2. 群体性

一般都在十人以上，多则几百人甚至几千人。

3. 自发性

没有统一的组织领导，之所以能够聚集在一起主要是共同的利益驱动，不少群体性上访者将本企业工会组织撇开，有些甚至要求罢免企业工会主席，国际上将这种行为称之为"野猫行动"。

4. 非理性

因为是非组织的行为，所以表现形式往往是非理性的。采取的方式先是停工停产、堵住厂门给企业施加压力，如企业无法满足要求，则采取围堵企业经营管理者、不让他们下班回家等手段。这些办法无效果后，市区的企业到区或市政府集体上访，郊区的企业采用堵塞交通的方式扩大影响，其目的是给政府施加压力。当然有时也会出现过激的行为，如围攻殴打企业经营管理者或者砸毁办公用品、交通工具和生产设备等。

三、集体利益争议和集体权利争议的区别

权利争议是有法可依，有约定可循的，可以依法通过劳动争议仲裁和诉讼的方式解决。利益争议是无法可依，无约定可循的，是在合法基础之上的合理性问题，不能通过劳动争议

---

① 杨强：《从权利到利益：我国劳动争议的新特点及其应对》，载《中国劳动关系学院学报》2010年第06期。

仲裁和诉讼的方式解决,所以此类争议迫切需要有解决机制。个体利益争议通过个别协商解决,集体利益争议应该通过集体协商解决。

集体权利争议与集体利益争议是集体劳动争议主要表现形式,它们产生的原因有其共性,但是两者有明显的区别。

(一)争议内容不同

从争议的内容上看,权利争议是一种法律争议,是有关执行法律、法规,或履行劳动合同、集体合同而发生的争议,而且争议双方所争执的权利和义务,已在法律、法规或劳动合同和集体合同中有所规定;利益争议则属非法律争议,争议的内容不涉及法律、法规或劳动合同和集体合同已规定的内容,而是在此之外就新的、将来要实现的权利发生的争议。即权利争议的主要内容是解决合法性问题,如企业不按时发放或者克扣和无故拖欠职工工资、超时加班加点、不履行劳动合同约定义务、违法解除或终止劳动合同等。争议内容都是如何正确理解和执行法律的规定和合同的约定。利益争议的主要内容是解决合理性问题。如怎样提高现有的工资水平、福利待遇;如何提高解除或终止劳动合同经济补偿金计算基数或补偿标准等。争议内容都在劳动法律规定的基准之上或者改变原有的约定或惯例。

(二)争议所处的阶段不同

权利争议发生在劳动合同或集体合同签订后的履行阶段,或对法律、法规的执行阶段;利益争议则发生在双方因为签订、修改集体合同达不成一致意见,致使集体谈判陷入僵局的阶段。

(三)解决方式不同

权利争议的解决方法,双方只要按照法律规定或者合同约定处理即可,解决的主要途径是通过劳动争议仲裁或诉讼。利益争议解决的方法,是根据客观情况和实际可能妥善处理,解决的主要途径是通过集体协商的方式。我国《劳动法》第八十四条规定:"因签订集体合同发生争议,当事人协商解决不成的,当地人民政府劳动行政部门可以组织有关各方协调处理。"

四、利益争议的处理原则

随着世界经济一体化进程的不断加深,国际劳动立法对我国劳动立法的影响日益加深。对于利益争议的问题,无论是立法,还是学者们对这个问题的认识,都有了新的发展。从立法上看,立法者所关注的焦点,不再集中于关注劳动者单方的权益,而更多的是从劳资双方的角度审视两者之间的权利义务和利益关系。这样的转变,使得劳资双方之间的利益分配变得日益重要。在学理上,学者们也渐渐认识到了劳资之间利益争议的重要性。考虑到利益争议本身的特殊性,解决利益争议,需要遵循以下几项原则。

(一)自主解决原则

劳动争议的解决,主要还是以当事人自主解决为主。第一,近年来,劳动争议的数量已经极为庞大,据人力资源和社会保障部发表的各年度《人力资源和社会保障事业发展统计公

报》，2008年度，全年全国各级劳动争议仲裁机构共办理劳动争议案件96.4万件；2009年度，全年全国各级劳动人事争议仲裁机构共处理劳动人事争议案件87万件；2010年度，全年各级劳动人事争议调解组织和仲裁机构共受理劳动人事争议案件12.7万件。上述数据是受理的案件数量，因此实际案件的数量更为庞大。就如此庞大的劳动争议数量来说，如果事事都需要国家介入，是不现实的。第二，就利益争议来说，由于缺乏相应的权利义务，即使国家机构介入劳资之间的利益争议，在利益取舍的问题上，也缺乏相应的依据。第三，利益争议的内容即利益本身，无论是劳动仲裁还是司法途径，都要花费相当的时间和金钱，这对劳资双方来说，都是对其利益的损失，就这点来讲，通过第三方机构解决劳资之间的利益争议就不是一项最佳的选择。第四，在国外劳动法的发展过程中，劳资双方自主解决其利益争议，一直是处于主导性地位。例如，在英国，"基本上采取集体谈判制度及当事人自治原则，国家立法居于次要、补充之地位"[①]。第五，劳资之间的利益主要是和劳资双方各自所处的社会地位、经济状况相联系，第三者，包括国家很难体会劳资双方各自的利益纠葛，更遑论为其作出准确的判断，这也是为什么劳动仲裁需要劳资双方一致同意方可进行的原因。

（二）和平解决争议原则

一般认为，劳资双方在解决劳动争议的过程中具有维系和谐的义务，强调"劳资双方因争议权行使之结果缔结团体协约以后，在协约效力存续期间，即不得违背协约内容而加以争议"[②]。我国劳动法律法规中，也存在类似的条款。例如，《劳动合同法》第一条提到"构建和发展和谐稳定的劳动关系"；《集体合同规定》第五条（一）规定劳资双方在进行集体协商，签订集体合同或专项集体合同时应当"遵守法律、法规、规章及国家有关规定"，该条（五）则规定双方"不得采取过激行为"。中国台湾及国外立法例对劳动争议中的和谐义务，更多地强调不能违反法律及合同的规定，更多地从劳资之间的权利义务的角度，去考虑和谐义务。而我国现有的法律法规对和谐义务的规定，则比较笼统和原则，更像是一项法律原则。因此将劳资之间和平解决相互之间的争议视为法律上的一项原则，比较符合我国目前法律的规定。

对于劳资之间和平解决争议的原则，应当有以下两方面的内涵：首先，劳资双方采取的任何解决相互之间利益争议的行动，都必须遵守现有法律法规的规定以及劳资之间现存的劳动合同或者集体合同的规定，即《集体合同规定》第五条（一）的规定；其次，如果劳资双方的行为，尚未规定在法律法规以及劳资之间的劳动合同或者集体合同中，那么双方在解决利益争议的过程中，应当尽量保持克制，避免过于激烈的行为。对后者来说，由于此时，没有任何规定作为劳资双方行为的前提，因此该部分原则的实现，更多的是依赖于劳资双方自身的克制，以及对于双方达成最终协议的共同愿望。同时，对于政府机关来说，由于缺乏作为法律评价的大前提的法律规范或者合同条款，因此对劳资双方所采取的行为，国家不仅不能任意用法律规范进行评价，同时也应当对此保持一定的距离，避免国家机关随意介入利益争议处理的行为。因此，《集体合同规定》第五条（五）仅仅规定劳资双方不得采取过激行为，

---

① 王泽鉴：《民法学说与判例研究．第二册》，北京大学出版社．2009年版，第252页。
② 黄越钦：《劳动法新论》，中国政法大学出版社．2003年第1版，第318页。

尚不能完全阐述上述和平解决争议原则的内涵。

（三）专属代表权原则

近年来，劳资之间矛盾有所激化，导致的群体性事件不时地见诸报端，现实的劳资争议的过程中，各种绕过工会自己维权的所谓"野猫工会"也屡见不鲜。这些负面消息在引发人们对劳资关系紧张程度的讨论的同时，也引发了人们对于工会代表权的质疑。通常认为，利益争议的过程中，劳动者一方的代表只能是工会，并且同一时间，只能有一个工会作为劳动者一方的代表。我国《工会法》第六条，在法律上将代表权授予工会，因此工会作为劳动者一方法律上的代表，不存在任何疑问。问题是，在利益争议中，作为劳动者一方的法律上代表的工会，能否成为劳动者一方的利益上的代表。

代表制度作为一项专门的法律制度，是专门为那些不具有法律行为能力的法律主体所设置的。国外的立法普遍认为，利益争议中，只有工会才能够代表劳动者进行谈判或者开展罢工。之所以在利益争议中会涉及工会代表权的问题，是因为国外立法在法律上否定了在利益争议的过程中，劳动者法律上的行为能力，因此需要设立专门的机构来进行弥补。其他法律部门中也存在与此类似的法律制度。例如，专门针对未成年人以及不能完全履行法律行为的精神病人所设立的监护人制度。与此类似，工会的存在也是为了弥补法律上单个劳动者在利益争议的过程中行为能力缺乏的问题。但是，代表制度，只能是一种法律上的代表，并不能等同于利益上的代表，即不能期待工会的行为完全地达到与工人的利益相一致的程度。因此也有别与政治语言中所谓的"代表"。所不同之处在于，劳动者作为法律上具有完全行为能力的个体，当工会的行为不符合其期望中的利益时，亦不能期望劳动者的行为能够完全符合工会对于劳动者的期望。

依照常理，工会的行为要获得劳动者的支持，成为劳动者在利益争议的过程中的代表，不仅要能够获得法律上的授权，亦需获得劳动者的实际支持。但利益作为一个主体的专属的性质，不仅不能在法律上进行转授，在任何时候都不能被转授，被转授的利益就脱离了原有的利益主体，成为他人的利益。因为利益无法转授，工会在劳资争议的过程中，其自身存在着矛盾，一方面，工会需要将自身的行为契合劳动者的利益，以取得劳动者的支持；另一方面，工会和劳动者是两个不同的主体，两者各自有各自专属的利益需求，无法达到完全一致。对工会来说，其代表劳动者一方的整体利益的事实状态，可以认为是工会用自身的利益替换劳动者一方的整体利益的结果，即工会的行为符合劳动者一方的整体利益的趋向和过程。因此，工会成为劳动者一方利益上的代表的过程，就是工会调整自身的利益取向，将应然状态的工会与劳动者的关系转化为实然状态，符合劳动者一方的整体利益的过程。这个过程中，劳动者和工会之间本身就在进行着不断的利益上的取舍和选择。因此，在解决利益争议的过程中强调专属代表权原则，即强调在利益争议的过程中的劳动者与工会之间的互动和彼此之间的利益上的调整。因此，专属代表权原则的实质，即工会与劳动者之间利益的调整，其本身就属于利益争议的一部分，亦应当纳入利益争议的处理原则中。从现实角度来说，当前部分劳动者抛开工会，自行成立所谓的"劳动者维权团体"，本身就体现了一种专属代表权原则缺位的事实状态。因此强调专属代表权原则，至少可以解决一部分"野猫工会"的问题。

(四) 善意谈判原则

利益争议的解决离不开劳资之间的协商及谈判,劳资双方在协商和谈判的过程中,需要协调各自之间的利益关系,这就意味着劳资双方都需要适时向对方作出一定程度的让步,从而达成一致并顺利解决争议。但是劳资之间的矛盾不仅复杂,而且尖锐,劳资之间的任何让步都会极大地影响自身的利益状态,因此谈判的过程不可能像开茶话会一般如沐春风。就此,在利益争议的过程中,需要解决的一个问题是,如何能够将对立甚至敌视的劳资双方留在谈判桌前,并且保持足够长的时间,以便于劳资双方达成一致,这就需要争议双方能够带着善意进行协商,即善意谈判原则,其内涵是"只要各方愿意提出自己的建议,表达自己作出如此建议的理由,听取并考虑对方提出的建议及理由,并寻找可为达成书面双边协议做基础的共同观点"①。

对于善意谈判原则的内涵,可以从以下两个方面进行理解。首先,善意谈判要求劳资双方能够积极地与对方进行协商和谈判,不仅要和对方积极沟通,更要能够积极推动谈判向前推进。其次,劳资双方不能采取一些影响谈判的行为,包括采用积极的或者消极的方式拖延甚至敌视谈判的行为,或者采用一般认知中的提供虚假信息和资料的手段。由上述第二点,可以进一步推出,基于善意谈判原则,劳资双方在磋商和谈判的过程中所提供的信息或者资料,都应当被认为是"真实有效的",即劳资双方无法用证据证明对方提供的信息或者资料是"非真实有效"的情况下,应当推定对方所提供的信息或者资料是真实有效的。这点十分的重要,也是对善意谈判原则的必要理解。其一,劳资双方在磋商和谈判的过程中所提供给对方的信息和材料的真实性难以验证,不仅仅因为取证的困难,同时也是因为真实性本身就不是一个能够把握的概念。其二,从平衡的角度上看,与其让劳资双方终日惴惴于对方提供的信息或者材料的真实性,不如让劳资双方都有相对应的手段平衡彼此之间的关系,在善意谈判原则中承认信息或者资料的推定效力,至少在手段上使劳资双方更为平等。最后,法律上的真实性并不等同于事实上的真实,善意谈判原则并不能推出双方的行为必须是出于各自真正的善意。

五、集体利益争议产生缘由及职工群体应对形式

(一) 集体利益争议产生缘由

群体性劳动关系矛盾时有发生,有的在企业内部,有的在企业外部。具体表现形式多种多样,而透过其纷纭的现象,可以看到一个共同的东西——"利益"。现实中,职工群体大多为经济利益而上访,为经济利益而斗争。而这些经济利益,又往往是与企业连在一起的。我国集体利益争议产生的主要缘由如下:①职工要求企业增加工资、福利待遇;②企业大规模终止劳动合同;③企业大规模终止、解除劳动合同的经济补偿金计算基数、补偿标准;④企业关闭、搬迁、转制改制;⑤企业降薪、裁员;⑥企业停产期间劳动报酬计发;⑦企业减少或取消职工福利待遇;⑧其他,如加班工资和职工年休假计算方式、企业年金分配等。

(二) 职工群体应对表现形式

实践中频繁发生的劳动者集体行动,实质上是劳动者为追求自己的合理利益而与企业方

---

① [美]罗伯特·A. 高尔曼:《劳动法基本教程》,马静等译,中国政法大学出版社.2003年第1版,第351页。

进行的激烈博弈。在劳动关系冲突过程中,劳动者一方采取不合作的态度而诉诸一系列斗争手段,迫使企业一方满足自己的要求,最终会得到一部分增加的收益(如加薪、增加经济补偿费、缩短劳动时间、改善劳动条件等),而企业一方则必然由此丧生一部分原有的利益。职工群体面对集体利益争议有三种表现形式,即消极回避"用脚投票"形式、全面反抗"手脚并用"形式、理性应对"用手投票"形式。

1. 消极回避"用脚投票"形式

当劳动者工资报酬很低、福利待遇很差或者工作环境恶劣;企业没有工会组织,或者工会无法维护他们的合法利益时,劳动者在无法抗衡的情况下一走了之。或者是对企业目前的状况完全失望,一有高薪录用或发展的机会就立即辞职跳槽。这就是所谓"用脚投票"的形式。

2. 全面反抗"手脚并用"形式

在生产经营正常的情况下,用人单位即便有一些不规范的行为,劳动者出于稳定工作的考虑,未必会提出异议,为了保"饭碗"就忍了,整个劳动关系在表面上处于一种"和谐"的状态,但是下面暗流涌动,一旦生产经营状况恶化,劳动者要被裁员了,他们往往会新账旧账一起清算,什么加班费、补偿金、休息休假等,有一笔算一笔,平时隐藏在背后的矛盾被暴露出来并形成叠加,在横向上体现为需要协商项目的多样性,在纵向上体现为涉及时间跨度的复杂性。在这种情况下,劳动者往往会采用停工停产、围攻企业经营管理者、堵塞交通、集体上访等极端的方式方法。集体利益争议的这种表现形式就是所谓"手脚并用"的形式。

3. 理性应对"用手投票"形式

劳动者与用人单位发生劳动关系矛盾,通过集体协商方式,历经一定的民主程序采用少数服从多数的原则,将双发不一致、不统一的地方,经过协商逐步趋向一致、统一和合理。这是最规范、最理想解决集体利益争议的形式。集体协商谈判就是所谓"用手投票"形式。

六、我国集体利益争议处理的现状

我国《劳动法》第八十四条规定:"因签订集体合同发生争议,当事人协商解决不成的,当地人民政府劳动行政部门可以组织有关各主协调处理。"该法制定较早,在实质性拘束力、有效保护劳动权利的具体制度方面,相当缺乏,对于劳动者的权利只是做了政治化、宣示性、装点性的规定,不仅没有明确的行为模式,而且更没有相应的法律后果,这些权利难免成为水中月、镜中花[①]。

2004年5月1日起施行的《集体合同规定》第三十二条规定,"集体协商任何一方均可就签订集体合同或专项集体合同以及相关事宜,以书面形式向对方提出进行集体协商的要求。一方提出进行集体协商要求的,另一方应当在收到集体协商要求之日起20日内以书面形式给以回应,无正当理由不得拒绝进行集体协商。"第四十九条规定,"集体协商过程中发生争议,双方当事人不能协商解决的,当事人一方或双方可以书面向劳动保障行政部门提出协调处理申请;未提出申请的,劳动保障行政部门认为必要时也可以进行协调处理。"

---

① 陈布雷:《劳权与发展:权利论与功能论的多维度分析》,法律出版社.2009年版,第27页。

劳动争议处理

"《企业劳动争议协商调解规定》(简称《规定》)于2012年1月1日起施行,该《规定》提出了五项明确要求:第一,建立企业内部劳资双方沟通协商机制,对企业构建和谐劳动关系、完善劳动者利益诉求表达渠道、加强对劳动者关怀提出了明确具体的要求;第二,着力解决了争议处理中最为薄弱的问题——协商,对劳动关系双方协商的原则、方式、时限、和解协议效力等均做出了明确具体规定;第三,建立企业内部劳动争议调解工作网络,《规定》明确大中型企业应当依法设立劳动争议调解委员会,有分公司、分店、分厂的企业可以根据自身情况选择在分支机构设立调解委员会,调解委员会可以在车间、工段、班组设立调解小组;第四,推动建立分级负责、上下联动的工作机制,小额简单案件由分支机构调解委员会处理,疑难复杂案件由总公司调解委员会处理的视具体情况分别处理;第五,建立劳动争议调解协议的仲裁审查确认制度,明确双方当事人可以自调解协议生效之日起十五日内共同向仲裁委员会提出仲裁审查申请。仲裁委员会受理后,应当对调解协议进行审查,并根据《劳动人事争议仲裁办案规则》第五十四条规定,对程序和内容合法有效调解协议,出具调解书,以便及时有效地维护当事人的合法权益,降低当事人的维权成本,充分发挥劳动关系三方原则的作用。《规定》明确,人力资源和社会保障行政部门应当指导企业开展劳动争议预防调解的相关工作,协调工会、企业共同建立企业重大集体性劳动争议应急调解协调机制,切实推动企业劳动争议预防调解工作。"①但该规定属于部门规章,其效力明显低于法律和司法解释,其效果有待考验。

综上所述,我国对于集体利益争议的处理较为笼统和分散,主要是依靠劳动行政部门依申请或依职权采取行政手段解决,且未涉及调解不成后的仲裁程序,没有将集体利益争议纳入司法解决途径。

第四节 产业行动的处理

一、产业行动的概念

产业行动是指在集体谈判过程中由雇员(无论是否通过工会)或雇主施加压力为目的,单方面引起正常工作安排暂时停止的一种活动,主要表现为罢工、怠工、关闭工厂等。产业行动是处于利益对立关系格局中的劳资双方在难以通过正常谈判达成一致解决争议的情况下,为了保护自身的利益,而采取的保护性、权益性、临时性的行动。德国学者称其为劳工斗争,即雇主一方或者雇员一方集体为实现特定的规范目标为劳动关系设置障碍。②一般来说,产业行动是集体性协商、谈判失败后的高级斗争形式。一些国家把雇员采用的怠工、拒绝加班、针对规章制度等斗争形式,与罢工或工人完全拒绝工作相区别,因为在这些情况下,工人不会损失全部工资报酬,所以叫做减价的产业行动。

产业行动一词来源于国外,也叫产业行动权或采取集体行动的权利。日本宪法第二十八

---

① 来自于中国网络电视台,《五大措施破解劳动仲裁难题》,http://news.cntv.cn/20120224/111759.shtml,最后访问时间2012年4月1日。
② W. 杜茨.《劳动法》,法律出版社2005年版,第227页。

条保障了劳动者的集体争议权，具有"正当性"的集体争议行为（包括产业行动）受到法律各个层面的保护。[①]但我国无论是立法实践，还是法学研究，产业行动都是一个陌生的范畴，国外非常发达的劳动法之产业行动理论，在我国几乎还是空白地带。

二、产业行动的特征

西方发达国家的产业行动有以下特征。

（1）产业行动是三方机制之协商对话的最有力的保障，其本身就是一种用"行动"完成的对话，是对话的高级形式。产业行动被认为是达成集体协议的主要手段，是集体自主权的体现。

（2）产业行动有合法与非法之分，只有合法的行动才是被允许的。一般在劳动法主要是集体合同法中具体规定，产业行动之罢工权有的在宪法中也有明确规定。产业行动之罢工是指职业罢工，不包括政治罢工，即职业罢工才是一种合法的行为。在德国的《集体合同法》中，第一条并联系第二条规定了产业行动（尤其是罢工）只能由工会组织实施，并在事后对其负责。所谓的"野猫式"罢工是非法的。

（3）产业行动不是单方面的，其权利主体并不仅仅是雇员集体（工会）享有，雇主同样享有产业行动权。

（4）产业行动并不仅仅就是罢工，还包括封锁、联合抵制、禁止超时、怠工、取消合作、静坐示威和示威抗议或者其他的争议手段。

（5）产业行动的基本原则。产业行动一般都有严格的限制，产业行动并不是随便可以采取的行动，产业行动特别是要受到集体协议之所规定义务的约束。产业行动并不是无约束的，必须遵循其基本原则：第一，除了要遵循法律法规外，特别要遵守集体协议之规定；第二，和平义务原则。

三、产业行动的分类

产业行动可以按照行动主体和行动目的的不同划分为多种类型，按照行动主体分为劳方采取的行动和资方（雇主或雇主组织）采取的行动两类。前者如怠工、罢工、示威、联合抵制等；后者如关闭工厂、黑名单等。按照行动目的不同分为旨在推动集体谈判的行动和自我救济（保护）性产业行动。

（一）旨在推动集体谈判的行动

旨在推动集体谈判的行动，即以集体谈判的进行，胁迫对方妥协为目的。该类产业行动通常是集体谈判过程中发生的争议不能通过集体谈判、行政和司法等常规机制解决时，劳资矛盾激化，一方或双方所采取的压制、胁迫对方的最后手段。可以看出，该类型产业行动是集体劳动合同争议且主要是签订集体合同中发生争议的最高斗争手段。西方成熟市场经济国家发生的产业行动以该类型为主。

在多数西方国家的立法中为了促进集体谈判的实现和签订集体合同，规定了合法的条件下

---

① 刘燕斌：《国外集体谈判机制研究》，中国劳动社会保障出版社2012年版，第141页。

劳方罢工、怠工，相应的资方闭厂、雇佣罢工替代者等集体行动的权利，将劳方罢工、资方闭厂等产业行动方式作为与集体谈判以及辅助集体谈判实现的第三方介入方式的调解、调停、仲裁等利益争议处理制度体系的重要组成部分。具体来看，为了进行集体谈判和签订集体合同，劳资之间在进行协商、谈判过程中就确定集体合同条款发生利益纠纷，劳资关系陷入僵局、互不妥协，此时，可以通过两个密切相关的途径打破僵局，促使双方恢复谈判：一是可由劳资双方都能接受的第三方出面斡旋、调停、调解或仲裁等方式促使双方达成协议并签订集体合同，争议得以解决；如果调解无效或仲裁裁决不被当事人接受，劳资矛盾纠纷升级为激烈冲突，此时，劳资双方都可以采取产业行动（如工会组织罢工、设置纠察线、怠工等；也包括雇主采取的关闭工厂、雇用替代工人等）以向对方施加压力，迫使对方妥协退让，进而双方一般会重新进行谈判、缔结合同，利益争议和冲突即被解决。二是劳资一方或双方不经过第三方介入调停、调解或仲裁方式处理而直接采取产业行动。这些行动不仅给对方，也给行动主体自身带来巨大的直接经济损失（以罢工为例，劳动者一方，罢工期间劳动报酬中断，一般只能从工会或工会保险中得到很少的津贴来维持生活。而雇主因为雇员罢工，生产经营活动停止，利润剧烈下降），可能迫使一方或者双方最终放弃自己的主张.从而走出僵局。当然，在第一条路径的第二阶段和第二条路径，也有可能因劳资采取的产业行动行为最终导致双方关系的彻底破裂而使谈判无法继续进行。不过，一般这种极端的僵局是劳资双方都不愿意看到的。

（二）自我救济（保护）性产业行动

自我救济（保护）性产业行动，即以自我保护、私力救济为目的。它是在无法通过（或者没有主动寻求）集体谈判、行政和司法有效救济等手段保护自己权益的情况下，多个劳动者个体自发联合起来所采取的最后手段。可以看出，该类型产业行动是个体性集体争议的最高斗争手段。目前，我国工会力量还比较薄弱，代表性不强，劳动者组织化程度不高，我国发生的产业行动多属于此种类型。现实中，无论是个体性集体争议中的权利争议还是利益争议，都有可能直接升级为劳资冲突，诱使劳动者自发地组织起来以罢工、游行、示威等方式表达自己的不满情绪。对于集体劳动合同争议，尤其是集体合同签订中发生的争议随着集体合同制度的发展必将有增加之势，集体争议在现行的常规机制下不能得以解决的情形是客观存在的。国内近些年来在多个省市频繁发生的停工、罢工、示威、游行等工人集体行动事件已经表明推行社会主义市场经济体制的中国不能再回避产业行动尤其罢工现象的客观存在，也不能无视产业行动在解决劳资矛盾冲突中的应有作用。

四、成熟市场经济国家的产业行动形式

在市场经济较为成熟的国家，劳资双方均有较规范的产业行动形式。如日本每年春天就会由工会与资方进行工人工资福利等议题的集体谈判，一旦无法达成集体协议，工人就会发起产业行动，由此形成全球闻名的"春斗"。就劳方而言，产业行动一般包括罢工、怠工、联合抵制、纠察、占据工厂、生产管理等，而资方为对抗之可以关闭工厂、停工、雇用罢工替代者、雇主充当罢工破坏者、复工运动、黑名单或白名单等①。罢工、联合抵制、纠察、关闭

---

① 程延园：《劳动关系》，中国人民大学出版社.2002年版，第295-297页。

工厂、停工、黑名单或白名单等最为常见。

（一）雇员或工会的产业行动

1. 罢工

罢工是在集体合同没有先行解约情况下企业多数劳动者一致拒绝提供劳动给付，并有在达到所要求的目的后重新从事劳动的意愿，即"多数之被雇人，以劳动条件之维持改善或其他经济的利益之获得为目的，协同的为劳动之中止"[①]。实践中，罢工一般发生在集体合同即将结束，为重新签订合同进行谈判并且失败或者企图调停及失败，工会会员对于罢工进行投票并且工会号召罢工之后，其目的主要是为增进劳方利益，迫使资方同意其要求。德国宪法对产业行动尽管没有明确的定义，但是《欧洲社会宪章》在第六条中有提到"集体谈判的权利"包括罢工权。但这一权利必须受先前集体合同的制约。

2. 怠工

怠工是指工人不离开工作岗位也不进行就地罢工，只是放慢工作速度或破坏性地工作，是雇员采取产业行动的一种基本手段。与罢工不同，雇员进行罢工不需要离开工作岗位或离职，只是在工作中故意懒散、怠惰，或浪费雇主和企业的原材料，以此达到维持或改善劳动条件的目的，如果不仔细观察，雇主甚至可能无法发现怠工。怠工与罢工的相同之处在于，他们都需要劳动者的团结和共同行动，才能对雇主或管理方产生威慑和胁迫作用。怠工在多数国家被认为是合法的产业行动。

3. 纠察

纠察是指在罢工或怠工期间为保证产业行动成功，工会对于拒绝罢工或怠工的工人，阻止其进入工厂，或者监视雇主客户，阻止雇主出货。由于纠察是罢工或怠工行为的补充，所以在许多国家具有合法性，但在方式和范围上各国都有一些限制性规定，一般要求和平进行，不得封锁厂区外围及其道路，且不得侵害资方对财产的自由支配。

4. 联合抵制

联合抵制也称为经济排斥，是以将雇主排除出经济活动为目的斗争手段，它既可能是针对产品也可能是针对人的。比如 A 公司工会为向雇主施加压力，使其接受集体谈判条件，如果其引诱雇员参与停工就被认为是直接的一致行动，而要求购买 A 公司产品的消费者或其生意伙伴 B 公司不去购买，即为直接的产品抵制；如果工会对 B 公司的要求没有成功，工会则会反过来试图威胁 B 公司，它呼吁该公司的雇员参与停工或呼吁 B 公司的顾客抵制其产品，这时工会的压力就变成了间接的。当给一个在自己的雇用条件方面与工会没有争议的人施加经济压力，目的是促使该人停止与另一个确实有争议的雇主做生意，即为间接联合抵制。

5. "好名单、恶名单"

"恶名单"是指工会将那些与工会作对的雇主列入一个名单，并将名单在工会会员中传阅，以促使广大会员不想再维护这个企业。由于许多国家将"恶名单"视为非法，于是工会转向使用"好名单"，即在这种名单上列上工会认为对工会"公正"的雇主，工会会员看到这种名单，会对"公正"雇主的企业持维持态度，而对那些榜上无名的雇主企业持怀疑甚至不

---

① 史尚宽：《劳动法原论》，正大印书馆 1978 年版。

信任的态度。

（二）雇主的产业行动

与工会的产业行动相对应，在集体谈判中，雇主为确保企业利润，也会使用一些手段对付工会，迫使工会做出让步。与工会不同，雇主采取产业行动的目的是加强自己的谈判实力，并借此破坏工会或挑拨工会与工人之间的关系。雇主采取的产业行动，不像工会的产业行动那么明显，通常被看成是对工会产业行动的间接反映。雇主采取的产业行动，主要有如下六项。

1. 关闭工厂

当雇主拒绝利用那些雇员完成可供完成的工作，就构成了闭厂，即他在停止支付工资的情况下拒绝雇用企业雇员。拒绝雇用分为短期和长期，短期表明只是在一定期限内拒绝雇用，劳动合同不解除，而长期意味着永久解雇。在德国、美国等国，闭厂可表现为几种不同形式。首先是防御性闭厂，当雇主得知工会罢工的确切消息，为避免更大损失，企业可宣布闭厂。这种闭厂是针对雇员劳工斗争措施的反应，它往往被雇主利用来使其谈判的优势最大化，而使工会谈判的优势最小化，并由此以更有利的条件取得及时的和解。其次是进攻性闭厂。当劳资双方在谈判中陷入僵局后，雇主为了以有利条件达成协议，宣布闭厂，它是一种劳工斗争的手段，被称为进攻性闭厂。

2. 雇佣罢工替代者

这是指罢工期间，雇主通过雇用其他工人代替罢工工人进行生产活动，以抵制或破坏罢工的方法。雇用替代工人的目的，一是使罢工失去效力；二是削弱工会的威望，使工会显得软弱。雇用罢工替代者的本意是为了缩短罢工时间，但实际上非但不能缩短罢工时间，反而往往会延长罢工持续的时间。因为罢工替代者认为，如果罢工继续下去，自己被雇用的时间也就越长，因此他们会想方设法延长罢工。

3. 雇主充当罢工破坏者

这是指罢工期间，雇主借助其他雇主的帮助完成生产任务。实际上是借用其他企业的生产能力，代替罢工替代者的角色。这种行为通常由雇主协会组织，当协会中某个雇主受到一个或几个工会的打击时，其他雇主组织成员可以帮助他，答应日后将部分利润转让给他，以弥补罢工受到的损失。有时他们也可能全部关闭工厂，以免被工会"各个击破"。

4. 复工运动

复工运动是指雇主派人到罢工工人家中说服罢工者或家属，使他们相信到某一天，大多数罢工工人都将复工，如果他们回厂复工，其利益将得到很好的保证，同时雇主还会在报刊上发出复工运动通告。雇主认为，大多数工人对这种通告不会无动于衷，他们有可能穿越工会的纠察线恢复工作。

5. 黑名单或白名单

黑名单在德国叫封锁，是指雇主将一些工会积极分子或不受欢迎的劳工登记造册，并与其他雇主相互告知及交换手册，共同采取不予雇用手段，将他们封锁，使其失去就业的机会。由于这种行为目的、手段违背公序良俗，大多数国家法律均将其界定为不公正劳动行为，一般是要被禁止的。白名单仅指雇主将所谓积极分子列于本单位名册上，而未与其他雇主相互通气。

6. 排工

排工是指雇主在雇用劳动者时，对某些劳动者采取排斥态度。通常雇主经常排斥那些加入工会的劳动者。为防止劳动者利用工会与企业讨价还价，雇主一方面在雇用劳动者时，以不加入工会为雇用条件；另一方面，倘若劳动者违背此诺言，立即给予解雇。

产业行动是劳资双方在冲突中经常使用的基本斗争方式。世界各国普遍公认最为显著的产业行动方式是罢工和关闭工厂。罢工和关闭工厂是一种经济战，除了会给双方带来巨大损失外，还会给公众或第三方带来不便，甚至会影响有关公众健康安全的商品和服务的供给。正由于罢工会产生严重后果，因而人们会尽量减少罢工时间，降低罢工带来的负面影响。为避免罢工，有时会简单地宣布罢工为非法，有时会提出新的调解劳资纠纷的方法。

五、我国的产业行动形式

由于中国劳资关系是改革开放以来市场经济发展的产物，所以，产业行动既缺少劳资斗争行动形式的积累，也缺少产业行动方面的立法，与成熟市场经济国家产业行动形式不同，发生在我国东南沿海地区非公企业的产业行动，大多是以维权行动、利益表达行动出现的。归结起来，主要有以下几种形式。

1. 为权利而自杀

这似乎是农民工的劳资行动"专利"，他们往往不惜跳楼、跳吊塔或以之相威胁，我们将这种行动方式称为以死抗争，即农民工在劳动争议中，面对权利受损时，通过自杀或以自杀相威胁，迫使资方满足其权利要求。有学者将其概括为自杀式讨薪，即为权利而自杀。农民工为权利而自杀属于典型的通过自损行为实施的私力救济，即通过针对本人的自损行为而给他方施压，强制其接受自己提出的纠纷解决方案[①]。

2. 集体上访

根据信访条例规定，信访是指公民、法人或者其他组织采用书信、电子邮件、传真、电话、走访等形式，向各级人民政府、县级以上人民政府工作部门反映情况，提出建议、意见或者投诉请求，依法由有关行政机关处理的活动。与市场经济国家产业行动主要发生在劳资双方之间不同，上访主要是劳方希望政府能介入，来保护其合法权益，这种行动体现了他们对党和政府的信任和期待。

3. 集体堵厂、堵路

与上访不同，集体堵厂、堵路则直接将资方作为斗争对象，劳方希望通过集体堵厂、堵路给企业或政府以威慑，迫使企业或政府接受其条件或满足其利益诉求。例如，2004年10月6日上午，深圳美芝海燕电子来料加工厂3000名员工因为不满厂方开出的工资而将深圳市主干道北环大道堵得水泄不通，持续了4个多小时，使得北环大道的交通完全瘫痪。

4. 集体罢工抗议

集体罢工抗议主要是劳方面对权利受损，在向资方提出请求遭到拒绝时采取的一种斗争手段，其目的主要在于通过停止工作抗议资方行为，给资方以压力，迫使其接受劳方要求。

---

① 徐昕：《中国农民工为何以死抗争》，载《21世纪》2007版第2期。

我国目前的集体罢工形式都是为保护自身权利而自发形成，尚没有工会的组织发起领导，这种集体罢工抗议形式也常被学者称为"野猫式"罢工[1]。由于许多工人害怕失业后没有收入以及被雇主严厉制裁，从而更加刺激了这种野猫罢工和抗争的趋势。[2]同时这种行动一般都伴有在公共场所的集会抗议，很容易将其诉求推向公共话语渠道，使个别问题变为社会问题，这有助于政府的重视，使问题得到快速解决。例如，广州市机场路某医院105名清洁工因不满待遇低和没有签劳动合同，集体罢工抗议。据工人讲，2006年工资只有600元/月，之后员工曾3次以罢工的形式争取，2007年工资涨到850元/月。每次罢工，工资才有得加，2008年是第四次罢工[3]。

5. 封杀令

在劳资关系中资方占有主导地位，其产业行动更多的是对劳方的防御或反击，在我国资方除采用解雇等方式外，还有一个武器就是封杀令。例如，2002年王某与东莞某台资企业发生劳动争议，厂方一系列行为致使30多名工人集体辞职以示抗议。辞职后这些工人要么找不到工作，要么就是工作不久就被用人单位解雇，后来他们发现自己的资料被当地台商协会制成"黑名单"：各台商会员，请留意以下人员（姓名、身份证号码）……。还有如上海某游戏开发公司因竞业禁止对离职员工发出了封杀令。该公司向业界发表一封《律师公函》，将解职员工姓名、身份证号码等信息向社会公布。同时指出，任何公司或组织、团体、会所等在该员工竞业禁止期内，以任何形式雇佣、邀请、聘请赖×、赵×、罗×、萧×、林×、童×担任员工、顾问、代理人、合作伙伴等，本公司将根据有关法律、劳动合同约定对其本人违反竞业禁止约定提起法律诉讼，并同时对雇佣、聘请、合作等单位提起连带之诉。

六、西方国家罢工的解决策略

罢工被西方成熟市场经济国家普遍认为是劳方发起的最有影响力的产业行动方式，也是劳方在劳资冲突中能够采取的最后斗争手段，是一种常态的社会经济现象。正视罢工所具有的积极功能和消极后果，西方国家经过多年探索和实践经验总结，形成了一套有效的解决策略。

（一）斡旋、调停、调解

斡旋、调停、调解的含义非常接近，有时甚至可以混用，作为特定的程序，统称为调解。它们的功能是通过沟通和协商，帮助劳资纠纷双方澄清事实、互谅互让、自愿达成协议，或者通过公众压力说服双方直接或间接地改变立场，以降低由于误解而引起罢工的频率。

1. 斡旋

斡旋是由中立方（斡旋员）为争议当事人创造协商交涉的机会，力促争议当事人通过自主协商达成一致意见以解决争议的过程。在斡旋过程中，是否需要提出争议解决方案，由斡旋员根据具体情况予以决定；而且，斡旋员即使向争议双方当事人提示了斡旋解决方案，争

---

[1] 杨正喜、潘军：《新时期我国产业行动及其法律规制》，载《北京交通大学学报（社会科学版）》，2009年第2期。
[2] Lee, Ching-Kwan: Production Polities and Labor Identities: Migrant Workers in South China. *China Review*, 1995.
[3] 林良田：《广州105名清洁工集体罢工抗议待遇太低》，《新快报》，2008-02-24。

议双方当事人有接受或不接受的自由。斡旋员经过努力后，如果认为无法通过斡旋解决争议的，可以决定中止斡旋程序，该争议案件如何处理和解决，交由争议当事人自行决定。

2. 调停

调停是指由中立方（调停员）帮助发生争议的双方当事人举行和平谈判活动，使双方纠纷消除，停息争执的过程。斡旋和调停都有调解的意思，但是调停者直接参加或主持谈判，并可提出解决争端的建议和条件；斡旋者不直接参加谈判，但可提出建议供参考。

3. 调解

调解是指中立方（调解员）通过对劳动争议双方当事人进行说服教育和劝导协商，在查明事实、分清是非和双方自愿的基础上支持双方谈判达成协议，解决矛盾纠纷的过程。调解的目的在于帮助解决劳资争端；而采用一个第三者来实施的干预策略可能会因为中介而更有用。在调解过程中，中立者的角色不是法官、仲裁者，不是通过裁决方式解决纠纷，而是通过调解员的劝说，促使双方达成协议。调解员通过对双方主张争议的调查分析以及讨论，向双方提出争议的解决方案。调解员的建议不具有法律约束力，但实践中争议双方通常都会认真考虑将其作为解决矛盾纠纷的基础。调解是一个比斡旋、调停更积极的争议处理程序。与斡旋、调停相比，调解是一种自愿的商定，在这种情况下，双方通过雇用一个中立的第三方来帮助他们达成协议。

总的来说，斡旋、调停、调解，都是以罢工是一个因双方误解而产生的错误这一基本假设为前提的，若双方都极力想使问题得到解决就会存在一个可行性方案，那么斡旋、调停、调解等也就更为有效。如果罢工是在大众的呼声中产生，这些方式则可能都是无效的，并且可能使事情变得更加难以解决。尤其是如果第三方推行的方案，对一方或者双方来说都不能接受，其结果只能使双方变得更加固执己见。

（二）仲裁

仲裁是最为正规的劳资谈判的外部干预手段。它是在集体谈判双方发生矛盾冲突时，通过一个由第三方作出决定的裁决过程来代表工会与资方谈判过程的策略。仲裁有两种方式："常规仲裁"和"最后出价仲裁"。"常规仲裁"是仲裁员或由工会代表、企业管理方代表和仲裁员三方组成的仲裁委员会，在劳资双方提出建议的基础上，对最终的解决方案进行的裁决。而"最后出价仲裁"，是指劳资双方都提出他们的最终出价，由仲裁员从中选择一种最为合理的方案。

与斡旋、调解相比，仲裁更注重让双方承担最后的仲裁结果，而不是试图让劳资双方自己来解决冲突，只是仲裁者的决定，而不是双方的联合决定所要接受的协议。所以，有观点认为，仲裁不仅否定了劳资双方的民主权利，迫使双方接受一方或双方都不满意的决定，还阻止了真正的谈判。同时，人们认为，对实际情况最了解的应该是当事人自己即工会和资方，而不是仲裁员，劳资双方才应该是最能有效地解决冲突的人。所以，总体上说，在劳资谈判过程中，矛盾纠纷的解决应避免过多地使用利益仲裁。

上述中立方提供的斡旋、调停、调解及仲裁等机制是西方国家集体协商谈判的干预策略或辅助措施，是西方国家整个集体谈判体制中的重要组成部分，与劳资协商谈判一起共同构成了西方国家的集体谈判体制。也就是说，中立方介入集体谈判中的矛盾纠纷所进行的斡旋、

调停、调解及仲裁活动,其目的在于通过化解劳资矛盾纠纷,促成劳资协商谈判。客观地讲,这些机制在罢工发生前实施可以起到预防罢工的作用,而在罢工不可避免地发生后实施会起到尽快结束罢工的作用。斡旋、调停、调解等活动,既可以是个人提供,也可以是组织实施,抑或是两者兼有,不同国家有不同的安排;作为一个集体劳动争议处理程序,斡旋、调停、调解、仲裁等既可能是自愿程序,也可能是强制程序,抑或自愿与强制相结合。总的来讲,西方国家政府参与下的斡旋、调停、调解、仲裁等程序的组织实施可分为四种制度模式,它们在各自国家的集体劳动关系调整、集体劳动争议的处理、罢工的预防与处理中发挥着重要作用。

（三）三方协商机制

三方协商机制是西方市场经济国家调整劳动关系的一项基本制度,具有协调劳资关系、调解劳资矛盾、化解劳资冲突的功能。当劳资谈判破裂、面临罢工危机时或罢工发生后,通过三方委员会的努力,协调和化解劳资矛盾冲突,促使劳资双方重新走向谈判合作之路,尤其是面临工潮危机时,三方机制发挥着其他程序和方法所不可替代的作用。

第五节　国外的集体劳动争议处理机制

"他山之石,可以攻玉。"综观世界,关于集体劳动争议的处理机制的立法虽然不同,但其丰富的集体劳动争议处理经验,对我国而言具有十分重要的借鉴意义。因此,对集体劳动争议处理机制的域外考察,就显得十分必要。

一、集体争议处理机制的代表性模式

（一）日本模式

在日本,劳动争议分为权利争议和利益争议。其中,权利争议也就是类似于我国的集体争议,最典型的是关于工资和工作时间的争议。日本法律规定,利益争议一般是由用人单位和劳动者协商解决,在必要情况下才由劳动委员会处理。劳动委员会分为中央和地方委员会,属于半官方机构,通过斡旋、调停、仲裁方式解决劳动争议。

斡旋一般是在劳资双方协商不成时采取的一种争议处理方式。当集体争议发生时,劳动委员会会长根据争议当事人的申请或职权在斡旋人员名单中指定斡旋员,解决集体争议。斡旋员在处理争议时,如果认为自己难以处理,可以把争议案件的情况向劳动委员会报告后从斡旋中退出。

调停一般由劳资双方当事人提出申请,但在公益事业企业中发生的集体争议,劳动委员会也可以直接进行调停。调停机构是调停委员会,由用人单位、劳动者代表、公益代表组成。调停委员会中,用人单位的代表人数必须与劳动者代表的人数相同。对于调停意见,劳资双方自主决定是否接受,不具有法律约束力。但当事人一旦接受调停意见,就必须要执行。

仲裁由仲裁委员会负责主持,一般由三名仲裁员组成,仲裁委员会全部由公益委员会组成。仲裁由当事人的申请开始,以仲裁裁决作出结束。仲裁裁决须由仲裁委员过半数同意才能有效，裁决具有与集体合同相同等的法律效力。

在法定的特别情况下，内阁总理大臣在听取中央劳动委员会的意见后可以决定进行紧急调整处理劳动争议。紧急调整是针对公益事业和性质特殊的事业单位中发生的集体争议以及大规模争议而进行的特殊处理。在紧急调整的决定公告后50天内，禁止采取任何之争议行为。

（二）德国模式

德国的劳动争议一般是企业内部调解或者是通过基层、地方、联邦三级专门劳动法院处理。在德国，劳动争议有权利争议和利益争议之分，企业调解机构只负责处理共同利益争议，劳动法院负责权利争议。由于处理争议的主体不同，在处理程序也有所差别，权利争议适用判决程序，利益争议适用决议程序。

在集体合同争议方面，德国采用的主要方式是当事人协商、调停和司法三种，依据的主要法律有《劳动法院法》、《集体合同法》、《企业组织法》等。在德国，一般的集体合同都有这样的条款："为解决争议情况已经签字的集体合同，当事人从集体合同的解释中引出原则性的方式是，首先由集体合同当事人达成谅解。如果不能达成谅解的，争议将由集体合同当事人的代理人直接提交裁决机构。"[①]德国对集体劳动争议采取自愿调解的原则，即在一方或双方申请或谈判破裂时自动进入纠纷处理程序，双方当事人此时都有义务参与调解程序。调解委员会所作的调解方案，除非双方当事人同意，否则不具有拘束力，但一经双方同意，便与集体合同具有同等的效力。在集体合同有效期间，任何一方不能以协议规定的劳动条件变更为目的而发动争议行为，也就是说，当事人对集体合同已规定的事项必须承担和平义务，不得进行争议行为。

（三）美国模式

美国的劳动争议与德国等国家类似，被分为了权利争议和利益争议。在美国，集体争议主要通过调解、实情调查和仲裁等方式解决。[②]一般情况下，集体争议的处理也是允许双方当事人或代表的协商，若协商不成时，再寻求第三方的介入。如果集体争议的发生严重侵害了公共利益，或者是集体争议就发生在公共部门，那么政府机关就可以直接介入争议的处理。第一步进行的是斡旋或调停，如果失败，在公共部门中还可以采取实情调查和利益仲裁的方式解决争议。实情调查是依靠独立的第三方调查争议事实并提出报告，通过提高集体争议的透明度，迫使当事人双方达成一致。利益仲裁和实情调查的最大区别在于其具有的法律强制力，其中，仲裁是具有法律强制力的。在私营部门，大量的集体劳动争议就是通过利益仲裁制度解决的。

（四）澳大利亚模式

在澳大利亚，劳动争议的处理以劳动法庭的运作体制为典型特征，并与澳大利亚调解和仲裁委员会紧密协作，共同处理劳资争议。劳动法庭设在联邦和州一级的劳资关系委员会内，具有准司法行政机构的性质。一般来讲，劳动争议发生后，当事人应该将争议申诉到劳资关系委员会进行调解和仲裁。如果当事人对结果不满意，可以上诉至法院，但这种情况在澳大利亚极为罕见。澳大利亚的争议调解机构是调解委员会，归属于劳动法庭，作为劳动法庭的

---

① W. 杜茨：《劳动法》，张国文译，法律出版社.2005年版，第359页。
② 程延园：《集体谈判制度研究》，中国人民大学出版社.2004年版，第271页。

一个组成部分，实行强制性调解制度。强制性调解主要包括以下三方面的内容：①争议当事人必须服从法定的调解程序；②争议双方必须参加调解活动；③由得到相关法律授权的调解机构强迫双方当事人参加调解活动。澳大利亚实行强制性调解的目的在于，防止当事人双方将劳动争议诉诸大规模产业行为。尽管其调解是强制性的，但是争议的最终解决还是取决于劳资双方能否达成一致意见。

在适用仲裁处理集体争议时，澳大利亚采取的是强制性仲裁的方式。所谓强制性仲裁是指提交仲裁机构处理的争议案件不需要以争议双方当事人的同意或者达成仲裁意愿为前提条件，由法律明确规定启动仲裁的程序。在强制仲裁程序的调查取证环节，澳大利亚的调解与仲裁机构享有法律赋予的调查权利。但在仲裁机构作出最终裁决时，需要听取争议当事人对调查报告的意见。根据前文论述，我们可以发现多数国家的仲裁是因为当事人的申请而发生的，而强制仲裁作为与自愿性仲裁相对应的一种处理争议的方式，它一般是针对法律规定的特殊争议而采取的处理方式。从某种意义上讲，强制仲裁制度可以被视为是对陷入僵局的劳资谈判的替代物。因此，根据上述观点，实施强制性仲裁的争议情形就包括以下两种：①提交仲裁的争议出现在全国或地区性产业层面，或者发生在一定的社会区域范围之内；②提交仲裁的争议出现在集体谈判陷入僵局的企业或工厂范围之内。通过以上的两种情形，不难看出，澳大利亚采取强制性仲裁的目的是缓和或预防可能发生的激烈的产业冲突行为，进一步完善集体谈判与协商等制度的不足。

（五）加拿大模式

加拿大早在1900年《联邦调停法》就规定了由政府任命的第三方来介入解决劳资争议，这一规定也赋予了联邦劳工部在预防和及时解决劳动争议等问题上所必需的权力和职责。在加拿大，由于联邦法律与各省法律适用对象不同，所以出现针对不同法律适用对象而建立的劳动争议处理制度。在法律管辖方面，联邦劳动法及劳动争议处理原则适用于重要的经济部门，如航海、航空、核工业等等。而其他行业，如服务业、制造业等则由各省的劳动法律管辖。加拿大的联邦公务员、医院工作者、教师、警察等有专门的劳资关系法律管辖。其他属于联邦劳动法管辖的群体则根据《加拿大劳动法》来解决劳动争议。加拿大的集体利益解决模式可参照图9-1。

二、各国模式的对比分析

由于各个国家在文化发展、法律制度等方面存在差异，所以反映到各国的劳资关系运行中就会呈现出不同的特点，以至于国家与国家之间在处理集体劳动争议方面就会出现不同的处理模式。

日本模式相对于其他国家而言，是一种比较折中的模式，主要靠协调和相互理解来解决争议，具有普遍化的倾向。由于日本没有专门的劳动法庭和专门处理劳动争议法官，法律也没有对权利争议和利益争议作出一个明确的界定，所以就很有可能导致法院和劳动委员会处理集体纠纷时不及时。在仲裁制度方面，有学者曾经这样认为"同样的劳动仲裁制度在在美国现在是解决劳资之间纠纷的主要手段，从纠纷解决的数量和质量上发挥着极大的作用，而在日本则基本没有得到利用"。

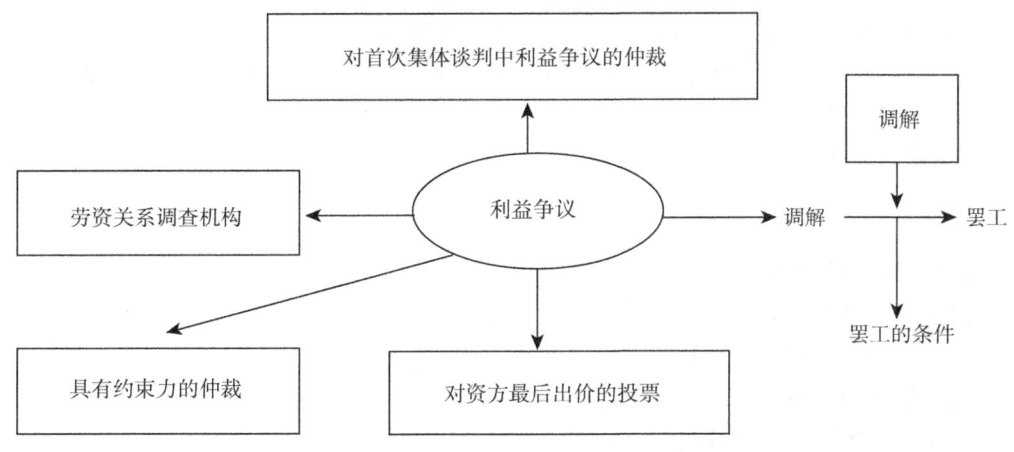

图 9-1 加拿大处理集体利益争议的模式①

德国处理劳动争议的方式是比较多样化的，呈现多元化的特征。在德国，除了劳工法院不审理集体劳动争议外，团体交涉制度、董事会共同决定制度、劳动者参与经营会议制度等都可以有效地避免和解决集体争议。②当事人对集体合同规定的事项必须承担和平义务。对这项义务的确定，可以在一个有效的期间内维持和平的现状，排除集体劳动争议的不当解决。

美国的集体争议实际上就是集体谈判破裂的一种表现形式。由于中立第三方直接不能强迫当事人接受其处理意见，所以美国的集体争议主要是以政府辅助下的集体谈判为解决方式。在美国，为了国家利益和社会利益，也确立了类似于日本紧急调整制度的总统介入制度。把劳动争议区分为权利争议和利益争议，从而不同对待的模式是市场经济国家经常采用的一种处理争议的方式。但美国和一些欧洲国家在处理模式上存在着一些明显的差别。在一些欧洲国家，一般性的劳动争议是由劳动法庭或者劳动法院来处理的。在美国，集体谈判制度确立了劳资争议需按步骤加以解决的处理争议理论。从双方一般人员到高层人员分步骤的谈判，如果还是没有将争议解决，就可以提请仲裁或者仲裁机构依职权进行仲裁。美国的这种处理模式，在很大程度上限制了用人单位和劳动者发生激烈冲突的概率，可以很好地维护美国劳资关系的和谐发展。

综上所述，日本、德国、美国等国家的处理劳资争议的模式是世界大多数国家都采用的。它们一般对劳动争议作了明确的界定，分为权利争议和利益争议；规定利益争议一般通过斡旋、调停、仲裁等方式解决。另外，美国、德国、日本规定在调解、仲裁无法奏效的情况下，才允许进行争议行为。美国、日本规定了紧急处理集体争议的程序。

此外，值得注意的是澳大利亚的集体争议处理法律机制，它同上述几个典型国家的处理模式相比较，有着很大的不同之处，最突出的特点就是采取了强制性的单一调解模式和强制性仲裁模式的结合。澳大利亚政府实施强制性仲裁，目的在于防止严重罢工和激烈的产业冲突行为，实行强制仲裁与澳大利亚的集体谈判机制是一致的③。在国内劳资关系力量对比不平

---

① 李琪、周畅：《集体谈判中利益争议的处理——加拿大模式的借鉴与讨论》，载《中国人力资源开发》2011 年第 04 期。
② 杨德敏：《我国劳动争议处理机制的反思与重构》，江西人民出版社.2006 年版，第 87 页。
③ 郑尚元：《劳动争议处理程序法的现代化》，中国方正出版社.2004 年版，第 127 页。

衡的情况下，政府通过有效的手段采取强制性仲裁来处理产业冲突，不仅可以保护那些缺乏有力组织领导或者不能以平等身份对话的弱势劳动者们，而且可以在根本上对澳大利亚的劳资关系起一个有效的引导作用。

【本章思考题】

一、问答题

1. 集体劳动争议有哪些特征？
2. 试述我国处理集体劳动争议的现行机制。
3. 处理权利争议应遵循哪些原则？
4. 试述集体利益争议和集体权利争议的区别。
5. 试述我国集体利益争议处理的现状。
6. 成熟市场经济国家的产业行动形式有哪些？
7. 简述集体争议处理机制的日本模式。

二、拓展案例

1. 三达公司经营状况良好，为了扩大生产规模，公司董事会决定在2008年招收同一工种的新员工60名。三达公司在其发布的招聘广告中写明的招聘条件为"男工须具备高中以上学历，女工需具备本科以上学历"。女青年张某到该公司应聘，她在各项考试中成绩优秀，但因只具备大专学历，被三达公司拒绝录用。张某申诉到劳动争议仲裁委员会，要求劳动争议仲裁委员会裁决三达公司聘用自己。该劳动争议仲裁委员会裁决三达公司录用张某。三达公司不服仲裁，以确定招聘条件是企业行使自主权为由，诉至人民法院，请求撤销仲裁裁决。人民法院审理后认为，三达公司的聘用条件，未做到男女平等，对聘用女工附加了过高的条件，违法了有关法律的规定，故其确定的聘用条件无效，据此驳回其请求。

请问：案例中的情况属于权利争议还是利益争议，理由何在？

2. 某化工厂企业工会，作为全体职工的代表，与厂长签订集体合同，时间为2004年6月15日，有效期为3年，合同规定，双方当事人都遵守国家有关劳动方面的法律、法规；厂方建立健全各项经济责任制度，确保集体合同规定的各项任务的完成；全体职工必须按时保质保量地完成各项生产任务，自觉遵守厂规厂纪，服从企业行政的生产调度和指挥。2005年4月，受原材料涨价因素的影响，企业生产难以为继，持续6个月发生亏损。为确保完成生产任务和集体合同规定的目标，企业行政初步决定砍掉职工的一些福利待遇项目，拟上一个新项目。这一决定首先遭到工会的反对，认为解决投资不足可以通过集资，而不应非得砍掉福利项目，否则影响集体合同的履行，要负违约责任。企业工会的建议，被采纳，职工理解工厂的困难，纷纷集资支援工厂的建设。现工程正在顺利进行中，集体合同双方当事人的合法权益也得到了保障。

请问：该企业工会是否有理由反对该企业的初步决定，为什么？